用尽当地救济原则研究

史红梅◎著

人民出版社

序

前几天红梅告诉我她的一本专著就要付印了，我感到欣慰。记得2015年她考入华东政法大学攻读国际法专业博士学位，那一年我们招了12名博士研究生，红梅是其中之一。华政读博第一年是课堂教学，一周有四天课，排得满满的，我印象最深的是，整整一学年她没有缺过课，而且是住校学习。那时她已在某高校工作，脱产读书是很少见的，她能够坚持下来实属不易。所以，当她联系我要为她的书写序时，我欣然答应了。

红梅这本书是在她博士论文的基础上修改完成的。用尽当地救济原则是一个传统的国际法问题，这种选题并不讨巧，因为它不是当下的热点问题，要写出新意或创新谈何容易。但红梅还是写了，凭她的认真、刻苦和韧劲，她细嚼慢咽，还是嚼出了新的味道。这些年来她又修改了论文，增加了一些新的内容。从读者的角度，我发现这些新内容主要体现在新的视角和新的实践。

首先，从国际法的人本化视角关注用尽当地救济原则的最新发展，把传统国际法的基本理论、价值、观念、原则关注到个人（自然人和法人）和整个人类的法律地位和各项权利的保护和实现。这种保护和实现的方式是动态的，与时俱进的，而不能仅仅局限在外交保护中的一个前提或程序要件之一。这也体现了当今社会变革中国家主权下属地管辖和属人管辖的相互牵制和平衡。值得一提的是，作者关注到当下中国面临的一个现实问题，即如何通过当地救济原则的适用和外交保护最终救济方式的相互补充来维护保障越来越多的海外公民(包括海外公民和法人)的正当权益,对今天中国这样一个既是资本输入国同时又是资本输出国投资大国来说,是极为重要的。面对大量海外公民的利益需要维护和保障,对适用当地救济原则和加强国内外交保护制度的立法,对中国国际投资保护相关法律制度的建设具有重要的理论价值和现实意义。

其次,从国际法的国家实践视角分析国际法院和国际仲裁机构的相关外交保护案例,在实践中剖析用尽当地救济原则在适用中存在的一系列问题。例如,关于程序性还是实体性的争论;关于直接侵害与间接侵害及受侵害者与被告国的联系上界定该原则的适用条件和范围;从适用的途径类别和性质分析原则中"用尽"的含义和适用要求;等等。在实践中国际法的发展与相邻学科的交叉融合出现了新的动态。如当国际私法上最密切联系原则出现后,随着国家责任法的发展,一国在其境外对另一国的国民实施侵害的案件开始出现,所以原则的适用也扩大到受害者不在东道国境内的情形,也就是说当地救济原则出现了非当地化的现象。同时,随着更多的案例实践,原则适用也扩展到诸如违法行为地及其例外等情形。对于当地救济的"用尽"要求也提出了新的规则。

再次,本书另一个特点是作者关注到近年来在国际投资仲裁领域用尽当地救济原则在适用中出现了一些新的问题。如因《华盛顿公约》第 26 条的颠覆性规定,双边投资协定中的岔路口条款以及最惠国待遇条款的理解分歧很大,在具体案件中这一原则面临限制解释、架空适用或作用削弱的挑战;在另一方面,经济全球化过程中发展中国家和欧美等发达国家对国际投资自由化的理解出现分歧,尤其是发展中国家从一系列教训中开始反思,在一些投资争议案件中提倡维护国家主权,坚持属地管辖完整性,由此用尽当地救济优先的卡尔沃主义在世界范围内出现复苏,致使用尽当地救济原则又出现回归的趋势。

这些是我的读后感,算是导读吧。看一本法学类的书,一方面固然希望这本书有新意,有独到的见解;但另一方面读者自己也应该保持或学会一定的判断能力,在阅读中发现问题或提出问题,这样我们才能学会思考,从中得到收获。

从 2015 年到 2018 年,红梅用三年时间完成了她的博士论文,顺利毕业了。我是她半个导师,她原来的指导老师离开学校后我才接手指导她的博士论文。她一直把我当成导师,我很惭愧。那时我工作比较忙,也很少关心她,但她的认真、刻苦的读书精神感动了我。我经常看到她在学校红楼图书馆看书,虚心请教其他老师和同学。博士论文初稿出来后我们一起修改了几次,每次她都用心记录,认真修改,她用一股拼劲完成了博士论文。毕业后她回到江苏淮阴师范学院工作,如今她已经在讲台上讲授国际法和商务英语专业课了。现在她的专著要出版了,我为她高兴。

是为序。

林燕萍

2022 年 11 月 30 日

于苏州河畔华政园

目　　录

绪　　论

一、研究背景

21 世纪以来,中国海外利益的增长日益强劲,大量的中国公民和企业走向了海外。随着我国的国家利益、公民和法人的正当利益不断向海外延伸,不可控制的海外风险随之而来。在海外中国人与当地国的争端中,利益在当地国受到非法侵害的情况不可避免,所以如何维护好海外国民的正当权益是摆在中国政府面前的一个重要的课题。

2015 年 11 月 4 日,对于中国和美国商界来说是一个重要的日子。一直备受关注的中国三一重工集团公司诉美国奥巴马案终于有了最终的结果:美国东部时间 11 月 4 日,三一集团在美关联公司罗尔斯宣布,罗尔斯公司与美国政府正式就罗尔斯公司收购位于俄勒冈州四个美国风电项目的法律纠纷达成全面和解。① 结果是令人鼓舞的,但过程同样令人深思:今天中国不仅是资本输入国而且已成为世界第二位的对外投资国,随着越来越多的中国公民和法人走出去,美国为首的发达国家加强了政府的经济规制权,中兴、华为等更多中国企业海外投资正遭遇着不同的制裁和封锁,当他们在东道国境内利益受到侵害遇到争议时,如何保护自己,如何适用当地救济去维护自己的权益?

---

① 央视网:《"三一集团诉奥巴马案"达成全面和解》,http://news.sohu.com/20151105/n425321296.shtml,2017 年 10 月 15 日访问。

对这些问题的关注将具有重要的现实意义。

外交保护制度作为国际法上一项古老传统而重要的法律制度,是解决外国人与东道国争议的传统方法之一。① 它源于国家对处于国外的本国国民利益的保护。当本国国民的合法权益遭受到来自外国的侵害时,国籍国在满足一定的条件下进行干预,提起国际求偿。国际法上关于外交保护的理念最早的阐述出现在1758年瓦特尔的《国际法》中:"谁虐待一个公民也就间接地伤害了他的国家,而后者必须保护该公民。"②后来由于该制度不断被西方资本主义国家在对外扩张中用来作为支配弱小国家的借口备受分歧,因此也未能有统一的协议或文件签署。2006年联合国国际法委员会二读通过的《外交保护条款草案》显示国际社会对外交保护制度越来越重视和关注,也代表了国际法下该制度的最新发展。《外交保护条款草案》对该制度的实施予以了具体的规定。条款草案第一条指出外交保护的目的为:"一国对于另一国国际不法行为给属于本国的国民的自然人或法人造成损害,通过外交行动或其他和平解决手段援引另一国的责任,以期使该国责任得到履行。"③

所以外交保护是基于国际法上属人管辖权的行使,成为处理本国国民与外国之间的争议的途径。它援引的是国家责任,是国家间的利益博弈。所以在外国人与当地国的争端解决中,国籍国外交保护行使之前,为了尊重当地的属地管辖,受害者必须先适用当地救济方式给予东道国机会自行解决争端。所以适用用尽当地救济原则是解决外国人和东道国间争端最直接的方式。它也是外交保护行使的前提条件之一。

作为国际争端解决的方式之一,该原则无论是从维护国家主权的角度还是从方便诉讼的角度,都具有举足轻重的意义。随着国际法的发展,原则的理论和实践内容得到了不断充实,在国内立法、双边、多边条约中不断被规定和确认,

---

① 参见余劲松主编:《国际投资法》,法律出版社2003年版,第317页。

② See Chittharanjan F. Amerasinghe, *Diplomatic Protection*, Oxford University Press, 2008, p.10.

③ See U.N. Document A/CN.4/567, p.6.

同时在国际投资争议解决中也发挥了重要作用。《外交保护条款草案》中国际法委员会不仅坚持了"用尽当地救济"这一习惯国际法原则,而且对"用尽当地救济"规则的坚持作了一定程度上的突破,比如第十五条就规定了符合该条款规定例外情形的,无需用尽当地救济,可以直接提请外交保护。正是这两种争端救济方式的相互博弈平衡,外国人的合法正当权益和东道国的国家主权都得到了维护。但是不容忽视的是,随着全球化进程的加快,这一古老原则正在面临来自国际投资自由化对该规则的规避、削弱及质疑的挑战。此外,在国际实践中,有时还出现当地国国内立法不明确、有关条约的规定含混不清、案件审理过程中出现过分偏袒发达国家的情况等,也给用尽当地救济原则的适用带来了困难。这应该引起包括我国在内的广大发展中国家的重视。

尽管如此,用尽当地救济原则作为外交保护中的一个前提或程序要件之一,也是国际法上一个重要的习惯原则,并且已被大量的国际国内实践所确认。随着中国从单向投资国向资本输入和输出国的双向投资国的角色转变,在当今国际法人本土化趋势背景下,如何通过当地救济原则的适用和外交保护最终救济方式的相互补充来维护越来越多的海外公民(包括海外公民和法人)的利益;在用尽当地救济原则下配以外交保护制度的最终补救以保障海外中国人的利益,在维护我国经济利益、外国投资者及东道国的利益之间寻求一种动态平衡是非常值得关注和研究的问题。面对大量海外国民的利益需要维护和保障,如何加强外交保护制度的立法、如何对中国国际投资保护进行相关法律制度建设,这些问题都具有重要的理论和现实意义,也正是本研究的选题背景和原因。

世界处于百年未有之大变局下,发展中国家和发达国家俱有加强经济主权控制的趋势,用尽当地救济原则的适用研究应该被重视。随着贸易保护主义及卡尔沃主义在世界范围内的回归,如何通过当地救济原则的适用和外交保护最终救济方式的相互补充来维护保障越来越多的海外投资企业和公民的正当权益,对今天中国这样一个既是资本输入国同时又是资本输出国的投资大国来说,是极为重要的。当今形势下,面对大量海外投资企业的利益需要维护和保障,对适用当地救济原则和加强国内外交保护制度的立法、对中国国际投资保护相关法律制度的建设具有重要的理论价值和现实意义。这也是本书就用尽当地救济原则进行讨论的重要学术价值之所在。

二、研究现状

用尽当地救济原则(Exhaustion of Local Remedies)是一项由来已久的国际法原则。它最初产生于 18 世纪的各国外交实践,后来经过近 200 年的发展,到 19、20 世纪已经被各国普遍接受为外国人与东道国之间纠纷解决进行国际程序前必须适用的一项国际习惯法原则。这一原则不仅在学者的论著中体现,而且也在各国和国际法院的实践中得到了印证。

(一)国际研究

用尽当地救济原则这一古老的习惯国际法原则在很多国际法学者的著作中都有所论述。如詹宁斯、瓦茨修订的《奥本海国际法》中提到一国对境内的外国人违反国际义务,国际程序提起前该外国人必须用尽当地国的救济。①

又如在著名的《奥本海国际法》中,劳特派特认为除非外国人已经用尽有关国家内可以利用的一切救济方法,国际法庭将不受理一国代表本国人提起的国际求偿,这已是一条公认的规则。② 柯伦福尔在《卡尔沃条款在国际法上的地位》中指出:"根据国际法规则,一个国家不能代表本国在外国民向外国提出权利请求,除非本国国民已依外国国内法的规定,用尽可以利用的当地救

---

① "当一个国家对他的领土内的外国人的待遇不符合他的国际义务,但仍可通过以后的行动为该外国人获取他的义务所要求的待遇(或同等待遇)时,国际法庭将不会受理代表该外国人提出的求偿,除非该外国人已经用尽有关国家内可以利用的一切法律救济方法。"参见[英]詹宁斯、瓦茨修订:《奥本海国际法》(第一卷第一分册),王铁崖等译,中国大百科全书出版社 1995年版,第 413—414 页。

② [英]劳特派特:《奥本海国际法》(第一分册下卷),王铁崖译,商务印书馆 1998 年版,第27 页。

济手段,通称为用尽当地救济原则"①。英国学者蒂莫西·希利尔认为母国提起间接侵害的国际求偿前提是受害外国人用尽了当地救济。②

马尔科姆·N.肖在他的《国际法》中认为国家根据自身程序解决国内问题是国际法接受并确立的方式。③ 布朗利在其著作《国际公法原理》中也认为这是一项得到了证明的规则。④ 相关研究中具有代表性的还有 1915 年 E.理查德在《对公民的外交保护》一书中就在国外受侵害者的利益保护,从救济的原因和要求提出的五点说明。

而对用尽当地救济原则进行较为系统的论述和分析的当属国际法学家阿梅森戈(Chittharanjan Felix Amerasinghe),在其著作《外交保护》⑤中,以专章的内容并结合国际法院及国际仲裁庭以往相关案例阐述了用尽当地救济原则在外交保护中的角色和意义。他在著作《国际法中的当地救济》⑥中从当地救济原则相关法律的演变历史开始,结合国际法院的一些实践中的案例,分析了该原则理论基础、该原则与拒绝司法和国际法违反之间的关系。同时也花了

---

① [英]柯伦福尔:《卡尔沃条款在国际法上的地位》,《英国国际法年刊》1945 年,第 130 页。

② "适用于对国家的间接损害的一个重要规则是除非个人或公司已经用尽了当地提供的所有救济,否则,其母国提出的求偿在国际层面上将是不可接受的。"参见[英]蒂莫西·希利尔著:《国际公法原理》,曲波译,中国人民大学出版社 2006 年版,第 170 页。

③ 允许一个国家在其接受的国际机制开始前,根据其自身宪法规定的程序解决国内的问题是一种普遍国际法接受并确立的方式。参见[英]马尔科姆·N.肖著:《国际法》(第五版上),北京大学出版社 2005 年版,第 254 页。

④ "这是一项其合理性得到了各种实际政治考虑而非国际法衍生的任何逻辑必要性证明的规则。"参见[英]伊恩·布朗利:《国际公法原理》,曾令良等译,法律出版社 2007 年版,第 432 页。

⑤ 1915 年,理查德在《对公民的外交保护》中提出五点说明:第一,在国外的公民被认为是已了解当地法律并且应该了解当地法律所规定的救济方法;第二,主权和独立是所在国有权要求其法院不受干涉并确认其有司法能力的根据;第三,侵害国政府必须获得机会公正救济,从而避免任何产生国际争执的可能;第四,若侵害是由个人或下级官员造成的,必须用当地救济,以确定不法行为或拒绝司法是国家的有意行为;第五,若是属于国家的故意行为,外国人也必须寻求当地法律救济,只有在未获补救而产生了司法拒绝时,外交干预才是正当的。See Chittharanjan F.Amerasinghe, *Diplomatic Protection*, Oxford University Press,2008,p.10.

⑥ See Chittharanjan F., Amerasinghe, *Local Remedies in International Law*, Cambridge University Press,2004,p.18.

大篇幅结合相关案例对规则的适用进行分析,包括适用的条件、范围和原则适用的免除例外甚至对原则适用的程序及过程中的证据证明问题做了详细的分析和论证。当然对该原则的性质也做了开放性的讨论。该著作可以被认为国际法学界用尽当地救济原则方面研究的权威教科书,是后来的研究者们认识该原则的重要理论框架和依据,是研究用尽当地救济原则甚至外交保护制度不可或缺的材料。但是随着国际法的发展,外交保护制度法典化,该著作中的一些观点也需要适当地更新并结合更新的材料和实践进行研究。

关于该原则在其他领域的适用研究,最为典型的则是 A. A. Cancado Trindade 教授的著作《国际法中当地救济原则的适用——以国际人权保护原理为基础》①。该著作以大量的欧洲人权保护案例分析了因《欧洲人权公约》中用尽当地救济的规定而很多诉者的个人人权得到了保护。作者比较了外交保护和人权保护的不同,以具体的案例和实施系统阐述了在欧洲人权公约下人权保护时当地救济原则的适用条件、适用内容、适用时间因素和例外,同时还分析了《欧洲人权公约》中原则适用的举证责任问题。

随着国际法的发展,该原则在更多不同的领域文件中被规定和适用,如欧洲《保障人权及基本自由公约》《公民权利和政治权利公约》《联合国跨国公司行动守则草案》《关于解决国家和他国国民之间投资争端公约》《国家责任公约草案》直至 2006 年的《外交保护条款草案》等。

《外交保护条款草案》对外交保护的具体实施做了规定,特别在第 14 条、第 15 条对用尽当地救济原则的具体实施和例外做了详细的规定。草案评注对这两个条款从草案起草到报告及条文的通过过程整个发展都做了详细的介绍和分析。这些都是研究用尽当地救济原则重要的文献材料。

在论文方面,不同的学者针对用尽当地救济原则的适用从不同的视角进行了分析,总体上来说未能全面而系统地对规则本身性质及其适用的内容、程

---

① See A.A.Cancado Trindade, *The Application of the Rule of Exhaustion of Local Remedies in Internatioanl Law*, Oxford University Press, 2007, p.27.

度、范围及发展趋势等进行分析阐述。

就用尽当地救济原则本身,J.E.S.Fawcett 教授在论文《程序性还是实体性的用尽当地救济原则?》①(1954)中通过国际法院的一些案例指出该原则性质的判断应分为被诉行为违反了国际协定或习惯国际法而非地方法律、违反当地的法律而非国际法、既违反当地法也违反国际协定或习惯国际法的三种情形进行判断,但对举证责任的分配未有提及。

对于原则适用的范畴,Femanda Andrade 博士在《外交保护和人权侵害中的个体救济提起》②(2009)一文中指出国际社会尽管有了更多能够进入国际程序的诉求途径,但是外交保护仍然是具有重要现实意义而不可取代的一种方式。它已成为人权保护中一个更为有效的工具。它维持了传统的特点,因此必须满足包括用尽当地救济在内的先决条件。

至于原则适用的内容和条件,阿迪德(A.O.Adede)教授的《条约条款中的用尽当地救济规定概览》③(1977)通过一系列条约中当地救济的条款规定分析指出用尽当地救济原则有两种维度的考虑:一种是狭义的,仅指司法救济;另一种是广义的扩大范围的当地救济,不仅指司法救济还包括行政救济。作为一项习惯国际法原则,它在调整发达国家和发展中国家的关系中起到了关键的作用。Theodor Meron,M.J.S.J.D.在《用尽当地救济原则的发生》④(1959)中认为,总体来说原则不是适用于所有国家责任的案件。因原则的适用要受到条件的限制,所以要谨慎适用。当然作为一项习惯国家法的原则,它在平衡发达国家和发展中国家的关系中也起到了很重要的作用。

---

① See J.E.S.Fawcett, *The Exhaustion of Local Remedies Substance or Procedure*? Brit.Y.B.Int'l L.1(31),1954,p.452

② See Femanda Andrade, Diplomatic Protection and the Individual's Access to Justice in Cases of Human Rights Violation,ILSA Quart(18)2009-2010,p.62.

③ See A.O.Adede, A Survey of Treaty Provision on the Rule of Exhaustion of Local Remedies, 18 Harv.Int'l.L.J.1,1977,(Volume 18,Number I,Winter 1977).

④ See Theodor Meron,M.J.S.J.D., *The Incidence of the Rule of Exhaustion of Local Remedies*,35 Brit.Y.B.Int'l L.83,1959.

当然,原则的适用也有例外,A.A.Cancado Trindade 在《司法拒绝与用尽当地救济的关系》①(1978)中指出,国内法院可能会因过度拖延或其他程序的严重不规范而导致司法拒绝,但是对于司法拒绝是否会实质上或多大程度上明显扩大到导致不公正的判决仍然存在着争论和质疑。关于原则的不予适用,Dionyssions M.Poulantzas 教授在《用尽当地救济原则和空间载体事故的责任》②一文中(1965)通过对美国向联合国和平利用外层空间委员会的 2 次建议的分析认为,外层空间活动的争端解决应该排除当地救济的适用,而且此排除将提升和加速未来空间案件的和平解决。

除了外交保护领域之外,用尽当地救济原则也扩展到国际组织、国际投资仲裁等其他领域的实践中适用。Gerhard Thallinger 教授在《国际组织语境中的用尽当地救济原则》③(2008)中指出在国际组织语境下,用尽当地救济的责任应该被视为一个用尽内部救济机制。这是原则的修正适用。正如国家可以提供机会通过自己的方式去矫正机构的行为。这种救济是预先设定可援引的。但是对于救济机制中的用尽的程度并未予以界定。

在国际投资仲裁领域,Stephen M.Schwebel 和 J.Gills Wetter 两位资深律师和教授在 1966 年的《仲裁与用尽当地救济原则》④中从该原则与仲裁的关系入手,分析了对于一个国家与外国人在合同中约定仲裁解决合同相关争端,如果条款中已表明仲裁是排他性的救济是否还需要外国人在提交国际诉求之前用尽当地救济的问题,根据仲裁程序是否受制于国内法而有不同的适用。该原则作为一项传统的国际法原则,更多时候不能免除适用。但是 20 年后,Ste-

---

① See A.A.Cancado Trindade, *Denial of Justice and its Relationship to Exhaustion of Local Remedies in International Law*, Phil L.J.(53),1978,p.404.

② See Dionyssions M. Poulantzas, International Review: The Rule of Exhaustion of Local Remedies and Liability for Space Vehicle Accidents, J.Air L.& Com.(31),1965,p.261

③ See Gerhard Thallinger, The Rule of Exhaustion of Local Remedies in the Context of the Responsibility of International Organizations, *Nordic Journal of International Law*(77),2008,pp.401-428.

④ See Stephen M.Schwebel and J.Gills Wetter, *Arbitration and the Exhaustion of Local Remedies*, 60 Am,J.Int'I L.1966,p.484.

phen M.Schwebe 律师在《再论仲裁与用尽当地救济原则》①（1989）中，根据联合国总部协定适用案、伊朗—美国争端特别法庭就阿尔及利亚宣言的解释及 1989 年国际法研究院的立场：国家与国家之间、国有企业或国有实体及外国企业间的仲裁，用尽当地救济原则的要求可以免除。前后观点的不同，也从一个侧面反映了国际投资自由化的趋势下，ICSID 管辖权的扩张实践中用尽当地救济原则受到的规避、限制和挑战。

然而随着经济全球化的发展，近年来无论是发达国家还是发展中国家都认识到了加强对国家经济主权、公共卫生、环保问题保护的国家利益控制权的重要性，提出了应该加强国际投资争端解决中东道国当地救济的要求。Nikesh Patel 教授在《国际贸易领域的新趋势——向反对 ISDS 滥用和保护东道国主权的转变》②（2017）中通过 UNCTA 的一系列数据和相关案件指出了 ISDS 必须改革。为了加强对国家经济主权、公共卫生、环保问题的保护，国际投资争议中东道国当地救济的要求应该加强。这一点也是当下卡尔沃主义在世界范围内复苏背景下用尽当地救济原则回归趋势的一种反映。

（二）国内研究

国内有关用尽当地救济原则的研究相对比较薄弱，专门研究著述更是付之阙如。

就著作来说，由于用尽当地救济原则是外交保护制度实施的前提程序，所以国内对该原则的论述主要在国际法方面的著作中。它是和外交保护制度的理论介绍或案例分析联系在一起的。因此，国内对用尽当地救济原则不同论述主要见于国际法学界一些权威学者的著作中。姚梅镇先生认为根据公认的

---

① See Stephen M.Schwebe, *Arbitration and the Exhaustion of Local Remedies Revisited*, Int'I L. (23)1989, p.951.

② See Nikesh Patel, *An Emerging Trend in International Trade, A Shift to Safeguard Against ISDS Abuses and Protect Host-State Sovereignty*, Minn J.Int'I L.(26), p.273.

国际法原则，一个国家不能代表本国国民向外国提出请求，除非该国民已经根据所在国国内法用尽可能利用的司法的、行政的救济手段，而得不到救济。① 余劲松先生认为，用尽当地救济原则是指受到东道国侵害的外国人在未用尽东道国法律对其仍然适用的所有救济手段之前，其本国政府不得行使外交保护权追究东道国的国际责任。②

另外王铁崖③、周鲠生④、王虎华⑤、白桂梅⑥、梁淑英⑦等学者分别在他们的国际法相关著作中的外交保护部分对当地救济原则有所涉及和介绍。而同时，国内相关学者对外交保护制度的专著论述中也有关于用尽当地救济原则的章节性论述。张磊在《外交保护国际法律制度研究》中的第四章从用尽当地救济适用的一般原则、例外情况及卡尔沃主义的衰弱和嬗变分析了外交保护制度实施中对当地救济的要求⑧。张卫华在其著作《外交保护法新论》第四章外交保护权威场合的进入（二）部分以两节的内容，从用尽当地救济原则在国际法上的实践、应当用尽的救济办法、用尽当地救济原则适用的范围及其性质的分析阐述了外交保护进入时的用尽当地救济原则。⑨ 殷敏在其著作《外交保护制度与中国》一文中也以专章的形式对用尽当地救济原则作为在外交保护制度实施的前提条件的产生、适用及发展进行了分析。⑩ 专门针对用尽当地救济原则问题进行分析的文章主要有张磊的《论外交保护中用尽当地救济的法律地位与规则性质》。他从一些学者开始质疑该用尽当地救济原则的国际习惯地位入手，指出这种质疑不具有合理性和可行性。在法律地位的基础上，国际社会对用尽

---

① 参见姚梅镇：《国际投资法》，湖北武汉大学出版社 1994 年版，第 371 页。
② 参见余劲松主编：《国际投资法》，法律出版社 1997 年版，第 132 页。
③ 参见王铁崖主编：《国际法》，法律出版社 1995 年版，第 37 页。
④ 参见周鲠生：《国际法》，商务印书馆 1976 年版，第 58 页。
⑤ 参见王虎华：《国际法》，北京大学出版社 2015 年版，第 225 页。
⑥ 参见白桂梅主编：《国际法》，北京大学出版社 2006 年版，第 274 页。
⑦ 参见梁淑英主编：《国际法案例教程》，知识产权出版社 2006 年版，第 136 页。
⑧ 参见张磊：《外交保护国际法律制度研究》，法律出版社 2011 年版，第 107—154 页。
⑨ 参见张卫华：《外交保护法新论》，法律出版社 2012 年版，第 184—216 页。
⑩ 参见殷敏：《外交保护制度与中国》，上海人民出版社 2010 年版，第 103—114 页。

当地救济原则性质应当依侵害行为区分不同情况而分别判定用尽当地救济是程序法还是实体法性质。① 黄涧秋的《论外交保护中的用尽当地救济原则——兼评 2006 年联合国〈外交保护条款草案〉》，从用尽当地救济原则在外交保护中的意义、适用标准和范围，指出用尽当地救济是外交保护的限制性条件，其法理依据主要为尊重责任国属地优先权。它是追究国家责任的程序性条件。用尽当地救济不适用于国家遭受直接损害的情况。在国家损害与国民损害的混合请求中我们应当考虑哪一种请求属于主要要素。当地救济应当是有效和受害者可以寻求的，受害者应当用尽所在国一切有效的行政和司法救济手段以及程序上的便利。同时国内求偿与国际求偿在内容上应当具有实质上的一致性。② 郝韩伟的《外交保护中用尽当地救济原则的含义和规则理念》通过对原则的分析指出，用尽规则的内涵所体现的是国际法制定的一般理念和价值追求即正义、国际和平、效率和人权。③ 随着全球化的发展，用尽当地救济原则在国际投资领域的发展也被予以关注。李沣桦的《东道国当地救济原则在 ICSID 仲裁领域的运用研究——兼论中国双边投资条约的应对策略》指出，对于东道国特别是处于不利地位的广大发展中国家来说，需要研究如何正确地适用用尽当地救济原则来保护国家利益。④ 郑佳的《论用尽当地救济原则在国际投资领域的适用》主要从国际投资争端解决角度论述用尽当地救济原则的基本内涵、理论依据、法律特征及在国际投资争端解决领域的适用性。王帅的《用尽当地救济原则研究》结合 2006 年《外交保护条款草案》中有关用尽当地救济原则的规定对其在外交保护中的适用做了一定的分析。

---

① 参见张磊：《论外交保护中用尽当地救济的法律地位与规则性质》，《黑龙江省政法管理干部学院学报》2012 年第 2 期。

② 参见黄涧秋：《论外交保护中的用尽当地救济原则——兼评 2006 年联合国〈外交保护条款草案〉》，《江南大学学报》（人文社会科学版）2008 年第 5 期。

③ 参见郝韩伟：《外交保护中用尽当地救济原则的含义和规则理念》，《百家论坛》2016 年第 5 期。

④ 参见李沣桦：《东道国当地救济原则在 ICSID 仲裁领域的运用研究——兼论中国双边投资条约的应对策略》，《法律科学（西北政法大学学报）》2015 年第 3 期。

随着国际投资自由化浪潮的发展,很多国家在双边投资或区域多边投资协定中放松了对当地救济原则的适用要求。不仅是资本输入国的发展中国家,也包括欧美等发达国家,当下逐渐意识到为了加强国家主权的控制,用尽当地救济原则应该重新被重视。

陈安在论文《南北矛盾应该摒弃吗?——2012 中加协定聚焦》①中,以中加协定为背景,指出绝大多数的双边协定(包括已签订的和那些仍然正在谈判的双边投资协定)都是南北矛盾的产物。2012 年,中加双边协定的签订,作为发展中国家的中国在协定中坚持了需要用尽当地救济的要求。同时,今后更多的双边投资谈判中作为资本输出国和输入国双重身份的中国不能草率地放弃优先适用东道国的国内法律进行司法管辖的原则立场。谨遵国家利益安全阀,保持外国投资者利益和中国司法主权之间的平衡。但是该文对用尽当地救济原则的适用形式并未做具体的分析和说明。我国政府对于外交保护和用尽当地救济原则的态度立场主要在中国薛捍勤、段洁龙等在历届联大国际法委员会关于外交保护专题的发言中,总体体现了一种保守型的立场。

由于我国政府一直以来限于一个资本输入国的角色定位和对外交保护限制的立场,国内的外交保护制度和用尽当地救济原则相关研究在理论和实践方面都有待完善。

国际法委员会 2006 年二读通过的《外交保护条款草案》《外交保护条款草案评注》,国际法委员会关于该草案起草和编撰过程中的特别报告员的一系列报告及常设国际法院、国际法院、国际仲裁机构相关的案例裁决和报告等都是该研究进行的重要文献资料。

以上这些对用尽当地救济原则不同程度涉及的国内外著作和一系列相关研究论文,是不同历史时期对该规则的研究成果。这些成果是我们理解用尽当地救济原则和进行相关研究的重要来源和文献材料。但是这些对该原则有

---

① See An Chen and E-Nuo Gu, *Should the Perspective of South-North Contradictions Be Abandoned? -Focusing on "2012 Sino-Canada" BIT*, World Investment & Trade(14), p.320, p.351(2013).

不同程度涉及的著作或论文因为内容侧重点或者论述角度不同,缺乏对该原则理论系统而全面的分析研究,也缺乏对该原则在当下国际法中重要现实意义的分析。今天的中国已由一个单向的资本输入国转变为双向的资本输入和输出国。截至 2021 年,我国已和全世界 145 个国家或地区签订了双边或多边的投资协定。随着卡尔沃主义的复苏,争端解决中当地救济原则的适用已越发受到关注。同时,近年来越来越多的中国公民和企业走向海外而且投资规模不断扩大,随之而来的是国人在海外的权益面临受到侵害的风险。如何通过对外交保护制度和用尽当地救济原则适用的研究,从法律制度方面跟进,更有效地保护国家利益、维护国民的海外权益是一个具有重大现实意义的问题。

三、研究框架

外交保护作为国际法上一项传统而重要的制度,是解决外国人和东道国之间纠纷的最重要方式之一,也是国籍国保护本国公民和法人在海外正当利益的最高级别手段和最后的救济手段。随着经济全球化的不断发展,2006 年联合国国际法委员会二读通过了《外交保护条款草案》(以下简称《条款草案》)。这表明国际社会越来越关注外交保护制度。《条款草案》对该制度的实施规定了具体的操作性规则,特别对国际习惯法中用尽当地救济这一重要原则用两个条款(第 14 条和第 15 条)加以规定。这两个条款阐释了当东道国违反国际法的不法行为导致受侵害者的利益受到侵害时,为了维护自身的利益,受侵害者可以首先用尽当地救济。若不能获得公正解决,受害者可以请求国籍国实施外交保护进行救济。因此,外交保护实施中要充分考虑对东道国主权的尊重以及对当地救济用尽原则所需要的程序上的要求。

用尽当地救济原则作为外交保护中的一个前提或程序要件之一,也是国际法上一个重要的习惯原则,并且已被大量的国际国内实践所确认。在当今国际法人本化趋势背景下,如何通过当地救济原则的适用和外交保护最终救济方式的相互补充来维护越来越多的海外公民(包括海外公民和法人)的利益;面对大量海外国民的利益需要维护和保障,如何加强外交保护制度的立法、如何加强中国国际投资保护相关法律制度建设,这些问题都具有重要的理论和现实意义,也正是本书的选题背景和原因。

本书以用尽当地救济原则作为讨论的主题,运用历史分析、文本分析的方法并结合一定的国际案例,旨在分析该原则的国际法理论基础、含义、不同领域的适用,同时结合世界百年未有之大变局背景下中国已成为双向投资国,面临维护国家主权和更多海外利益保护的现实,提出中国适用原则的可行性以及对相关法律制度建设的启示。

全书共分为五章来论述,主要内容如下。

第一章概述了用尽当地救济原则的含义和它产生的理论基础,同时从该原则的所属法律范畴国际法视域下的外交保护制度入手,简要地阐述了作为解决外国人和东道国争端的传统方法之一的外交保护制度的含义和实施的三个前提条件,即有违反国际法的不法侵害行为的实质侵害、国际连续,用尽当地救济原则。本章重点从国际条约、国际习惯、一般法律原则及国际法院和国际仲裁机构的判例实践及国际法权威法学家的学说等角度分析了该习惯国际法原则产生的法律渊源。

第二章重点结合国际法院和国际仲裁机构的相关案例分析了用尽当地救济原则适用中的一系列问题,诸如适用的程序还是实体的性质的讨论。从直接侵害与间接侵害及受侵害者与被告国的联系分析了该原则适用的条件和范围;从适用的途径类别和实质分析了原则中用尽的含义和适用要求、传统外交保护中受侵害的外国人和东道国有自动的、明示的、暗示的与违法行为地有某种自动联系。随着国家责任法的发展,一国在其境外对另一国的国民实施侵害的案件的出现使得连接点的范围扩大,所以案件中原则适用也扩大到受害者不在东道国境内的情形。当地救济原则的适用出现了非当地化的现象。随着更多案例实践的出现,规则的适用也更多扩展到了诸如违法行为地等其他条件下。而对于当地救济的用尽的实质认定主要在于一个最终的裁决的获得。

　　第三章根据《外交保护条款草案》第 15 条规定,阐述用尽当地救济原则适用的例外。根据草案归纳式的列举,第一类为当地救济无提供的可能。这部分主要从当地救济明显为徒劳、无合理成功的可能性、没有提供获得有效救济办法的可能性及用尽当地救济中出现的司法拒绝等 4 种情况分析阐述了为了例外的利益和立场平衡用尽当地救济原则的适用可以免除。其中第二类是应负责任的国家造成救济的不当拖延。根据习惯国际法的一般原则,因为救济过程中被告国的不当拖延导致受害者原告或申请者的正义请求已被拒绝,所以当地救济原则免于适用。第二类例外为应负责任的国家放弃或受害人明显排除用尽当地救济的可能。首先是违反国际法行为应承担责任的被告国放弃了用尽当地救济的要求。它可以明示放弃也可默示放弃。对于受侵害的个人用尽当地救济明显被排除是受侵害者被被告国拒绝入境或由于侵害国的因素受害者不能出现在该国导致明显地被排除接触或走进救济的情形。还有最后一种可以不予适用用尽当地救济原则的例外是受侵害人与应负责任的国家在损害时没有相关联系。

　　第四章分析阐述了用尽当地救济原则在除了外交保护之外的人权保护、国际组织及国际投资仲裁领域的适用和发展情况。通过具体案例,分析了在人权保护领域,相关公约通过法律文件对用尽当地救济原则的明示适用或一般的前置要求甚至例外的设置都予以了明确规定。这种设置确认了被告国利益的同时给予个体更为普遍的利益救济和保护承诺。在国际组织相关的争端中,第一种是国际组织代表它的职员在履行职能时受到侵害而提起针对国家的保护,此时原则不予适用。第二种是国家代表职员针对国际组织诉求。原则的适用与否是基于受害者个体的国籍国对裁判机构的管辖或联合国有约束力的决议的接受。第三种是国际组织职员针对国际组织雇佣关系的诉求。它主要根据组织内部依据法律设立的行政法院或行政法庭按一定的程序来解决。国际投资自由化以来,用尽当地救济原则在国际投资领域争端解决中的适用因《华盛顿公约》第 26 条中的规定、双边投资协定中的岔路口条款及最惠国待遇条款的解读处理而面临限制、架空及被削弱的挑战。而近来用尽当地救济原则优先的卡尔沃主义在世界范围内出现的复苏使用尽当地救济原则出现了回归趋势。

第五章联系并结合中国的国际法实践,从中国战后受害者民间赔偿案的屡次失败和中国三一重工诉奥巴马案的胜利,分析了中国人在海外的正当利益受到侵害时,用尽当地救济原则的适用是首要的争端解决方式,但是在当地救济用尽仍不能获得东道国的公正解决时需要国籍国实施外交保护代为提起求偿。中国作为一个双向投资国的定位应调整外交保护的限制态度,在国际法的人本化发展趋势和当今海外利益保护严峻的形势下,外交保护不仅是国家的权利,理应也成为国家的一种义务。

为了加强对国家主权和经济规制权的控制,随着卡尔沃主义的复苏,现今用尽当地救济原则在国际投资争端解决领域出现回归。为了更好地维护和保障海外中国人的正当权益,中国政府应该积极参与国际协定的谈判和规则的制定,增强话语权,提出一些有代表性的立法建议。国内立法应坚持尊重属地管辖权,制定专门的外交保护法律制度;调整国家角色定位,在法律制度中明确用尽当地救济的要求;为了协调用尽当地救济后的外交保护实施,制定配套法律。国际投资领域的法律和制度设计中,首先国内立法中应分清争端的类型,根据不同类别适用用尽当地救济原则。其次,从国际法的角度,国际条约或双边协定谈判和制定过程中明确用尽当地救济的要求,并对期限予以具体和明确规定。最后,"一带一路"的争端解决机制中可以考虑引入用尽当地救济原则作为前置程序,同时对原则适用时的具体操作应予以明确。

总之,当下发展中国家和发达国家俱有加强经济主权控制的趋势,用尽当地救济原则的适用研究应该被重视,对今天中国这样一个既是资本输入国同时又是资本输出国投资大国来说,是极为重要的。尤其是疫情灾难导致的经济衰退,保护主义频繁出现,大量海外投资企业的利益需要维护和保障,对适用当地救济原则和加强国内外交保护制度的立法、对中国国际投资保护相关法律制度的建设具有重要的理论价值和现实意义。中国政府应该顺应国际法的发展,制定外交保护制度,争端解决中对内坚持用尽当地救济,对外坚持用尽当地救济的同时应以外交保护作为最后的补救,给国民提供一个坚实的,最终救济手段。这不仅从制度上保证合理、公正地实现对每个个体权利的保护,而且对提高国家软实力的影响也将起到重要的推动作用。

本书正是在这样的研究框架下展开分析阐述,其创新之处体现在以下几个方面。

1. 研究视角的创新。目前国内关于外国人在东道国受到不法行为侵害而正当权益受损争端中,国籍国实施外交保护制度的研究不多,大多是采取综合的概述分析。而对该制度实施的前提条件之一的用尽当地救济原则的研究更是寥寥无几。为了维护国民的权益,国籍国政府如何通过实施外交保护代国民向东道国求偿,进行最后的补救,这对今天已成为对外投资世界第二位的双向投资国中国来说是具有重要现实意义的问题。

2. 研究内容的创新。本书结合具体案例从该原则的渊源和历史演进到该规则适用中的一些问题进行了较为系统详细的分析,同时结合当下该原则在国际投资领域的适用趋势,将联系中国的实际案例分析,对中国的外交保护和国际投资保护相关制度的立法提出一些建议。

3. 文本使用的创新。目前找到的研究分析文本主要是历年来《国际法院案例》《国际仲裁法庭案例》、ICSID 案例及国际法委员会历次会议中关于外交保护专题的报告。内容较为翔实,它们为相关研究提供了良好的线索和案例分析来源。本书主要从相关来源文本材料中选取有关外交保护特别是在外交保护的实施过程中因为用尽当地救济原则而产生异议的案例进行分析和讨论,期冀能对实践中中国的相关问题解决提供启示。

但是由于笔者能力有限,这些材料只能作为分析的一种尝试,案例分析难免疏漏,观点提出仓促,期待今后可以找到更多研究实践材料和文本进行后续研究。

第一章　用尽当地救济原则的基本原理

第一节　用尽当地救济原则的含义和基本理论

一、用尽当地救济原则的含义

用尽当地救济,历来都被视为国家为其在外国受到损害的国民提供外交保护必不可少的条件之一。《奥本海国际法》阐述其内涵为外国人在一国受到违反国际法的对待,在提起国际程序前,该外国人必须首先求助于当地一切法律救济方法。[1]

用尽当地救济原则作为一项习惯国际法原则体现在众多学者的论述中,也印证在各国和国际法院的实践中。国际法院曾经认为当一国国民在他国遭受到该国违反国际法行为侵害时,在国际程序开始前,施害国应当被给予机会通过国内法律体系提供救济进行弥补。当地救济必须被用尽的原则是国际习惯法公认的一项原则。英国学者蒂莫西·希利尔[2]和另一位国际法学者马尔

---

[1]　参见[英]詹宁斯、瓦茨修订:《奥本海国际法》(第一卷第一分册),王铁崖译,中国大百科全书出版社1995年版,第309页。

[2]　"适用于对国家的间接损害的一个重要规则是除非个人或公司已经用尽了当地提供的所有救济,否则,其母国提出的求偿在国际层面上将是不可接受的。"参见[英]蒂莫西·希利尔著:《国际公法原理》,曲波译,中国人民大学出版社2006年版,第170页。

科姆·N.肖①对此原则也做出了类似的观点。还有学者将用尽当地救济原则解释为在一个国家可以代表它的国民提起诉讼之前,必须证明该国民已经用尽了加害国所有可获得的法院的救济和行政机关的救济。② 而国内学者对这一原则也有相关论述,如有学者认为用尽当地救济原则是"在国家代表个人在国际上提出国际求偿或个人直接诉诸国际机构之前必须事先穷尽使其权利受到侵害的国家国内的一切司法或行政补救措施"③。

从上述对于用尽当地救济原则含义的不同论述可以看到中外学者在这一问题上的观点有共同点也存在差异。共同点在于中外学者都认为国家在对其公民行使外交保护之前,必须要求其公民在受害国用尽国内的救济,以此作为外交保护的前提条件。但是学者们并没有在含义中涉及和强调当地救济的种类、程度及与外交保护的关系。

用尽当地救济原则是外交保护程序的限制条件之一。国际法委员会2006 年的《外交保护条款草案》第 14 条对该原则的适用做出了具体的规定。④ 规则的设计是为了对国家主权下属地管辖的一种尊重,为了确保违法的国家能够有机会在其国内通过本国的办法在国家制度内进行对被侵害人的实施补救。所以这构成了该规则制定的基础和出发点,是对东道国属地管辖的考虑和尊重。

但是在这一原则制定的背后同样还涉及其他各方的利益确认。比如被侵害的外国申诉者在东道国寻求当地救济的过程中,需要避免不合理的艰难和

---

① "允许一个国家在其接受的国际机制开始前,根据其自身宪法规定的程序解决国内的问题是一种普遍国际法接受并确立的方式。"参见[英]马尔科姆·N.肖著:《国际法》(第五版上),北京大学出版社 2005 年版,第 254 页。

② 参见[美]托马斯·伯根特尔、肖恩·D.墨菲合著:《国际公法》(第三版),法律出版社 2004 年版,第 161 页。

③ 白桂梅:《国际法》,北京大学出版社 2006 年版,第 271 页。

④ "一国对于其国民(包括自然人和法人)或草案第 8 条所指的其他人(主要指难民和无国籍人)所受的侵害,在被侵害人用尽一切当地救济之前,不得提出国际求偿。"See A/CN.4/L. p.684.

过度的耽搁、花费,希望能有一个快速有效的争端解决程序。因此,受侵害外国申诉者在当地救济过程中的效率利益也是一个重要的考虑因素。芬兰渔船仲裁①和安巴蒂洛斯案②中,仲裁委员会对于当地救济原则的适用中指出,该原则的适用应该有所限制,不能走得太远,外国人的利益应该予以考虑和重视。所以用尽当地救济原则给予被诉国通过自己国内制度的行使实施救济机会的同时,寻求救济的外国侵害者或其他方的利益考虑也不能忽视。他们需要有效而经济地给予公正。这也是国际社会的利益要求之所在。为了这种背后利益的平衡,外交保护中的用尽当地救济原则实施应受到限制(具体将在下文论述)。

综上分析,用尽当地救济原则是指外国人在当地国遭受违反国际法的不法行为侵害产生争议时,不能获得公平对待,国籍国代表其向施害国提起国际求偿的外交保护权行使前,受害者必须首先求助于当地国司法和行政救济以获得赔偿的原则。

二、用尽当地救济原则的法理依据

用尽当地救济原则随外交保护制度的建立及其本身功能的不断适用而发展。该原则在国际法实践中,是一项众所周知且被广为尊重的国际习惯法原则。国际法院有诸多案例作为佐证。1959 年国际工商投资公司案中,国际法院表示:各国均应适用这一习惯国际法的确定原则,在诉诸国际诉讼前应用尽当地救济。国际不法行为发生地国家在其本国司法体制中应按照自己的方式施以救济。③ 该案例的观点和要旨成为后续其他案件的参照。理论界的研究和成果也对这一原则给予了广泛认可。《奥本海国际法》也

---

① 参见亨金等:《国际法案例与资料》,1980 年英文第 2 版,第 703—705 页。
② 参见哈里斯:《国际法案例与资料》,1979 年英文第 2 版,第 493—496 页。
③ *Interhandel Case(Switzerland v.United States of America) Preliminary Objections*,I.C.J.Reports 1959,p.6.

有相应的说明和表述①,认为这是一项公认的原则。只要一个国家没有最后的宣告或裁决就不能说有效的国际求偿权已经确定。印度学者 B.森也从特殊补救的角度在《外交人员国际法与实践指南》一书中做出阐述。②

　　所以在分析外交保护的条件之一的用尽当地救济原则的理论发展和渊源前应该首先分析它的理论基础。用尽当地救济原则在发展的过程中集中体现了国家主权原则、属地管辖原则与自然资源永久主权原则等,同时也顾及了争端解决过程中效率优先的考虑。

（一）国家主权

　　关于国家主权的界定,格劳秀斯认为它是不从属其他人的法律控制的权力③。首位界定国家主权的近代国际法学者瓦特尔④曾指出主权国家不分大小⑤。因而瓦特尔开启了国际社会国家主权平等的大门。⑥ 根据英国国际法学者布朗利曾在其《国际公法原理》中指出,主权可以指获得领土所有权的权

---

①　"当一个国家对他的领土内的外国人的待遇不符合其国际义务,但仍可通过以后的行动为该外国人获取它的义务所要求的待遇(或同等待遇)时,国际法庭将不会受理代表该外国人提出的求偿,除非该外国人已经用尽有关国家内可以利用的一切法律救济方法,这是一项公认的规则。只要一个国家内的最高主管当局还没有作最后宣告,那么就不能说已经确定的发生有效的国际求偿权。"参见[英]詹宁斯、瓦茨修订:《奥本海国际法》(第一卷第一分册),王铁崖等译,中国大百科全书出版社 1995 年版,第 330 页。

②　它是基于这样的假设,即以国际求偿为形式的外交干预是纠正一国违反其国际法义务的不法行为的一种特殊补救方法。如果一国国内法中对外国人所受的伤害或损害规定了适当的补救方法,那么,只有在外国人用尽当地补救方法而仍未得到对所受伤害的适当救助之后才能说该国没有尽到责任。只要存在这些补救方法,外国人无论是个人还是法人团体,必须诉诸这些程序,只有在用尽所有这些补救方法包括上诉程序后,才发生外交干预的问题。参见[印度]B.森著:《外交人员国际法与实践指南》,中国对外翻译出版公司 1987 年版,第 299—300 页。

③　See Hugo Grotius, *On the Law of War and Peace*, Oxford Press, 1925, p.102.

④　参见杨永明:《国际法中主权概念的地位和演变》,《台大法学论丛》1997 年第 25 卷第 4 期。

⑤　See J.L.Brierly, *The Law of Nations*, The Clarendon Press, 1955, p.37.

⑥　参见杨泽伟:《主权论——国际法上的主权问题及其发展趋势研究》,北京大学出版社 2005 年版,第 26 页。

力和在行使这种权力中所形成的权利,表示出依赖于习惯法和独立于他国同意的权力和特权的特征。①《牛津法律大辞典》为主权下的定义更突出国家对其领土及之上居民的管辖权和管理权(独立的统治权、行政管理权和控制权等)②。所以主权和独立是国家主权原则的首要体现,是所在国有权要求其法院不受干涉并确认其有司法能力的根据。受害人国籍国只有尊重该国与自己平等的权利,给予加害国按其国内正常方式对受害人进行司法救济的机会,这样才能避免国际纠纷。所以它体现了国家主权原则。③

(二)属地管辖权

作为用尽当地救济原则的重要理论基础,属地管辖权也是国家主权的重要体现。属地管辖权表现出一种超然的优越性。它不仅对领土内的一切人,也对领土内的一切事物行使这种优越权。④ 根据国际法,国家基于属地优越权而对其境内的外国人有管辖的权利。一方面要求外国人服从所在国的立法、司法和执法措施,就他在该国所作的一切行为对该国负责。另一方面是所在国对外国人有保护义务,对他们的人身自由和财产应予保护。国家应当保护外国人免遭私人侵害并对施害者给予惩罚,更勿论直接实施侵犯外国人合法权益的行为。若是国家违反这一原则,应承担国际责任。外国人的国籍国有行使外交保护的权利。⑤

基于属地管辖权,国家有权力决定自己的政治、社会和经济制度以及各项国家内部施行的政策,同时国家也享有绝对的对其境内任何人行使的司法主权。究其根本,国家行使属地管辖权的最终目的是维护其领土范围内的正常

---

① 参见[英]伊恩·布朗利:《国际公法原理》,曾令良、余敏友等译,法律出版社 2003 年版,第 319—320 页。
② 参见《牛津法律大辞典》,光明日报出版社 1988 年版,第 842—843 页。
③ 参见殷敏:《外交保护法律制度和中国》,上海世纪出版集团 2012 年版,第 105 页。
④ 参见周鲠生著:《国际法》(上册),武汉大学出版社 2007 年版,第 186 页。
⑤ 参见梁淑英:《国际法学案例教程》,知识产权出版社 2006 年版,第 121 页。

秩序,从而能够更好地保护其国民以及居留在其领土内的他国国民的正常生活。因此一个外国人,除非他是属于享受所谓治外法权一类的人,进入一个国家时就立即受该国家的属地最高权的约束和管辖。① 同时,对于自然人而言,在其进入某一外国国家时,就应当视作其对该外国的国内法律有一定认识,并且同意接受该外国国家的管辖,愿意接受该外国国内法的约束。这种管辖包括了行政管辖也包括了司法管辖,那么在发生争议时,首先在该外国国家用尽国内救济程序就理所当然。

一国享有属地管辖权,不仅要求外国人服从这种管辖而且要求其他国家或国际组织也尊重这种属地管辖权。因为一国的属地管辖权是专属和排他的,是一国在其领土内充分的、独立的和不受干扰地行使的最高权力。这一点在《联合国宪章》的规定中也有体现。《联合国宪章》中规定的主权平等、不侵犯和不干涉内政等基本原则已经确认了国家属地管辖权的最高效力。美国学者托马斯·伯根特尔和肖恩·D.墨菲在其合著的《国际公法》一书中也认为一国规制发生在领土内行为的权利是主权原则的反映。②

从国家之间互相尊重属地管辖权的角度出发,要求外国人在遭受损害时首先采用所在国的救济办法去获得救济,同时从国际社会的角度出发,国家之间基于国际合作和主权平等的原则也有必要互相信任各国国内的司法救济程序。正因为国家对其境内的人和物具有排他的属地优越权,而各

---

① 参见[英]劳特派特修订:《奥本海国际法》(第二分册上卷),王铁崖译,商务印书馆1972年版,第169页。

② "一国有绝对的但并不必然是排他的权力来规制发生在其领土内的行为。该'主权原则'反映出国际社会已经承认没有控制发生在其领土内行为或事物的权力,一国无法存续的共识。因此,其他国家必须信赖该种权力从而保护其在该国的权利和利益。因此,所有国家在用尽当地救济原则中分享着同样的互惠待遇。该规则的存在完全出于缓和国际和国内法院管辖权的必要,同时也是确保国家主权受到尊重的需要"。See Rosica(Rose) Popova and Sarei v. Rio Tinto,the Exhaustion of Local Remedies Rule in the Context of the Alien Tort Claims Act:Short-term Justice,but at what cost,*Hamline Journal of Public Law & Policy*,Vol.28,Issue 2(Spring 2007),pp. 517-556.

国有义务相互尊重这种优越权,并相信各国能够按本国救济办法处理好其领土内发生的事件,所以受害人遭受损害后必须先采用加害国的救济办法。①

（三）自然资源永久主权原则

作为一国生存发展的物质基础,自然资源对国家至关重要。因而,国家也需对自然资源享有稳固的权利,并成为国家主权的组成部分。这种自然资源永久主权,在国际社会被普遍认为是一种在管辖范围内,自由处置自然资源和财富的权利。②

它主要包括自由处置自然资源的权利、自由勘探和开发自然资源的权利、恢复对自然资源的有效控制权和损害赔偿权、为民族发展而利用自然资源的权利、按照国家环境政策来管理自然资源的权利、平等地分享跨境自然资源惠益的权利、管理外国投资的权利及对外国投资实行征收或国有化的权利。对自然资源永久主权无疑首先是各国或各民族在其范围内有自由处置其自然资源或财富的权利。③ 这体现在与自然资源永久主权有关联大的决议、国际条约和国际司法判决中。

国际条约、联合国大会决议和国际司法判例是自然资源永久主权的法律依据来源。对自然资源永久主权的规定丰富且分布普遍。1966 年《经济、社会、文化权利国际盟约》第 1 条承认了各国自由处置其自然财富及资源的权利;1994 年《欧洲能源宪章条约》承认国家对能源资源的主权权利并指出,各国仍继续拥有决定其领域内哪一个地区可进行能源开发和利用的权利,并且规定条约"在任何情况下都不得损害缔约方管理能源资源所有

---

① 参见余民才主编:《国际法专论》,中信出版社 2003 年版,第 178 页。

② 参见杨泽伟:《主权论——国际法上的主权问题及其发展趋势》,北京大学出版社 2005 年版,第 97 页。

③ See Nico Schrijver, *Sovereignty Over Natural Resources: Balancing Rights and Duties*, Cambridge university Press 1997, p.260.

特制的规则。"①同时联合国大会就自然资源的永久主权通过了一系列决议，早在 1952 年，联合国人权委员会第 8 次会议讨论关于人权的国际公约草案时，一些发展中国家就提出了对自然资源的永久主权问题。②

最典型的是 1974 年，联大召开了第六届特别会议，通过了 77 国集团起草的《关于建立新的国际经济秩序宣言》和《行动纲领》，明确规定了自然资源的永久主权。同年 12 月，联大又通过了依贸发会议制订的《各国经济权利和义务宪章》。③

所以通过上述联大决议，联合国正式确立了国家对自然资源永久主权的原则。除了联大的一系列决议，一些国际司法判例也对自然资源的永久主权予以肯定。例如，在 1974 年渔业管辖权案中，国际法院在判决中提到在领海和公海之间的渔区，沿岸国享有专属性的渔业管辖权并已公认为 12 海里。沿岸国以其特别依赖渔业的地位而在与渔区毗连的水域享有捕鱼优越权。④1977 年利比亚美国石油公司仲裁案建议尊重国家自由处置自然财富和自然资源的主权权利。⑤ 1982 年科威特石油国有化仲裁案也认为自然资源是国家财产来源于各国宪法规定，科威特也应同样享有。⑥

---

① 杨泽伟：《主权论——国际法上的主权问题及其发展趋势》，北京大学出版社 2006 年版，第 95 页。

② See Kamal Hossain ed., *Legal Aspects of the New International Economics Order*, Part II: Report.60 Int'l L.Ass'n Rep.Conf, 183.(1982).

③ 一系列的决议概括起来说：每个国家对其全部财富、自然资源和经济活动享有充分的永久主权，包括拥有权、使用权和处置权，并得自由行使此项主权，以及由这一基本权利派生的国家管理外国投资的权利、管理和监督跨国公司的权利、对外国人财产实行国有化的权利和按照本国法律在本国法院处理投资争议的权利。参见殷敏：《外交保护法律制度和中国》，上海人民出版社 2010 年版，第 106 页。

④ 参见陈致中编著：《国际法案例》，法律出版社 1998 年，第 202 页。

⑤ See Nico Schrijver, *Sovereignty Over Natural Resources: Balancing Rights and Duties*, Cambridge university Press 1997, p.261.

⑥ 在裁决中承认很多国家的宪法都规定所有自然资源都是国家财产，科威特享有对石油资源的充分所有权并可将其置于国内管辖之下。参见姚梅镇主编：《国际投资法成案研究》，武汉大学出版社 1989 年版，第 125—144 页。

鉴于该原则的内容,它具有时代进步的特征,确认了用尽当地救济原则的适用是对发展中国家充分行使自然资源主权的强调和维护,也符合现今全球化的经济形势下,东道国对自由处置其自然财富及管理和控制外国投资者活动的主权权利行使的重视趋势。

(四)争端解决效率优先的考虑

当地救济方式具有其他国际求偿解决争端的途径所不具有的优越性。它对于个人和公司采用所在国国内的司法手段、遵循所在国司法程序,在国内法院进行纠纷解决更为恰当且方便。① 这种恰当和方便,不仅体现在司法程序中的取证便利上,也体现在对生效判决的履行上。相比之下,由受害者国籍国与责任国进行政府层面上的国际交涉为主要方式的国际求偿,耗时耗力,也无可避免地涉及国家豁免问题,影响到生效判决的执行。

因此在外国人受侵害的争端中,适用当地救济方式应当为解决争议的首选方案。它既能够有效防止小型求偿频发情形所带来的负面影响,也更方便外国人与当地管辖权建立以居住和商业活动为基础的联系,这些对于争议的实体认定和履行均有益处。② 正是基于当地救济所具有的种种优势,所以它是外国人在国外受侵害遇有纠纷时首先采用的一种争端解决方式。

第二节　用尽当地救济原则的基本范畴

用尽当地救济原则长期以来均被视为外交保护制度中的一项基本规则,用尽当地救济原则的适用范围和外交保护制度密切相关。用尽当地救济原则

---

① 参见[英]伊恩·布朗利著:《国际公法原理》,曾令良、余敏友等译,法律出版社2003年版,第541页。

② 参见[英]伊恩·布朗利著:《国际公法原理》,曾令良、余敏友等译,法律出版社2003年版,第543页。

的含义被界定为当一国国民在外国受到所在国的侵害而正当权益受损时,该国民在其国籍国实施外交保护进行国际求偿前,必须用尽所在国的国内救济的规则。因此,在对用尽当地救济原则的研究中首先要对其所属范畴的外交保护制度进行分析。

一、外交保护的含义和性质

(一)瓦特尔拟制和外交保护的发展

外交保护,作为国家保护本国自然人和法人的重要手段之一,相对于国际法领域中领土的取得或海洋的相关法律的出现,属于相对年轻的制度。国际法的发展过程中,国际法学家诸如格劳秀斯、苏黎世及普芬道夫等一批著名的国际法权威的作品中虽然都涉及了国家之间的关系,但是还未涉及个体的地位问题。国家间的互动和个体作为外国人也只是刚开始,所以著作中也基本未涉及个体的保护问题,同时格劳秀斯等人也几乎未有提及和平时期对境内外国人和外国人财产利益的法律义务问题[1],直到18世纪瓦特尔的出现。

瑞士法学家艾梅里希·瓦特尔是第一位对外国人及他们的财产和外交保护的主题予以关注的国际法权威学者。他也是外交保护制度的奠基人。瓦特尔在他的著作《国家间的法律或自然法的原则》(*The law of Nations or the Principles of National Law*)中毫不犹豫地指出:对一个个体的侵害即是对其国家的侵害,具体为无论谁虐待一国的公民即是间接地损害该国家。受侵害的国家必须采取行为迫使侵害者给出完全令人满意的行为对受害者进行补偿,或者采取报复行为惩罚侵害者,只有这样才能达到被侵害者受文明社会保护的最终目的。[2] 瓦特尔的理论成为一个国家实施外交保护最实质的理论基础。但

---

① See Chittharanjan F. Amerasinghe, *Diplomatic Protection*, Oxford University Press, 2008, p.8.

② See Emmerich Vattel, *The Law of Nations*, or the Principles of National Law(1758), Book Ⅱ, Chapter Ⅵ; See 3 Classics of International Law(1916)136.

是他的理论与当时欧洲信奉基督教的资本主义国家所提倡的共同文明和道德标准类似,所以因该理论诞生于殖民主义时代,在此后相当长的一段时间里,出于资本主义经济和利益的需要,外交保护都带有强权和歧视的色彩。①

瓦特尔在著作中还对一个国家专属管辖做了说明。他也指出一个主权国家对允许进入该国家的外国人应负责任。一个主权国家允许了外国人进入该国境内则是同意像保护本国国民一样去保护这些外国人。务必使这些外国人享有很好的安全。② 关于外国人财产利益,瓦特尔认为个体的财产一直属于他自己,属于他的国家,但是瓦特尔并没有对这种责任给出具体详细的说明,而很明显这种责任才是外国人待遇的实质内容。尽管如此,他的学说不断在外交保护的实践中被援引。18 世纪末期,《杰伊条约》的出现对外交保护作为一种救济行为起了强有力的促进作用。特别是 1794 年美英之间依据签订的《杰伊条约》包含的条款成立了仲裁委员会来解决种种关于英国掠夺美国的船只的损失及相关的经贸纠纷问题。这种行为也开创了现代国际仲裁,同时,第一次通过外交保护求助求偿委员会,让外国人有了站在国际仲裁平台的地位和身份。③

从 19 世纪早期开始,随着外国人待遇的相关法律的发展,外交保护作为救济制度有了更多的实践和适用。从博查(Borchard)、弗里曼(Freeman)等 20世纪撰写论文中分析的案例来看,外交保护主要是强国针对弱国实施以保护自己国民的实践。同时,杰伊条约出现后,外交保护中国际仲裁对外国侵害赔偿申请的解决也大大促进了外交保护法律体系的发展。19 世纪末期,学者们开始对外国人外交保护本身的探讨。20 世纪及其之后,特别是二战后,外交保护制度通过国家的反复实践,逐渐被接受为国际法律体系的一部分。④ 二

---

① 参见张磊:《外交保护国际保护法律制度研究》,法律出版社 2011 年版,第 1 页。

② See Emmerich Vattel, *The Law of Nations*, *or the Principles of National Law*(1758), Book II, Chapter VI; See 3 Classics of International Law(1916), p.136.

③ See Chittharanjan F. Amerasinghe, *Diplomatic Protection*, Oxford University Press, 2008, p.13.

④ See Chittharanjan F. Amerasinghe, Diplomatic Protection, Oxford University Press, 2008, p.13.

战后,随着保护海外国民的其他方式逐渐出现,外交保护也逐渐褪去了强权色彩,并作为一种文明的保护手段得以逐渐发展。国际法院更是以四个典型的案例接受并表明外交保护是一种切实可行的救济制度。它们分别是诺特鲍姆案①、巴塞罗那机车公司案②、艾尔西案③、迪洛斯④案。而且也有些国家逐渐通过外交保护建立仲裁庭解决涉及外国人的诉求问题,伊美索赔特别法庭即是很好的一例。⑤

在战后阶段,国际社会对于外国人及其财产的待遇问题引起的冲突持续予以关注。为了秩序和稳定性的考虑,国际社会开始在现有国际法律体系基础上试图尽力加强一些规则的制定和编撰,以使国际义务的遵守更加确定和清楚。随着国际社会对外交保护的更多关注,外交保护也和国家责任一样成了规则制定的一个重要目标。

2006 年《外交保护条款草案》及《外交保护条款草案评注》的通过表明编撰工作初步完成。该条款草案通过 19 个条款对外交保护的实施及用尽当地救济原则的适用给予了详细的操作性的规定和说明。特别是《草案》第 19 条(a)款给出了建议性期待:国家有某种义务考虑在国外遭受严重损害的国民行使外交保护的可能性正在被国际法所承认。如果说习惯国际法还没有达到这样的发展阶段,笔者认为草案第 19 条(a)款必须视为国际法逐渐发展的一步。虽然现实复杂,在国际法人本化的环境下这种安排是具有积极的现实意义,也是值得肯定的。

(二) 外交保护的含义

尽管外交保护是一项古老的国际法上的制度,但是关于外交保护的定义,

---

① See 1953 I.C.J.Reports p.11.

② See 1964 I.C.J.Reports p.5.

③ See 1989 I.C.J.Reports p.15.

④ See 2007 I.C.J.Reports p.17ff.

⑤ See Chittharanjan F.Amerasinghe, *Diplomatic Protection*, Oxford University Press, 2008, p.18.

一直以来有不同的意见,博查德和盖克都曾对其做过定义。前者认为外交保护是一国呼吁另一国履行因他们的权利和责任而产生相互义务的国际秩序。① 后者从该制度实施的机构对其定义。② 而特别报告员本努纳在初步报告中认为,外交保护是要求侨居国履行国际责任的机制或程序。③ 杜加尔德在对外交保护的定义中则认为应该结合每条具体条款解释这些术语的含义。④ 国际法委员会采纳了特别报告员的意见,《外交保护条款草案》第1条对外交保护的定义和范围做了具体的规定。⑤ 同时又通过《草案评注》做出说明,指出该条只是外交保护的特征描述,并非完整全面的定义⑥。从这点上来说,国际法委员会认为通过精确的定义不成熟,希望《条款草案》阐述的各种规则通过逐渐被国际社会所接受,那么定义和范围即会逐渐变成真正的含义。某种程度上讲,这种较为开放的态度促进了该制度在国际法领域的发展。但是笔者也赞同张磊的观点,即若将用尽当地救济原则插入,体现出实施保护的三个前提似乎会更好些。

(三)外交保护的性质

从2006年外交保护草案中对定义和范围所作的说明可看出,外交保护是指基于国籍国对其在外国的国民(包括法人)之合法权益遭到所在国的违反

① See E.M.Borchard, *The Diplomatic Protection of Citizens Abroad or the Law of International Claims*, Bank Law Publishing Company, 1915, p.354.
② 外交保护由外交代表和使团及其他政府机构实施,甚至领事官员和武装力量(现在少见),都可实施。同时该制度对于个人利益的活动范围和外交活动未有清楚的界限。参见张磊:《外交保护国际法律制度研究》,法律出版社2011年版,第3页。
③ U.N.Doc.A/CN.4/484, para.10, p.4.
④ U.N.Doc.A/CN.4/567, para.9, p.5.
⑤ 《外交保护条款草案》第1条"为本条款草案的目的",外交保护是指一国对于另一国国际不法行为给属于本国国民的自然人或法人造成损害。通过外交行动或其他和平解决手段援引另一国的责任,以期使该国责任得到履行。See U.N.Doc.A/CN.4/L.684, p.1.
⑥ 第1条并不是为外交保护下的完整的全面的定义,而只是从本条款草案所用该词语的含义描述外交保护的特征。涉及的只是可以行使外交保护的情况和行使外交保护以前必须符合的条件。See Yearbook of the International Law Commission, 2006, Volume II, Part two p.24.

国际法受侵害而得不到救济时采取外交或其他的方法向加害国求偿的行为。它是基于国家属人管辖权,将国民的权益视为国家权益的组成部分。所以,国家有对在外国民进行保护的权利。这已为许多国际法著作、判例和国际文件所承认和阐明。瓦特尔在其著作中指出:谁虐待一个公民也就是间接地伤害了他的国家。而后者必须保护该公民。① 常设国际法院的马夫罗马蒂斯在巴勒斯坦特许权案及帕涅维斯基—萨尔都蒂斯基铁路案中都指出,一国为其国民出面,代表它诉诸外交行动或国际司法诉讼就是维护其本身的权利,即通过国民本身权益的维护确保国际法规则得到尊重的权利。② 而在《维也纳外交关系公约》第 3 条中也规定使馆于国际法之许可的限度内在接受国有保护派遣国及其国民之权益的职务。同时在《外交保护条款草案》第 1 条评注(3)中指出,外交保护是国家专有的权利③。但是在瓦特尔的理论主张中,保护国民是国家的权利同时也暗示了国家负有保护国民的义务。他指出谁虐待一个国家的公民即是间接地伤害了国家。国家必须保护其国民。他进一步解释,认为一个受侵害的国民的国籍国必须采取报复行为,迫使侵害者做出令受侵害者满意的行为或直接惩罚侵害者,这是文明社会的主要目标,这才叫保护。④ 博查德对该观点也予以了肯定。他认为保护公民的个人福祉是国家的职能。⑤

---

① E.de.Vattel, *The Law of Nations or the Principles of Natural Law Applied to the Conduct and to the Affairs of Nations and Sovereigns* (1758), Book Ⅱ, Section 71, in Fenwick (trans), Carnegie Institution, Washington (1916), p.136.

② See PCIJ Series A/B No.76(1939).

③ "外交保护历来被认视为国家的专有权利"。意思是说由于对国民的损害被视为对国家本身的损害,所以国家依据自己的权利行使外交保护。See U.N.A/CN.4/SER.A/2006/Add.1 Part 2;Yearbook of the International Law Commission,2006,Volume Ⅱ,Part 2,p.27.

④ See Chittharanjan F.Amerasinghe, *Diplomatic Protection*, Oxford University Press, 2008, p.79.

⑤ 国家的职能之一就是保证公民的个人福祉。在国内通过国内法律机构完成,而在外则由国际法和外交方式来完成。所以外交保护是政府履行职能的体现,是国家核心本质的必然结果。See Borchard, *The Diplomatic Protection of Citizen Abroad*, American Society of International Law Proceedings, Vol.21, Second Session(1927), pp.23–26, p.29.

但是长期以来,传统观点都认为该制度只是国家可以自由裁量行使的权利而非义务。联合国大会第六委员会也曾就此问题进行过论述。有一些国家认为是一种国家的权利同时也是一种个人的人权权利,国家有义务去履行保护,也有许多国家仍持传统的观点。然而在今天,这种传统的观点也正日益遭到质疑,特别是在一些严重侵犯人权的案件中,个人诉自己的国家没有为他们的权益保护实施外交保护。一些国家尽管对外交保护持传统的观点,但是对相关案件国内法庭会对其进行审查以判断政府是否违反了国内法中对公民的权利保护义务的履行。德国、瑞士、南非以及以色列等国的法庭都从本国宪法中可以找到这种潜在的义务。同时,一些国家诸如阿尔巴尼亚、匈牙利、罗马尼亚、意大利、拉脱维亚、俄罗斯、土耳其、乌克兰等都在自己国家的宪法中对必须保护在外国民的合法权利以条款形式予以规定。①

中国代表参加第 61 届联大会议及在第六委员会关于国际法委员会第 58 届会议针对"外交保护"专题的发言立场,表明中国政府也认为外交保护是国家的权利。我国只在宪法第 50 条②中对在外国民的权益保护做出过相关的规定。随着大量的中国人走向海外,越来越多利益需要保护。同时随着国际法人本化的发展,尽管国内也有学者比如辛崇阳③、黄涧秋④等对外交保护的性质是义务或权利持有不同意见。国内法上的规定已远远不够,面对更多海外公民和企业权利的急需维护,实施外交保护是国家依据国际法上的属人管辖权而行使国家权利的一种体现,也理应成为国家的一种义务。

近年来,荷兰、西班牙、奥地利、比利时等国的许多案件在国内法院申请,

---

① See Chittharanjan F. Amerasinghe, *Diplomatic Protection*, Oxford University Press, 2008, p.82.

② 参见宪法第 50 条规定:中华人民共和国保护华侨的正当权利和权益,保护归侨和侨眷的合法权利和利益。

③ 参见辛崇阳:《保护在外本国民的国际法制度及我的对策》,转引自周忠海主编:《中国和平发展与国际法》,中国政法大学出版社 2006 年版,第 75 页。

④ 参见黄涧秋:《论海外公民权益的外交保护》,《南昌大学学报》(人文社科版)2008 年第 3 期。

案件中受侵害者都试图向国籍国确认他们需要的外交保护不仅是国家的权利也是个人的权利,国家有义务去保护。最典型的当是南非卡翁达案。卡翁达等86名南非人在津巴布韦遭到逮捕。他们以要求政府采取行动来保证他们在南非宪法中的权利不受侵犯为诉求向宪法法院提出诉讼。宪法法院认为该国宪法要求政府有义务考虑来自那些遭受别国国际不法行为损害的公民提出的外交保护的请求。尽管政府对此有自由裁量权,但是它的决定必须接受宪法的控制和审查。①

英国法院也发现可以在国内司法系统中找到合法的例外。② 而美国虽然对于政府实施外交保护没有规定一般的义务,但是一直有司法系统"人质法案"的支持。任何时候当有美国公民被外国政府不公正地剥夺自由时,该法案要求美国总统必须予以干预。此情形下,总统必须使用一切在不动用战争法案、不违法的情形下可能用到所有的方法以使本国公民获得有效的释放和保护。③

二、外交保护的实施条件

虽然外交保护作为习惯国际法的一项制度,是属人管辖权的一种体现。但是,外交保护权利的实施要受到一定的限制,也必须符合一定的原则和条件。根据国际法委员会2006年通过《外交保护条款草案》第1条、第3条及第8条等的规定,外交保护实施的首要条件在于以下几个方面。

---

① See Mary Coombs, *Duty to Provide Diplomatic Protection-Extraterritorial Effect of Constitution Right-Intelligence Sharing - Death Penalty under International Law*, American Journal of International Law, Vol.99, No.3, 2005, pp.681-682.

② See Annemarieke Vermeer-kunzli, *Restricting Discretion: Judicial Review of Diplomatic Protection*, Nordic Journal of International Law, Vol.75, No.2, 2006, p.279, p.306.

③ See Young Jacqueline M., *Torture and Inhumane Punishment of United States Citizens in Saudi Arabia and the United States Government's Failure to Act*, 16 Hastings Int'l & Comp. L. Rev. (16) (1992-1993), p.663.

（一）有针对本国国民或受其保护的其他人侵害的国家责任存在

外交保护的前提条件之一首先是一个主权国家的国民或受其保护的其他人（无国籍人和难民）的权益遭到所在国的违反国际法的不法侵害。这种侵害事实包括国家的直接侵害和由国家纵容的私人侵害，比如国家通过颁布法令歧视或直接剥夺外国人的财产；行政机关的非法执法和执法不公甚至法院因司法机关的腐败、恐怖、滥用司法程序；拒绝司法或执法不公，不给予外国人必要的法律帮助或对侵害外国人的违法行为予以纵容、鼓励不惩罚等。在侵害发生的情形下，外国人无法得到公正救济时会求助于本国行使外交保护。而此时外交保护实施的重要依据即是国籍。草案第 3 条规定，有权行使外交保护的国家是国籍国确认了受侵害者的国籍国有权为其行使外交保护。《外交保护条款草案》从第 3 条到第 13 条，整个第二部分重点讨论了外交保护中国籍条件的不同情形，其中最重要的点在于国籍连续原则。

（二）国籍连续

国籍是国家代表本国国民提出外交保护进行求偿的法律连接点。但外交保护中所指的国籍是指实际国籍，即属于该国的实际人口与该国保持实际的权利和义务关系的真实联系。这在 1930 年《关于国籍法冲突的若干问题公约》和国际法院诺特保姆案（列支敦士登诉危地马拉）的裁决及其他案件中都有阐述。[1] 而且草案在第 5 条和第 10 条重点强调了国籍的连续原则。按照《外交保护条款草案》的规定，对国籍的连续原则的判断中两点很关键，即发生损害之日起到正式提出求偿之日及两个时间都有同一国籍[2]。所以一国实

---

[1] 参见梁淑英：《国际法》，中国政法大学出版社 2011 年版，第 120 页。

[2] 《外交保护条款草案》第 5 条：一国有权对发生损害之日起到正式提出求偿之日持续为其国民的人（包括自然人和法人）行使外交保护。如果在上述两个日期该受害者都持有该国国籍，则推定连续地具有保护国的国籍。See Yearbook of International Law Commission, Volume II, Part 2, 2006, p.35.p.55.

施外交保护,首先受保护者必须具有保护国的国籍。之所以强调国籍也正是源于前文所述的属人管辖权是一国实施外交保护的依据。但是《外交条款草案》将保护的对象范围扩大到了无国籍者和难民。

其次,受保护者具有保护国的国籍还必须是连续的。时间从遭受侵害之时起直至得到外交保护的正式提出求偿之日为止。这也是第 5 条和第 10 条相关规定的中心内容。该原则能够防止有人通过改变国籍随意选择保护国的现象。同时也有一种意见认为在外交保护截止日期即求偿日期提出到裁决做出期间,若受侵害者改变了国籍,那么他就不是就外交保护而言的国民了。①2003 年在洛温集团公司诉美国案中要处理的就是要保护的人在提出要求后改为被要求国国籍的情况。在这种情形下,外交保护明显是不能被支持的。所以 ICSID 仲裁庭的裁决②认定"从引起求偿的事件发生日期即所谓的起算日期,直至争端解决之日即所谓截止日期,必须存在连续的同一国籍"。这在草案第 5 条第 4 款中也规定得非常明确。

最后,对于外交保护中的国籍来说,还涉及双重或多重国籍的情况下,国籍国之间可否适用外交保护的问题、第三国如何对待其国籍国的求偿的问题。草案的第 6 条和第 7 条重点涉及了这点。关于对第三国人的外交保护的问题,第 6 条非常明确地指出双重或多重国籍的国民的任一国籍国都可针对该受害者非国籍的第三国提起外交保护或共同针对第三国行使外交保护。尽管已有些仲裁裁决③和已编撰的条款④认为双重国籍或多重国籍者的任一国籍国与该国民之间需要有真正或有效的联系才可针对受损害人非国籍的国家实施外交保护,但是判例倾向于不要求这种条件。Salem 案即是很有代表性

---

①　See Yearbook of International Law Commission,2006,Volume Ⅱ,Part two,p.55.

②　See Yearbook of International Law Commission,2006,Volume Ⅱ,Part two,p.59.

③　1926 年 7 月 12 日南斯拉夫—匈牙利混合仲裁法庭对德伯恩案的裁决。See *Annual Digest of Public International Law Cases*,Vol.3,1925-1926,Case No.205 of 12 July 1926.

④　参见 1930 年《关于涉及国籍冲突法的若干问题的海牙公约》第 5 条。(League of Nations Treaty Series No.4137-Certain questions re conflicts of nationality laws.)

的案例。① 因此该情形下任何国籍国都可以向第三国实施外交保护。

当然,受侵害者即便拥有保护国的国籍,在受到违反国际法的不法侵害后,国籍国也不是立刻就向施害国代表受害国民实施外交保护权提起求偿的。因为国际法上平等国家间无管辖权,为了对东道国的属地管辖的尊重,给施害国一个自我纠正的机会,首先需要受害者在当地寻求救济,适用用尽当地的救济原则。这也是外交保护的另一个前提条件。

(三)受侵害者用尽当地救济

一国当其国民在国外遇到违反国际法的不法行为侵害产生了国家责任时,只要有效连续地拥有该国的国籍,该国籍国行使外交保护的权利时,作为受侵害的外国人来说,首先应用尽负有责任国家的国内救济即外交保护实施前提之一是遵循用尽当地救济原则。

用尽当地救济原则是一项习惯国际法原则。它随着外交保护的实践而发展。在国际法院 Interhandel 案中被承认为是"公认的习惯国际法原则"②。国际法院分庭在艾尔西案中将之称为习惯国际法的一项重要原则。③ 国际法委员会曾在《国家责任草案》第22条中对其有过明确规定。④ 国际法委员会在2006年通过的《外交保护草案》的第14条第2款明确指出外交保护中当地救济的内容。⑤

---

① 仲裁法庭认为埃及不能援引受损害的个人持有有效的国籍作为反对另一国籍国美国的求偿理由。法庭认为国际法的规则在于双重国籍者的国籍国之一如因案件涉及该双重国籍者的利益而提出赔偿要求。第三国无权援引该人的另一国籍作为提出异议的理由。See Award of 8 June 1932, UNRIAA Vol.I, 1165 at p.1188.

② See *Interhandel Case*(*Switzerland v. United States of America*)Preliminary Objections, I.C.J. Reports 1959, p.6, p.27.

③ See I.C.J.*Reports* 1989, p.15, p.42.para.50.

④ 该规则是一项得到司法判决、国家实践、条约和司法学家著作肯定的"一般国际法规则"。See Official Records of the General Assembly, Fifty-Session, Supplement No.10(A/56/10), pp. 304-307.

⑤ 指受侵害的个人可以在所指应对损害负责任的国家,通过普通的或特别的司法或行政法院或机构获得的法律救济。See Chittharanjan Felix Amerasinghe, *Local Remedies in International Law*, Cambridge University Press, p.198.

《草案评注》在该条第 1 款中指出除非有第 15 条规定的例外情形,在受害人用尽当地救济之前,一国对于其所遭受侵害的国民或第 8 条所涉及的其他人(主要指无国籍人和难民),不得提出外交保护。

该原则的含义在于国家在实施外交保护前,受害人寻求用尽施害国国内的救济办法和程序。它主要包括两个层面:一方面,要求受害人用尽施害国提供的所有有效的和可用的救济方法并且到终极程度;另一方面要求受害人充分正确地利用当地国救济办法中的所有程序,包括诉讼中的证人传讯、必要证据和相关文件、证件等。① 该含义内容在芬兰渔船案②及国际工商业公司案③的裁决中得到了很好的确定和阐释。

作为一项重要的习惯国际法原则的遵循依据在于:其一,个人既然前往该国则应看作同意接受该国国内法的管辖和约束,所以首先应和该国本国的国民一样利用该国的国内救济程序,当然若有证据表明不可能获得预期的有效的救济则属例外。其二,因主权国家间平等无管辖权,所以首先应该尊重当地国的属地管辖。只有确实充分用完了所有有效的救济还不能解决争端时或者根本无法利用时,才可提出外交保护。这一点在国际法委员会 2001 年通过的《国家责任草案》第 44 条中也予以了确认。

当然,外交保护在实施过程中,有时也会出现无需用尽当地救济的例外情形即排除适用的情形。根据《外交保护条款草案》第 15 条的规定,可以排除用尽当地救济的情形主要在于当地救济已无提供的可能性,施害国放弃了当地救济要求,或当地救济与损害没有相关联系等。④ 而且第 3 款对用尽当地

---

① 参见梁淑英:《国际法》,中国政法大学出版社 2011 年版,第 122 页。

② See *The Finnish Ships Arbitration*(*Finland v. Great Britain*),3UNRIAA,p.1985(1934).

③ See 1959 I.C.J.Reports,pp.26—27.

④ 具体为:a. 不存在合理地可得到的能提供有效救济的当地救济,或当地救济不具有提供此种补救的合理可能性;b. 救济过程受到不当延迟,且这种不当延迟是由被指称应负责的国家造成的;c. 受损害的个人与被指称应负责的国家间在发生损害时没有相关联系;d. 受侵害的个人明显的被排除了寻求当地救济的可能性;e. 被指称应负责任的国家放弃了用尽当地救济的要求。See U.N.A/CN.4/.684,p.7

救济原则所适用的侵害仅为受害者所遭受的对国家导致的间接侵害。若国家遭到不法行为的直接侵害则国家本身可以直接提出国际要求而无需用尽当地救济。①

然而,在外交保护的发展中,有些诸如对当地救济原则问题的处理也必须关注。用尽当地救济作为外交保护的适用条件之一,在处理外国人受侵害时,一些情形下外国人也会通过签订协定等其他方式来解决与东道国或被告国的争端。特别是随着国际投资自由化的发展,ICSID 公约缔约国因管辖权的同意而在外国人与东道国的投资争端中放弃用尽当地救济的适用,提交争端 ICSID 主持下的仲裁解决。同时通过公约第 64 条规定对外交保护也予以了放弃。同样的情况在国与国之间的 BIT 争端解决机制中也有出现。它主要是通过仲裁处理外国人与东道国的投资纠纷。② 在此领域实践中用尽当地救济原则被不同程度地架空、削弱和规避。

三、用尽当地救济原则与外交保护

(一)原则适用促进外交保护的实施

《外交保护条款草案》第 1 条虽没有为外交保护下一个完整而全面的含义,但是对外交保护和平的实施方式作了规定。③ 所以一国在实施外交保护代其国民出面解决争端时必须通过合法及和平的手段。国际法庭在诸如马夫罗马蒂斯在巴勒斯坦特许权案、帕涅韦日斯—萨尔杜提斯基斯案等的裁决中将一国诉诸外交保护的方式主要区分为两种:外交方式、法律诉讼方式。国际法院在"诺特鲍姆案"④及美伊求偿法庭的第 A/18 号案中对外交保护的主要

① See U.N.A/CN.4/684,p.15.

② Chittharanjan Felix Amerasinghe,*Diplomatic Protection*,Oxford University Press,2008,p.335.

③ 《外交保护条款草案》第 1 条:"……通过外交行动或其他的和平解决手段援引另一国的责任,以期使该国责任得到履行。"See Yearbook of the International Law Commission,2006,Volume II,Part two,p.24.

④ See *Nottebohm Case*,1955 I.C.J.Reports,p.24.

方式做了同样的区分。① 鉴于外交行动主要是和平解决争端的方式,《外交保护条款草案》第 1 条对国际法在发展过程中可能产生的更多类似仲裁和司法解决争端方法通过其他和平解决手段做了宽泛的规定,所以外交保护的方法主要为外交的方法和法律的方法。后者具体有两种:国际仲裁、国际司法。

在和平解决国际争端的国际司法解决中,国际法院扮演着重要的角色。在外交保护实施中,一系列由被告国对当地救济是否用尽的法院管辖的初步反对意见的裁决即是由法院决定的。国际法院对挪威公债案②无管辖权的处理就是典型的一例。

不仅如此,国际法院在对一系列案件的裁决过程中对用尽当地救济的处理实际上在国际责任法领域起到了一定的造法的作用。常设国际法院的"马夫罗马蒂斯巴勒斯坦特许权案""帕涅韦日斯—萨尔杜提斯基铁路案"到国际法院的"诺特鲍姆"案、摩洛哥磷酸盐案、艾尔西案、巴塞罗那电车公司案和拉格兰德案等一系列具有重要意义的和外交保护密切相关的案件裁决为用尽当地救济原则和外交保护制度的发展起了重要的促进作用,也为国际社会的国际责任法的发展做出了重要的贡献。

(二) 原则的平衡管辖权意义

用尽当地救济原则的适用是对当地国属地管辖权的尊重,也是为了外交保护制度实施中两种管辖权的平衡。对于该原则平衡管辖权的意义分析,外交保护制度的理论依据必须被提及。

1. 外交保护的依据

第一,国家责任。

---

① 前者主要指的是一国为向另一国通报其意见和关注而使用的一切合法程序,包括抗议、提请调查或谈判、调停、和解等;后者主要指仲裁和司法手段。参见万霞:《外交保护国际制度的发展及演变》,《国际观察》2009 年第 2 期。

② See 1957 I.C.J.Reports,pp.99-100.

它也称国家的国际责任。它不仅包括传统上仅指国际法要求国家对其国际不法行为应承担的法律责任或法律后果,也包括 20 世纪中叶以来科技和国际关系的发展出现的国际损害责任。① 国际法要求国家承担的责任是国家必须承担的法律责任,具有一定的形式和内容,具有强制性。它不仅可以促使国家严格遵守国际义务和约束本身的行为,使国际法得到遵守,也是受侵害者国籍国行使外交保护要求责任国承担责任的法律依据之一。

第二,属人管辖权。

属人管辖权②是指国家对在外国的本国人行使管辖的权利。外交保护制度实施的条件之一是国籍连续的原则,也即是说外交保护是由国籍国对在境外受侵害的自然人和法人实行的保护,前提在于他们应该是具有本国国籍的国民。所以它体现了国际法上的属人管辖。该管辖权的行使虽然同时会与当地国的属地管辖权不可避免地产生冲突,但是它有助于扩大本国法律的域外效力。③ 因属人管辖,国民与它的本国之间存在的法律关系使得本国国民对其本国有服从和忠诚义务的同时,即使居住国外仍可受到国籍国基于属人管辖的支配。国家对侨居外国的本国人有权予以保护,并且有义务接纳其回国。④ 利比亚撤侨,多米尼克飓风中中国人安全撤退正是说明了这点。而从国家主权派生出来的国家外交保护权正是基于属人管辖,当居于境外的本国人的权利遭到所在国的非法侵害而不得救济时,外国人的本国有权行使的保护和管辖。此种管辖通常以国籍作为前提,这一点在国际法院通过诺特鲍姆案、巴塞罗那电车公司案等案例的系列裁决中得到确认。同时这种管辖还可扩大到具有本国国籍的法人、航空器、船舶和外空发射物及其所载人员。

---

① 梁淑英:《国际法》,中国政法大学出版社 2011 年版,第 87 页。
② 王虎华:《国际公法学》,北京大学出版社 2015 年版,第 84 页。
③ 参见[奥]阿·菲德罗斯等:《国际法》上册,李浩培译,商务印书馆 1981 年版,第 377 页。
④ 参见梁西主编:《国际法》(修订第二版),武汉大学出版社 2002 年版,第 280 页。

第三,外国人待遇。

根据国际法,若国家接纳并允许外国人临时或长期居留在当地国,那么国家对其外国人的国籍国负有保护其国民的义务。① 阿·菲德罗斯等在《国际法》中也指出国际法下外国人的权利来源于各国间负有的对外国人尊重的义务。② 从外国人待遇的内容来说,正如《世界人权宣言》《公民权利和政治权利公约》《经济社会文化权利公约》及 1985 年《非居住国公民个人权利宣言》等文件中的相关规定:人人应享有的基本人权和自由,外国人亦应享有。所以,不论是暂时的或长期的或永久居住在当地国外国人都应被当地国依法予以保护。根据各国的实践,外国人通常被给予的待遇主要有:国民待遇、最惠国待遇、互惠待遇及差别待遇等。鉴于这些待遇的规定,所以为了防止一国境内的外国人的生命和财产安全被侵害,国家有义务保护他们。一旦有侵害的发生即要采取行政或司法的手段予以救济。

所以综上可知,外交保护的实施依据主要在于国家责任、属人管辖和外国人待遇。根据国际法的规定,当一国允许外国人进入其领土范围后,有义务保证其人身和财产的安全。在处理外国人的事务时,该国应遵循外国人的待遇问题的规定。所以外交保护的前提和基础之一是存在外国人所居留或有关的东道国应承担国际责任。依据国际法的一般原则,外国人进入一国境内应服从东道国的属地管辖。人身或财产受到不法侵害或不公正待遇时,他们首先应依据当地国内法寻求行政或司法的救济。若在东道国当地无法获得合理的救济,其国籍国可行使外交保护权。

尽管有一些像人权公约这样多边性的协议的存在,但是至今为止,在国际法制度下外国人为自己的权益受损申诉权利救济时,在用尽当地救济后还得

① 参见梁淑英:《国际法》,中国政法大学出版社 2011 年版,第 111 页。
② "所有以一般国际法为基础的外国人的权利来源于这样的理念即各国相互间负有义务对外国人尊严的尊重。所以他们有义务给予对外国人以人的尊严的生活所不可缺少的那些权利"。参见[奥]阿·菲德罗斯等:《国际法》(下册),李浩培译,商务印书馆 1981 年版,第 434—435 页。

不到公正对待,那么不得不依赖国籍国的外交保护,而且国家代表国民出面的诉求比起其本人的诉求成功性更大些,所以这一救济方式并未过时。当然在考虑这一救济制度的同时也不应忽视其实施对用尽当地救济的前提要求。它不仅促进了外交保护的实施而且也是对外交保护制度本身的一种约束,是两种管辖权的平衡。

2.平衡管辖权意义

根据国际法上的管辖权理论,在国家管辖权的实践中有两种重要常见的管辖权即属地管辖权和属人管辖权。因为这两种管辖权均能体现出国家主权的价值,所以两者之间的冲突一直都存在,而且随着国际人员流动的频繁而逐渐凸显。所以外交保护制度的设计在于需要协调国籍国属人管辖权与所在国属地管辖权之间的平衡关系。国籍国因受属地优越权的限制,只能通过外交保护制度将该国国民受侵害救济问题提交国际层面寻求解决而不能直接进入当地国境内实施保护。但是任何一项国际法制度其实质都是国家之间利益协调的产物,外交保护制度也不例外。所以鉴于这一点,外交保护权必须受到用尽所在国国内救济程序的约束。

对这个问题,劳特派特在《奥本海国际法》中提出观点认为,外国人进入一国领土即受当地国的属地管辖的同时也受本国保护。① 除此之外,英国学者斯塔克也指出国家有属地管辖的权利也有保护在外国民的权利。② 所以用尽当地救济原则和外交保护制度的关系正好是这两种管辖权的协调平衡的体现。

① "虽然外国人在进入一国的领土时即从属于该国的属地最高权,但是,他们仍然受他们本国的保护,根据这一普遍承认的国际法的习惯规则,每一个国家对于在国外的本国公民有保护的权利。"参见[英]劳特派特修订:《奥本海国际法》(第二分册上卷),王铁崖译,商务印书馆1972年版,第173页。

② "在这个问题(保护国外侨民)上的国家责任规则,是根据在国家两项基本权利之间保持适当平衡的原则来确定的:(甲)国家有在本国领土内行使不受他国控制的管辖权的权利;(乙)国家有保护其国外侨民的权利。"参见[英]J.G.斯塔克著:《国际法导论》,赵维田译,温光均校,法律出版社1984年版,第251页。

外交保护制度存在的意义和价值在于在本国国民受到所在国侵害时应当给予其支持和保护。这也正是国际法中国家有责任保护其国民的合法权益的属人管辖权的直接理解。但是，外交保护不能被过分依赖否则可能会导致这一制度的滥用。历史上曾出现过某些大国以此为借口大肆干涉其他国家内部的争议解决的事件。这严重影响了所在国独立主权的实现。因此，外交保护制度必须进行适当的限制。用尽当地救济原则正好符合这种限制规范的要求。

用尽当地救济原则强调了当地国的属地优越权。它主张国籍国不能进入到所在国直接对其受侵害的国民进行保护，必须先通过所在国国内的司法或行政程序寻求对遭受损害的救济和补偿。这是对所在国的司法主权的尊重，也是用尽当地救济原则重要的平衡管辖权意义之所在。它赋予了这一原则调和属人管辖权和属地管辖权之间的矛盾的合理性。现今，大量的中国国民走向海外，也有大量外国人进入中国。该原则在中国人海外利益保护和中国作为主权国家属地司法管辖权的强调中是不可忽视的。

第三节　用尽当地救济原则的法律渊源

用尽当地救济原则是一项重要的习惯国际法原则。这项原则被普遍适用于一国国民声称其权利在他国受到该国违反国际法行为的侵害的案件中。在此情形下，在提交国际程序解决争端前，违反国际法应负责任的国家应该被给予机会通过其国内法律体系来矫枉过正，弥补损失，而且这项原则的适用是提起国际程序的前提。[①]

随着国际法上对用尽当地救济原则的正确适用越来越多的关注，特别是在国际人权保护中的应用，使得人们不禁考虑这一法律原则的法律渊源。

---

① See B.O.Iluyomade, *Dual Claim and the Exhaustion of Local Remedies Rule in International Law*, Vanderbilt Journal of Transnational Law, Vol.10, 1977, p.87.

一、用尽当地救济原则的习惯法渊源

根据《国际法院规约》第 38 条[1]规定,习惯法是国际法以及一般法律规则的最古老和原始的渊源。国际法院在处理争端过程中,若对当事方可适用的条约产生疑问时,通常会以国际习惯法为背景加以解释。这也说明了为什么国际法院经常是为了解释条约的目的而被请求行使管辖权。而第 38 条(丑)款规定也清楚表明习惯有两个主要因素:实践和法律确念。这也是习惯有别于惯例的标志。在国际法中习惯是指在相当长的时期内一种通过反复、持续,前后一致的实践演变成一种法律确信的惯行;另一方面,惯例是指还在实践中尚未形成法律确信的惯行。所以,各国关于他们国际关系的某种行为可能是通常的行为而不是产生国际习惯法的过程。国际法院通过哥伦比亚和秘鲁"庇护权案"[2]及"北海大陆架案"[3]再次强调指出国家实践构成了法律确信。有了法律确信的实践才是法律规则有约束力的证据。为了第 38 条的目的,实践必须是一般性的才能被接受为国际习惯。而且被接受的实践必须是被国际社会所一般接受的。但惯例在什么阶段上成为习惯?理论上说,各国经常反复采取的某种行为,倘若具有了一种法律确信而具有约束力,那么这种行为中抽象出来的规则就是国际习惯法规则。

在古代社会中,习惯的力量、传统的命令和理性的敬畏,因为满足社会群体的看法,会助于形成习惯规则和法律确信,一定程度上都有被共同列为具有民俗约束力的理由。用尽当地救济原则经过历史的发展和演进已成为今天国际法的一项规则。追溯其习惯法律渊源主要来自于国际法史前期在欧洲早期历史中出现的报复这一习惯规则。

---

[1]　See B.O.Iluyomade, *Dual Claim and the Exhaustion of Local Remedies Rule in International Law*, Vanderbilt Journal of Transnational Law, Vol.10, 1977, p.14.

[2]　梁淑英:《国际法学案例教程》,知识产权出版社 2011 年版,第 134 页。

[3]　梁淑英:《国际法学案例教程》,知识产权出版社 2011 年版,第 79 页。

（一）报复规则的产生

今天提及国家对外国人造成国际法上的侵害责任时,受害外国人首先在该东道国国内法律制度下寻求救济,给予东道国以自我纠错的机会。用尽当地的救济措施后才可以向自己本国申请在国家层面进行求偿。这一点已被国际社会所承认。而这过程中逐渐被人们所接受的用尽当地救济原则的渊源可追溯至古代社会报复的实践。

在当时报复包含两个方面的内容,或是私力救济或是团体自卫。这在国际法史前期早期欧洲很常见。早期的很多案例中因为缺乏公权力机构的干预,所以报复可以无禁止地实施。后来随着商人有了有权获得公平权利的观念后,报复只有在被司法拒绝的前提下才可进行。所以私人间的报复因有了公权力的干预和限制后,只有在施害国的司法拒绝后受侵害的外国人才可被自己的国家授予允许实施报复。

在中世纪公共领域发生的纠纷诉诸法律、仲裁或其他方式的,毕竟是少数。针对外国人的赔偿请求有许多是通过报复才强制实施的。[1] 今天,人们通常把某一政府针对另一政府行使封锁或其他非战争的强制措施来执行其所宣称的国际权利的行为叫报复。而在中世纪,报复首先是指个人针对外国人使用暴力来保护其所声称的权利的行为。它不仅针对外国债务人本人,而且针对其国家、城市以及该国、该城市的无辜公民。[2] 所以一个共同体中若有一个人犯错则全体成员都要负连带责任。因而报复经常导致复仇。在中世纪末,私相复仇被各国政府普遍通过公权力予以限制。在意大利,私人报复有赖于原告作为臣民受与之有隶属关系的政府的授权批准被通过颁布法律予以确

---

[1]　See Chittharanjan Felix Amerasinghe, *Diplomatic Protection*, Oxford University Press, 2008, p.17.

[2]　See Chittharanjan Felix Amerasinghe, *Diplomatic Protection*, Oxford University Press, 2008, p.13.

认。因此一方臣民向另一方臣民所实施的私相报复行为受到了限制的同时，报复被以一种更为直接的方式引向了国际领域。[1]

在中世纪的海战中，曾出现"私掠船"的现象。私掠船是交战一方的君主通过"劫掠与报复许可证"授权可以掠夺其他地方财产以谋利的船只。所以此时受侵害的外国人因公共权力对报复的干预和禁止，虽然个体被赋予了有获得正义和报复的权利，但自己已不能去私相实施报复。作为一个受害的外国人，首先他应求助于当地的法官和行政主管机构。只有他的权利被拒绝了，才可以向他的母国申请报复制裁的实施。数世纪以来拒绝裁判一直是报复实施的前提，因为受害者只有在东道国被拒绝了裁判，才能说理论意义上的公平正义无法获得。所以随着国际法的发展，拒绝裁判不再仅是私力救济或报复的依据，而且成了一国政府代表其在国外的公民求偿的依据和基础。直至今天对是否造成一国的国家责任的拒绝裁判的争议依然存在。但是，在国际法的发展中因国家责任而实施外交保护的制度中首先要用尽当地救济的原则却已经被毫无疑问地确立了下来。[2]

（二）9世纪到16世纪的实践

9世纪早期在意大利城邦国家之间有两个限制一国范围内的受害者因拒绝审判而实施报复的协定。其中一个是禁止针对商人的报复，另一个是允许外国人在裁判被拒绝时可以实施甚至可以实施对法官的报复。报复的限制、报复实施和拒绝裁判之间的关系在13世纪和14世纪体现得更明显。此阶段有两个著名的案例。阿纳尔德·玛蒂诺和卡斯蒂利亚人（Arnald de Sancto Martino v.The Castilians）案中，作为受害者的阿纳尔德·玛蒂诺和其他巴约纳

---

① 参见[美]阿瑟·努斯鲍姆著：《简明国际法史》，张小平译，法律出版社2011年版，第27—28页。

② See Freeman A.V., *The International Responsibility of States for Denial of Justice*, London, Longmans Press,1938,p.56.

人一起向英国国王爱德华一世申诉卡斯蒂利亚人劫掠了他们的货物和财产。英王几经努力但受害者没有从卡斯蒂利亚当局获得正义的裁判。23 年后的 1316 年,此案又被提交到了新王爱德华二世面前,他重新考虑了父亲想为受害者解决问题的决心。为了替受害者取得合适的救济,他不仅下令劫获了在朴次茅斯港的卡斯蒂利亚人所有货物,而且还劫下所有进入维斯卡利亚港的卡斯蒂利亚国王的货物和进行商业活动的商人,直到所得的财物的价值让阿纳尔德等人的损失得到完全满意的弥补为止。由此显示 14 世纪时,外国人遭到侵害时在向自己国家寻求帮助和救助前首先希望在东道国获得公正裁判。而事实上 13 世纪至 14 世纪期间,报复的实施限制于必须用尽当地救济(现代用语)之后。在 14 世纪早期(1309 年)英国和荷兰就曾签下协定:两国国民在彼此境内遇到受侵害之争端,为了保证快速和公平的正义,两国国王会任命两名法官进行听证,互惠地迅速解决彼此臣民遇到的诉求问题。葡英两国甚至在 1386 年协定的相关条款中规定对方国家有责任和义务为自己国家的受害者提供由该国臣民导致的侵害的赔偿救济,同时武力的实施只有在该案件中的正义无法通过该国正常途径解决获得时。① 1354 年,国际法的另一位著名学者巴托鲁斯在它的第一篇著作有关报复的论述(Tractatus Repraesaliarum)中阐述了在罗马报复因为中央权力的加强已被限制。但是正如巴托鲁斯指出的报复的实施因为根据各国政治结构的不同而有所不同。在当时(14 世纪中叶)的英国所谓对外国际关系中报复限于只有出现裁判被拒绝的情况下才会实施。在德国、意大利乃至整个地中海地区的国家中更多的友好通商条约协定中都签入了这样的条款。15 世纪典型的 John de Waghen v. The leydnese(万·约翰和莱顿)涉及债务偿还案件则进一步展示了报复实施的限制在继续中。英国人 John de Waghen 在莱顿的债务求偿经过 47 年努力一直未果。

---

① See Trindade, A.Canando, *Origin and Historical Development of the Rule of Exhaustion of Local Remedies in International Law*, *Revue Belge de Droit International / Belgian Review of International Law*, Vol.12, Issue 2(1976), pp.499−527.

后来他求助于本国政府。英国王亨利四世签发报复指令要求截获所有在英国境内的莱顿人的货物移交给诉求者以作债务的偿还。同样的案例还发生在英法之间。1411 年,亨利四世曾向英法战争期间遭受损失的英国商人签发劫获货物的报复许可证。这也引起了对在采取报复许可前用尽当地司法的讨论。但最终的解释在于众多努力在当地无果,且当地的司法裁判无法获得时报复许可证才得以实施。① 同时期的 1413 年,英国国王在王室官员的协助下向和热那亚之间有争端的部分英国商人签发了报复许可证。因为他们在当地用尽救济途径,被禁止向他们自己的法官写信且求偿被热那亚人拒绝。16世纪同样的案例发生在英葡之间。1565 年,英国女王因英国商人在葡的利益受侵害在当地寻求救济努力用尽无果之下,向臣民签发报复许可证以保证他们自己寻求正义公平裁判的权利。1560 年,苏格兰国王詹姆斯四世签发的报复许可证内容进一步阐释了报复的实施主要基于受害者救济和毁坏物品补偿被拒。被授予报复者首先应用尽当地方式救济,诉诸当地法律,用尽一切办法修复船只。所以在这段时期,报复的实施基本被限制在一个城邦国家或一个国家不能给予在境内的受害者提供救济且该国又从管辖权来说没有禁止自己臣民的对外国受害者的不当行为,或没能保护外国受害者的权利的情形。国际法鼻祖贞提利(Alberico Gentili) 在其著作 *De Jure Belli Libri Tres*(1598) 中说道:"一个国家,依从惯例或协定,它应该知道并且应该通过行使管辖权禁止自己国民对境内外国人的侵害,若没有这么做,它就是错误和犯罪。"②

---

① A statute of 1416(under Henry V)Contained a Procedure to be Followed to Obtain from the King Letters of Reprisal, Which Would be Granted Unless a Treaty Had Abolished Their Use. See Trindade,A.Canando,Origin and Historical Development of the Rule of Exhaustion of Local Remedies in International Law,Revue Belge de Droit International / Belgian *Review of International Law*,Vol.12, Issue 2(1976) ,p.73.

② See Gentili A., *The Classics of International Law* (ed.J.B.Scott) , Vol.II, Oxford, Clarendon Press,1933,book I,Chapter XXI,p.100.

（三）报复与法律的发展

通过诸上案例可看出在这个阶段,对外国人保护的法律还处于萌芽期,被严格限制在报复的实施中。一些显著的特征既表明了法律初期的不成熟同时也显示了向现代法律发展的迹象。首先,这些先例似乎都表明最终报复是在申请者在对方国家被对方的国民侵害情形下实施的,所以它不是针对一个国家或政府对外国个人实施的侵害的诉求保护。而现代法律意义上对外国人的保护不仅涉及由私人个体实施的侵害也包括以国家或政府对外国人实施的侵害时,且两种情形下的处理有所不同。其次,尽管因一个国家或政府不能给外国人受侵害予以救济,外国人自己国家或政府的公权力因素予以干预,但是报复实施的行为针对的是私人个体的财产而不是不尽责的政府或国家。对受侵害者的保护的措施采取没有试图要求对方或国家直接的赔偿而是迅速采取针对这个国家或社群中个体的财物(有时候针对社区即是针对国家或政府,但本质上并没有试图去针对国家或政府)。

再次,总体来说,一国公权力机构允许实施报复去返回财物仅仅是为了弥补侵害者的损失,并没有去考虑和涉及由于没有通过管辖予以救济的犯罪发生国。所以报复实施时只针对被侵害者个体由于被另一必须承担责任的个体侵害而给予的救济,而不是针对因没能给予裁判的一国家或政府。所以尽管报复实施不仅针对的是私人侵害者而且包括个体所属的群体,显示了公共因素的干预的特点,但是它和今天现代法律意义上因个体私人侵害和政府机构的拒绝裁判下而要求该国政府的不尽责的违法行为进行对受害外国人的赔偿是有区别的。它已超出了侵害者私人个体层面的处理而上升为国家之间层级的处理。

最后,在早期的案例中,用尽当地救济原则的适用几乎毫无例外地发生在寻求保护的外国人居住或身处侵害发生地时的情形,而没有涉及侵害不是发生在对方国家或政府境内用尽当地救济后的报复措施的实施。另外,当地救济应该被用尽的例外未有涉及。很明显,报复措施被许可主要因为案件在当地法院被拒绝听证,司法裁决被拒绝,公平正义无法获得时才采取的。但是另一方面,对于报复采取时是否因为当地的司法解决方式或办法根本无效并无典型例子。再者,对在侵害者国家境内的受侵害的救济程度或用尽救济的本质,根本不清楚。大部分情况下,救济实施的途径是司法救济而不是其他救济方式。虽然很多案例中要用尽救济,但是是否外国人是应该用尽所有司法救济直到最高级别的还是仅就尝试一下而已也并不清楚。①

二、用尽当地救济原则的条约法渊源

(一)原则的条约法渊源产生的背景

纵观国际法的历史,其实法律现象在人类有文字记载历史的初期即公元前4000年就出现了。大约在公元前3100年,在美索不达米亚城邦国家拉加什(Lagash)的统治者埃纳特姆(Eannatum)和另外一个美索不达米亚城邦国家乌玛(Umma)的人们签订了一个条约。② 条约用美索尔语写成,刻在一块直到20世纪人们才发现的石碑上。虽然把这两个社群名为国家有点专断,但是从条约的内容看到了双方处于战争状态。条约宣布了界沟和界石的不可侵犯,同时有被征服者乌玛人以苏美尔文化中双方都承认的最为强大的六或七个神灵之名起誓加以承认。因为"神灵们将惩罚违约者",所以这些神灵也成了条约的保障。缔约双方都会起誓遵守条约;在当地崇奉的神灵不一样时,各方会向他们自己崇奉的神灵发誓。③ 所以在早期条约的发展总会被一些宗教符号所包围。它也反映了法律甚至国际法发展的一些阶段性特点。在国际法

---

① See Chittharnjan Felix Amerasinghe, *Local Remedies in International Law* (Second Edition), Cambridge University Press, 2004, pp.25–26.

② See Rostovtseff, *International Relation in the Ancient World in Walsh*, History and Nature of International Relations(1922), p.31, p.40.

③ 参见[美]阿瑟·努斯鲍姆著:《简明国际法史》,张小平译,法律出版社2011年版,第27—28页。

的发展历史中,条约是它的第二个渊源。它是一个自身效力和形式都来自习惯法的渊源。因为条约之所以能规定国际行为规则是以条约对缔约国有拘束力这个国际习惯法规则为依据的,所以它能使各国给予他们的相互行为比习惯所提供的更具特殊性。

在古代社会,由于地理隔绝的缘故,国际交往不算频繁。国家之间的互相征伐与战争只限于邻近部族或城邦。古代国家也不是近代意义上的主权国家,因而难以产生完整的国际法体系。①

国际法的概念是近代以来随着民族国家的兴起以及主权观念的诞生而逐渐形成的。签订于1648年的《威斯特伐利亚和约》结束了欧洲"30年战争",确立了作为国际法核心的主权国家体系。格劳秀斯学说中的领土主权独立的原则得到了承认。《威斯特伐利亚和约》之后,常设使馆成为习惯。这有助于发展各国的经济贸易关系,也大大促进了国际规则的发展和成长。②

随着主权国家的兴起,17世纪至18世纪更多的国家间条约的实践表明,对报复的限制在继续。报复仅被允许在受侵害者不能获得正义裁决或在当地寻求裁决的过程中得到了不合理的延迟和耽搁。1664年西班牙和荷兰的条约中就报复实施前用尽当地国内法院和程序做了规定。1667年盎格鲁和西班牙之间的条约则更详细地规定了报复允许的条件:报复许可证只有在受害者寻求正义裁决中受到不合理延迟,而在救济开始后6个月之内没有得到满意的解决时才可签发。③ 在此期间,英国和西班牙(1670年)、西班牙和荷兰(1673年)、法国和荷兰(1678年)相继签订的条约中对外国人受侵害赔偿的时间期限做了规定,并且无一例外都对报复行为予以进一步限制:只有在明显的司法裁判被拒绝,一定期限内的救济用尽后才可实施。然而,随着政府中央

---

① 参见[英]詹宁斯、瓦茨修订:《奥本海国际法》,王铁崖等译,中国大百科全书出版社1995年版,第20页。

② 参见徐爱国:《世界著名十大法学家评传》,人民法院出版社2008年版,第38—39页。

③ See In Clark G.,op,cit,p.711.

集权的加强,私人的报复实施逐渐变成了旧的制度。即使有国家或政府的授权也逐渐被专门采取保护国外的本国国民的行为予以代替。① 17 世纪末至 18 世纪初期,私力报复逐渐被公权力化,由政府的相关机构或国家的舰队授权去实施。② 尽管如此,但是和早期报复实施相关联的当地救济必须被用尽的要求被保留了下来,并且在现代法律中公共权力报复和国家责任的相关理论中继续存在。

随着国家间交往的增多,数世纪以来作为报复实施条件的用尽当地救济要求到 18 世纪末已从报复的相关法律中区别开来。国家责任的现代理论已逐渐从古老的报复实施的含义中独立出来。③ 18 世纪后半期见证了条约的更多的实践,英美之间《杰伊条约》开启了国际争端解决的仲裁时代的到来。该条约涉及英美两国各自的公民因船只被俘获或敌国政府的其他没收行为所遭受损失之赔偿请求。特别是英国债权人关于债务偿还的观点,如果申诉者没有用尽当地救济则被认为损失的主要原因,不予赔偿。事实上在该条约 1794 年签订之前,当时美国国务卿杰斐逊 1793 年 4 月 18 日就曾向英国的部长递交报告:外国人在申请外界的干预之前应该尽力从当地法庭获得裁判。所以这样语境下的争端解决过程中政治的因素和考虑是不容忽视的。正是这种政治考量在用尽当地救济原则的确定和成形化的过程中起了重要的作用。而该原则是在当下外国人在国外受侵害后首先在该国用尽当地的国内法律制度用以救济,给当地国维护国家主权自我纠错的机会。同时也是国籍国尊重当地国的国家主权避免冲突愿望的反映。最为典型的是该原则在近现代国际法上

① See C.de Visscher, *Theory and Reality in Public International Law*, Translated from the French by P.E.Corbett.(Princeton,N.J.Princeton University Press for the Center of International Studies,Princeton University.1957,p.299.)

② See C.de Visscher, *Theory and Reality in Public International Law*, Translated from the French by P.E.Corbett.(Princeton,N.J.Princeton University Press for the Center of International Studies,Princeton University.1957,p.78.)

③ 转引自[美]阿瑟·努斯鲍姆著:《简明国际法史》,张小平译,法律出版社 2011 年版,第 30 页。

一些多边性的条约和草案中的体现。

（二）原则在条约中的体现

用尽当地救济原则作为外交保护实施中一项非常重要的前提条件,它随着外交保护的实践而不断发展。但是纵观用尽当地救济原则在现今国际法领域的地位,尤其是国际条约当中的适用,不难发现用尽当地救济原则在某些情况下已经脱离了外交保护制度而独立存在,甚至有时候可以说用尽当地救济原则其实质上就是一项独立产生于外交保护制度之外而被国际社会所承认和采纳的。

笔者试从下述几个公约来举例说明用尽当地救济原则在多边条约中的体现。

1. 欧洲《保障人权及基本自由公约》①

用尽当地救济原则早在 1950 年就被欧洲《人权公约》予以了认可。它被写入公约并得到了各成员国的批准。几经修订,但是,用尽当地救济原则无论是在开始的第 26 条还是后来的第 35 条中都被保留了下来。根据欧洲《人权公约》及 1998 年第 14 议定书修订后的版本第 35 条的规定,人权保护中受害者在向委员会提交之前必须要用尽当地救济。② 这里用尽当地救济要求不仅被规定了,同时对于向法院起诉的时间限于终审判决做出后的六个月也做了规定。虽然它不是外交保护的专门性公约,统一欧洲人权保护标准才是该公约制定的目的,但是侵犯人权行为的救济方式除国内的司法和行政救济外,也包括了受害人国籍国行使外交保护的方式,所以这也可以看作是外交保护中

---

① 参见国际条约库:《欧洲人权及基本自由公约》,http://202.121.165.25:9029/Act/Act_Other_Treaty_Display.asp? lang=1&ChannelID=1060000&KeyWord=&RID=2849,2020 年 10 月 21 日访问。

② 参见欧洲《人权公约》及 1998 年第 14 议定书修订后的版本第 35 条"委员会仅在按照普遍承认的国际法原则,在国内救济已经用尽,并且在终审判决做出后的六个月内处理该种事项"。

用尽当地救济原则在欧洲《人权公约》的间接体现。公约中的规定也促进了外交保护中该规则的发展。

2.《公民权利和政治权利公约》①

《公民权利和政治权利公约》最初签署于 1966 年,生效于 1976 年。该公约第 41 条第 1 款(c)项也按照普遍的国际法原则对用尽当地救济原则进行了规定。这一点和欧洲《人权公约》对该规则的制定是相似的。同时《公民权利和政治权利公约》还把救济过程中措施受到不合理的拖延视作用尽当地救济的一种例外情况进行规定。由此看出,公约是基于对个体权益的更多关注而对用尽当地救济原则进行的一种突破。

3.《关于解决国家和他国国民之间投资争端公约》②

《关于解决国家和他国国民之间投资争端公约》(简称《华盛顿公约》)生效于 1966 年 10 月,截至 2021 年,现今已有 159 个成员国。我国于 1990 年 2 月 9 日签署,并于 1993 年 2 月 6 日在我国生效。该《华盛顿公约》第 26 条规定对用尽当地救济原则的要求做了颠覆于传统国际上的放弃需明示的规定,转而规定了适用需明示。也就是说在外国人和东道国的投资争端中,倘若东道国作为缔约方,在向 ICSID 管辖权表示同意时若没有对用尽当地救济原则做出争端提交仲裁前必须适用的明示要求,那么中心就默认为该国已放弃了用尽当地救济的要求放弃。该规定的结果是使得用尽当地救济原则的适用在国际投资仲裁领域的争端解决中被限制了。更多 ICSID 的仲裁实践中,中心

---

① 参见国际条约库《公民权利和政治权利公约》第 41 条:"委员会对于提交给它的事项,应只有在它认定在这一事项上已按照普遍公认的国际法原则求助于和用尽了所有现有适用的国内补救措施之后,才加以处理。在补救措施的采取被无理拖延的情况下,此项通知则不适用"。http://202.121.165.25:9029/Act/Act_Other_Treaty_Display.asp? lang = 1&ChannelID = 1060000&KeyWord=&RID=2994,2020 年 10 月 21 日访问。

② 参见国际条约库《关于解决国家和他国国民之间投资争端公约》第 26 条:"除非另有规定,双方同意根据本公约交付仲裁,应视为同意排除任何其他救济方法而交付上述仲裁。缔约国可以要求以用尽该国行政或司法救济作为其同意根据本公约交付仲裁的条件"。http://202.121.165.25:9029/Act/Act_Other_Treaty_Display.asp? lang = 1&ChannelID = 1060000&KeyWord =&RID=3023,2021 年 7 月 20 日访问。

利用该规定扩大自己的管辖权,规避了用尽当地救济原则,对东道国的经济主权产生了威胁和挑战。

4.《联合国海洋法公约》①

《联合国海洋法公约》通过第 15 部分争端解决机制的设置详细规定了争端的解决途径和方法。第 295 条明确规定争端发生时,应该首先适用用尽当地救济原则。该条规定明确了缔约国在解决争端时用尽当地救济作为适用程序的前置,即当争端发生时必须依照国际法的规定先用尽当地救济然后再进入公约下的争端解决程序。

当然除了多边条约之外还有很多对当地救济原则做了不同程度的涉及和规定的区域性和双边的条约。20 世纪以来很多国家之间经济区域合作协定或双边的 BIT 协议争端解决机制条款对该原则都有涉及。

同时在这些公约或条约之外,一些正在形成中的条约草案诸如《联合国跨国公司行动守则草案》②(第 19 条、65 条),《国家责任公约草案》③(一读第 22 条和二读第 44 条)都对用尽当地救济原则的相关适用给予了具体的规定和重视。国际法委员会 2006 年通过的《外交保护条款草案》④第 14 条和第 15 条对外交保护中的用尽当地救济原则适用的主体、实质、条件和范围及规则适用的例外和限制做了详细的条文式的规定,进一步地促进了该原则在国际法上的发展。

---

① 参见国际条约库:《联合国海洋法公约》,http://202.121.165.25:9029/Act/Act_Other_Treaty_Display.asp? lang = 1&ChannelID = 1060000&KeyWord = &RID = 2900,2020 年 5 月 21 日访问。

② 参见《联合国跨国公司行动守则草案》第 65 条:"缔约国间有关本公约的解释或适用的任何争端,仅在依照国际法的要求用尽当地补救办法后,才可提交本节规定的程序"。

③ 参见国家法委员会:《国家责任法条款草案》,http://legal.un.org/docs/? path =../ilc/reports/2000/english/chp4.pdf&lang=EFSRAC,2018 年 5 月 20 日访问。

④ 参见国际法委员会:《外交保护条款草案》,http://legal.un.org/docs/? path =../ilc/reports/2006/english/chp4.pdf&lang=EFSRAC,2017 年 10 月 17 日访问。

三、权威公法学家的观点

(一) 格劳秀斯的观点

私力报复和公权力的报复行为或其他类似行为采取时用尽当地救济的要求在同时期一些国际公法学家的学说中也有体现。1625 年,格劳秀斯在作品《战争与和平法》中确认了报复的权利。他解释说虽然报复仅只能在对外国人受侵害的裁决在合理时间之内用尽救济无法获得或获得的是权利根本无法保障的裁决时才可采取。但是在解释社会群体债务到期未还时,同属的任何团体成员或首领都有责任承担。① 同时对报复中的本国人和外国人做了区别。对本国人,即使遇到不公正的法律裁决因为国家管辖权也不能求助外国政府。格劳秀斯著作中关于受侵害的外国人用尽当地救济的观点在著作出版后不断被国家实践。1655 年,克伦威尔向两位英国人(也是被西班牙扣留的一艘船的所有者)签发报复许可证,因为在当地为了寻求赔偿的所有公正的过程和程序已经用尽而补偿还未获得,所以实施报复。②

(二) 沃尔夫和瓦特尔的观点

关于用尽当地救济原则的观点在其他像宾克斯胡克(Bynkershoek)、沃尔夫(Wolff)、瓦特尔(Vattel)等其他国际法学家的著作或学说中也都有涉及。1737 年沃尔夫在其著作中关于报复论述道:在报复被授权时,根据惯例只有在司法裁决被清楚明白地拒绝,同时强调必须采取前用尽当地救济。只有当且仅当报复是唯一能够为在东道国为侵害者因为不公正而获得的救

① 参见[美]理查德·塔克著:《战争与和平的权利:从格劳秀斯到康德的政治思想与国际秩序》,罗炯等译,译林出版社 2009 年版,第 236 页。

② See Trindade, A.Cancado, *Origin and Historical Development of the Rule of Exhaustion of Local Remedies in International Law*, Revue Belge de Droit International / Belgian Review of International Law, Vol.12, Issue 2(1976), p.297.

济手段。① 沃尔夫对报复的阐释严格限于当受害者的赔偿不能在合理的时间内获得时。② 瓦特尔在其著作中坚持认为一国政府或国君代表本国臣民对外行使保护的干预时,作为在外受侵害的臣民必须在当地首先用尽救济。他必须在受到侵害的外国寻求一切和平的方式解决受到侵害的问题。国家的干预只有在国际关系中司法裁决被拒、不合理地延迟或明显的受到不公正的裁决时发生。③ 在瓦特尔看来,报复是在国家法律下为了公正的事业而采取的。受侵害者只有在用尽当地救济无果或有充分理由证明当地救济根本无效的情况下才可采取的。所以报复只有在对方国家用尽当地救济后司法裁决被拒的案子中采取。

19 世纪和 20 世纪更多的外交实践也表明要求外国人用尽当地救济原则已成为国际法外交保护中一项牢固建立起来的原则。随着为受侵害的外国人实施报复的时代的终结,依附于报复实施的该原则已从武力解决问题时代的私力报复救济或公权力实施报复的前提转变为寻求和平解决国际争端的外交保护和司法裁决的争端解决领域中。用尽当地救济原则从报复实施中分离出来成为外交保护制度中重要条件之一。而这种转变也来源于这个阶段更多欧美国家的实践。

四、用尽当地救济原则的国际实践

(一)欧洲国家的实践

1. 英国的实践

从 19 世界初期开始直至整个世纪,英国很好地奉行了这个规则,即在大

---

① See Van Bynkershoek C.,*Questionum Juris Public Libri Duo*-1737(Transl T.Frank),Oxford University Press,1930,Vol,II,book I,ch,XXIV,pp.133-136.

② See Wolff C.,*Jus Gentium Methodo Scientifica Pertractatum*(transl. H. H. Drake),Vol.II,Oxford,Clarendon Press,1934,para 590,p.303,and see paras,591/602,pp.302-309.

③ See Serge Dauchy,Georges Martyn,Anthony Musson,*The Formation and Transmission of Western Legal Culture*,*150 Books that Made the Law in the Age of Printing*,Springer International Publishing 2016,pp.247-250(The Law of Nations,or Principles of the Law of Nature by Vattel E.Dee,1757).

多数涉及英国国民在国外申请外交保护时,首要的前提在于该国民在当地国用尽当地救济。① 该规则同样也为在英国的外国人申请自己国籍国外交保护时适用。② 但是有的情形下,因为不合理的延迟或程序的不规范而使当地救济无效,所以此时可以不用考虑用尽当地救济而直接实行外交保护。这些情形很清楚地表明用尽当地救济原则有时候也存在例外。20 世纪早期英国政府坚持奉行用尽当地有效救济的立场在英国劫获美国船只案中得到了进一步的确认。1962 年英国和冰岛捕鱼限制线案中,用尽当地救济原则立场得到了深入的阐释。英国拖网渔民尽管在冰岛主权水域之外捕鱼,但仍以非法捕鱼缘由被冰岛抓捕定罪。涉案者提起上诉。对于政府是否应采取行动,英国国内下院的案情辩论中内务部次部长认为在等待冰岛司法裁决结果阶段采取行动过早,应在当地法院上诉结果出来,若有必要即采取。③ 用尽当地救济的原则在英美间英国国民与美国驻英国伦敦大使馆新馆建筑案、英属索马里臣民埃塞俄比亚受审案、英国教师在荷兰财产不当处理等系列案中继续得到了遵守。1971 年英国对外及英联邦国际求偿指南第 7 条和第 8 条清楚地规定:英国政府实施保护本国国民在外利益时,要求国民必须用尽当地提供的救济(第 7 条);如果用尽当地救济失败,遭遇拒绝裁决时,英国政府可以代表其寻求不公正的待遇的救济(第 8 条)。④

2. 法国的实践

在欧洲国家中,法国在保护其在国外的本国国民或其他国家声称保护该国在法国民的利益时也曾有过实施用尽当地救济的规则的实践。1921 年法

---

① See Clive Parry(ed.), Law Officers' Opinions(1970), Vol.12, p.53.

② See Parry and Fitzmaurice(eds.), *A British Digest of International Law*(1965), Part Ⅵ, Vol. 6, p.278.

③ See House of Commons Debates, Vol.658, Cols, 1003-1004, cit.in *The Contemporary Practice of the United Kingdom in the Field of International Law* (by E.Lauterpacht), London, B.I.I.C.L.1962, pp.55-56.

④ See Harris D.J., *Cases and Materials on International Law*, London, Sweet and Maxwell, 1973, p.478.

国外交事务部门宣布外交保护行为只有在用尽当地救济后的裁决被拒的情形下才可考虑实施。① 1934 年法国政府和一家法国财团公司案中因为该公司未能在海地当地用尽救济,没有明显的裁判被拒绝,所以外交事务部宣布不能实施外交保护。1930 年在海牙召开的国际法编撰会议上法国代表玛特先生(Mr.Matter)非常确信地表示:关于国家责任,在可提供的救济没有用尽之前是不能采取行动的。② 同时期的意大利和瑞士等国家同样表示只要存在可行有效的当地救济就应该作为外交干预的前提条件。

(二) 美洲国家的实践

1. 拉美国家的实践

19 世纪到 20 世纪泛美洲间司法委员会关于美洲国家间处理国家责任的"非干预责任"的观点大大促进和推动了该原则在整个地区的发展。19 世纪中叶,拉美地区国家立法中含有必须用尽当地救济原则的规定很常见。到 19 世纪末,大量的投资条约中含有用尽当地救济的规定。条约明确认定涉及一国国民在外国受到国家责任的侵害,除非遭遇司法裁决的拒绝,否则强调必须要首先求助当地救济。这一原则的主张也获得了许多国际性会议的进一步确认和支持。特别在 1961 年的美洲国家组织间的泛美司法委员会的会议上,尽管美国反对,但是 16 个拉丁美洲国家一致同意和强调提交外交保护的申请时必须首先适用用尽当地救济的规定。这一点也为美洲地区关于国家责任相关国际法律的发展做出了显著的贡献。③

2. 美国和加拿大的实践

关于美国 19 世纪至 20 世纪对用尽当地救济原则的实践,著名法学家穆

---

① See Kiss, Repertoire de la Pratique Francaise en Matiere de Droit International Public (1973), Vol.3, p.455.

② See Minutes of the Third Committee, Acts of the Conference for the Codification of International Law, Vol.IV, League of Nations doc.C.351(c).M.145(c).1930.v, pp.65-66.

③ See OAS Doc.OEA /Ser.I /VI.2 I.C.J.-61(1962), p.37.

尔(J.B.Moore)在著作《国际法律法规》的案例中,美国的立场清晰地阐明了美国坚持用尽当地救济和给予赔偿是外交干预的预防性条件。只有在以下的例外情形下用尽当地救济可以不采用即当地救济缺乏或不存在,正如1873年国务卿菲什指出的"在外国的本国申诉者若在当地无司法可用或救济被过分推迟或被认为是无效的,当地救济可以不予采用"①。

20世纪美俄之间的费拉拉案(Ferrara case)表明美国对此规则的立场未有本质的改变。美国一家制造公司在俄罗斯火车运输途中贵重物品遭受匪徒抢劫破坏。该公司在向美国政府申诉求助要求赔偿的可能性时,美国务院表示因为没有看到在俄罗斯任何法庭有关于恢复相关货物损失的诉讼,所以看不到进行公正救济的可能,因此美国政府决定采取外交干预。同样在1961年涉及美国保护在古巴的美国公民备忘录中,美国国务院再次确认和强调涉及为外国人的损失或破坏赔偿的国际责任的援引或提出必须要在用尽当地法律下的救济之后。② 加拿大在其外交实践中也支持该原则。在1964年加拿大国民在印度收入利益受损案、1967年加拿大在与东欧国家政府案中该国内务部表示鉴于用尽当地救济原则已被国际法确立的情形下,一国政府在代表其国民向另一国实施外交干预确保公正得以实施的过程中,首先用尽当地的救济这一要求必须得到履行。③

关于是否应首先求助当地救济的特定情形,最为典型的当属联合国和美国之间的会所协定案。④ 对于联合国是否有在《会所协定》下遇有争端应首先受美国当地法院管辖而用尽当地救济的问题,国际法院做出了非常直接而简

---

① See Moore J.B., *A Digest of International Law*, Vol. VI, Washington, Government Printing Office, 1906, pp.625–671.

② See Whiteman M.M., *Digest of International Law*, Vol. 8, Washington, Department of State publ, 1970, p.771.

③ See Whiteman M.M., *Digest of International Law*, Vol. 8, Washington, Department of State publ, 1970, p.775

④ See 1988 I.C.J.Reports, p.12.

洁的回应:该问题是联合国在会所协定下的权利问题。仲裁程序从目的来说是涉及有关国际组织和东道国解决诸如此类冲突争议的问题。这个争端是由于巴勒斯坦观察员办事处的设立而引起的。该办事处是根据协定第11—13条的规定设立,联合国大会邀请巴勒斯坦解放组织参加大会的工作,它有必要在联合国设立办事处。美国国会和政府要采取的措施是与协定不符的。美国常驻代表通知秘书长美国总检察长要关闭观察员办事处后,美国对巴勒斯坦观察员办事处采取了许多的措施,甚至声称即使违背协定义务也要执行那些措施,此时争端就是属于协定适用上的争端了。至于说,美国的国内法"反恐怖主义法"尚未执行,国内法院的程序还未完成,办事处尚未关闭,这与第21条的规定无关,因为第21条所关心的是协定的适用而不是美国国内法的某些措施是否完成。①

法院指出不存在首先求助当地法庭救济的问题。若是首先受当地法院的管辖或求助当地的法庭,无论是从字面意思还是从协定的实质精神来说都是一种违背。所以显然第21条的实质不能要求首先用尽当地救济作为实施的前提条件。所以由此也可看出,尽管仲裁因发生在一个国家和国际组织之间是国际性的,但是并不产生外交保护。法院的咨询意见为此问题从协定字面和实质的角度澄清了立场。虽然作为解决问题的一种方式的国际性的或国家间的协定,可能在协定中附上提交国际法院或在仲裁程序之前要求用尽当地救济,但是这与外交保护有关的用尽当地救济原则无关。它是一个国际习惯法的问题。国际法院关于《会所协定》的陈词说明作为习惯国际法的用尽当地救济原则并不是外交保护之外的国际仲裁的习惯规则。它可能因某种目的被明示在一个会提交国际裁判的协议中作为解决问题的首要条件。

所以国家间的众多案例实践产生的关于用尽当地救济原则司法的、仲裁的或准司法的裁决也促进了该原则的发展和演进。特别是国际工商业投资公

---

① See 1988 I.C.J.Reports, p.29.

司案、芬兰渔船案、安巴蒂斯案及一些欧洲人权委员会和人权法院的决议。①
关于在没有明文说明的公约项下保护少数民族适用该原则的问题,王子与普
勒斯案②给了明确的阐述。20 世纪上半叶很多案例的决议表明,在协议下对
少数民族裔的保护,若公约或协议中无明文说明或规定当地救济原则并不必
然自动适用。

作为一项国际习惯法规则的演进,国家的实践起了很大的促进作用。当
然也包括其例外的情形的考虑。19 世纪和 20 世纪早期用尽当地救济的习惯
法原则的发展与对外国人的外交保护有着密切的联系。随着更多的国家实
践,该原则被进一步地确定和确认。与此同时,在一系列的案例中司法裁决的
拒绝也逐渐成为国家代表其国民行使外交干预权利的另一项要求。另外,至
少在拉美地区之外,用尽当地救济原则在一些情形下不需适用的例外也逐渐
发展起来。它与该原则的适用更强调和对外国人的外交保护相关。与此同
时,尽管该原则在一国境内的外国人遭受侵害时会向其本国政府申请外交保
护时会适用到,但是关于用尽当地救济的程度和范围在外交保护的实践中并
没有明确的界定。而且关于当地救济原则可以适用例外情形本身的界定或是
程度的界定还没有一个广泛而一致的意见,直到 2006 年国际法委员会对《外
交保护条款草案》的二读通过。该草案为外交保护这一古老的国际法制度的
实施做了具体的规定和说明。特别是第 14 条和第 15 条对用尽当地救济原则
的适用做了具体的操作性规定和说明,也为国际法在相关领域的发展指明了
方向。

---

① 参见毕晓普:《国际法案例与资料》,1962 年英文第 3 版,第 808—815 页。
② 参见毕晓普:《国际法案例与资料》,1962 年英文第 3 版,第 237 页。

第二章 用尽当地救济原则的适用

第一节 用尽当地救济原则的适用性质

一、程序性和实体性之争

用尽当地救济原则一直是国际诉求中最受被告国喜欢的反对或抗辩理由之一。它到底是实体性的还是程序性的或者都不是？其实关于这三种情况的界定和区分，国际法学家们也有过不懈的努力。博查德认为该规则是外交保护权利的一个限制。外国人受侵害后应首先考虑当地法律和可提供的救济，被告国必须被给予机会以其正常的方式去实施公正。① 用尽当地救济原则证明被告国的侵害行为是不法行为或司法拒绝是被告国的故意行为。因为它愿意去矫枉过正。但是这种观点和推理不能很清楚地区分国家责任产生和维护该实施的时间，不能很清楚地区分诉因和保护的权利。哈得森认为该规则是一种实体性的规则，国家不法行为所应承担的责任是直到诉求被当地的法院或行政机构所拒绝才产生。② 国际责任的产生依赖于当地救济是否合适充

---

① See Borchard, *Diplomatic Protection of Citizens Abroad* (1915), American Journal of International Law, Vol.7, Issue 3, pp.497–520.

② Huderson, *International Tribunals* (1944) A. S. I. L. S. International Law Journal, Vol. 2, pp.54–71.

分,但是充分一词又是很模糊的。芬兰渔船案中,对于英希两国的听证,1871
年组成的求偿委员会仲裁时注意该案中,个体诉求者辩称因为居住太远以及
不能和律师交流而没有上诉到当地法院。① 仲裁员认为如果国际不法行为的
责任直到个体的诉求被被告国的最高法院驳回为止才产生。那么向当地法院
的求助是实体而非程序性的,所以对于芬兰渔船案中的辩称缘由是不能接
受的。②

Eagleton③ 认为国家责任从国际不法行为的实施起即已产生,并依赖于当
地救济。Fitzmaurice④ 持同样的观点。甚至即使到了1930 年海牙法典编撰会
议,虽然规则被视为实体性的,但是对其进行了限制。Verzijl⑤ 教授认为对于
该规则的相关理论应作如下区分:第一种是实体性的理论。当地救济被受侵
害者用尽是一个国家具体国家责任的前提条件。这种理论把国内法下对于外
国人侵害的义务与国际义务相区别,即使国家是不法行为的实施者。而第二
种是程序性理论。用尽当地救济是被侵害的外国人向国籍国申请外交保护的
前提。但是笔者认为该规则并不简单是外交保护或司法过程中权利的一个程
序性限制。它的适用是为了引入被告国国家应提供当地救济义务。所以就以
上可看出,第一种理论明显的缺陷在于涉及的是违反国际法而非违反当地法
律的情形,比如诺特鲍姆案。⑥ 在此情形下不需要用尽当地救济。而第二种
理论的缺陷在于它假设一种情况即有违反国际法的不法行为发生且被告国也
承认,但是如果被告国拒不承认这种违反呢? 此种情况下的所谓国家责任是

---

① 参见毕晓普:《国际法案例与资料》,1962 年英文第3 版,第369—372 页。

② See *Finnish Vessels in Great Britain During the War*(1934):Annual Digest and Reports of
Public International Law Cases,1933-4,Case No.91,p.237.

③ See Eagleton,*The Responsibility of States*(1927),United Nations Yearbook of the International
Law Commission,Volume 2(1972),pp.71-160.

④ See Fitzmaurice,*The Denial of Justice*,British Year Book of International Law,Vol.13(1932),
pp.93-114.

⑤ See Verzijl,Annuaire de l'Institut de Droit international(1954),p.45.

⑥ See *The Nottebom Case*:*Liechtenstein v.Guatemala*, I.C.J.Reports,1955.

无法说清的。造成的损失也无法恢复原状或赔偿了。因此,对于该规则在适用中的性质可以结合以上两种理论根据违法的类别分出三种情况进行探讨分析:第一种情况,被诉违法行为是对国际法而非地方法律的违反;第二种情况,被诉违法行为是违反地方法律而非违反国际法;①第三种情况,被诉违法行为既违反了国际法也违反了地方法律。

二、性质之争辨析

总体而言,当地救济原则是一个充满着矛盾的原则。它的设计主要是用来解决国际与国内法院管辖冲突时适用的,决定了何时在何种情形下国际法庭和国内法庭对事项的管辖。上述第二种和第三种情形中管辖冲突是会出现的。大量和平解决争端的双边条约之中对国内法院和国际法院的管辖权的界定时这种冲突经常出现。在条约的相关条款中,通常有一个普遍的形式规定如1928年法国和荷兰的仲裁条款中第五条所规定的:在双方出现争端时,若根据一方的国内法律,对于该方国内有能力管辖的争端事项,直到国内司法机关有最终有效的裁决,否则不能提交到条约制定的程序上来。②

所以国内、国际管辖权的冲突中应注意以下情形:(1)行政法庭也包含在国内法院的范围内;(2)国内法院应在合理的时间内做出决议;(3)在当地救济用尽之前,国际调解程序也是被排除的③;(4)条款规定的争端在国内法院未给出最终裁决前只有一种例外即遭遇了司法拒绝则可④;(5)条款规定在国内法院未给出裁决前,争端不可提交到条约程序。另一方面,被告方可以因为

---

① 这里指违反国际协定或习惯国际法规则(a breach of an international agreement or of a customary rule of international law)。

② See Collected in U.N.Systematic Survey of Treaties for the Pacific Settlement of International Disputes,1928-1948,pp.126-128.

③ See Portugal-Switzerland,Treaty of Conciliation,Judicial Settlement and Arbitration,1928,Article 19.

④ See Chile-Denmark,Treaty of Conciliation,1931,Article 2(I).See also Colombia-Italy,Treaty of Conciliation and Arbitration,1932,Article 2(2),which is Confined Only to Cases Ofdenial of Justice.

裁决未出而对提交程序提出反对。在最后两种情形中,管辖冲突并没有完全避免和解决,因为是否存在遭到明显司法拒绝,必须由国际法庭来决定。而按照条款的规定,被告国在对国内法院未给出最终裁决前会对争端事项提交国际法庭进行反对,所以条约中司法拒绝的起草通常是需要谨慎的,也并不能协调解决管辖的冲突。

（一）被诉行为的三种情形分析

用尽当地救济原则的性质判断主要基于对被诉的违法行为违反的法律类别的分析。

在第一种情形下,被诉行为是违背国际法而并不违反地方法律的行为。那么当地救济原则是不会想当然地按照推测予以适用的。因为既然这里未有违反当地法律,通常也就无当地救济可用尽。只有两种可能和特别例外:1. 当地法律可以提供通过宪法上诉的形式提供特别的救济。2. 在地方法律下,受侵害者可以在当地法院以违背国际法为名提起损失赔偿诉讼。

在第一种例外情况中,当地可能为受侵害者提供了一种程序。这种程序是已由法院决定或由宪法或相关法律规定决定了的。第二种特例下,被告国的宪法可能已对国际法与国内法的关系处理上建立了国际法优先的地位。它使得受侵害者在被告国境内就其承认的违反国际法的行为可以提起控告。然而这两种情形都将被归入另一种情况下。在没有以上两种特例的情形下,被告国违反国际法的国家责任是不会被限于当地救济的原则下的。换句话说,正如 Verzijl① 所指出的这不是一种用尽当地救济原则的废除或例外,而是一种国家责任的基本原则的实例。第一种情况通常在对诸如使馆人员的迫害、对一国最高行政或司法人员的侮辱等,是对一个国家基于条约义务的直接违

---

① See Verzijl, *A Panorama of the Law of Nations*, Nordisk Tidsskrift for International Ret, Vol. 21, pp.3-25.

背。正如在美国驻德黑兰的外交和领事人员案①中,国际法院在伊缺席的情形下,审理并发布命令伊朗的行为是连续地并仍持续地违背《维也纳外交关系公约》《维也纳领事关系公约》中它对美国的条约义务。②

在第二种情形下,被诉违法行为是一种对当地法律的违反而不是首先违反的国际法。国家责任并不是由于被侵害方首先诉讼的行为所导致的。而是由于受侵害方在当地国内法律制度下对侵害行为向当地司法部门提起诉请寻求救济的过程中,由于后续一系列包括司法拒绝在内的行为等所导致的。鉴于有行为才有诉因。当地国的行为才是可能引起该国国家责任的侵害行为,才是提起国际程序下求偿的诉因。

第三种情况是需要界定的情形。举例来说,假如 A 国和 B 国间签订了一项贸易协定。A 国将会通过政府采购的方式向 B 国私人企业主购买 1 千万吨的煤炭。同时协定中还约定若出现关于争端或协定的解释向国际法院提交解决。A 国政府在与 B 国的私营企业主商谈购买一定数量的货物并签订合同,并在合同中约定合同适用 A 国法律。一年过后,A 国因政策等原因违反合同,拒绝接受货物或付清货款。而所有的私营供货商都是居住在 B 国境内的该国国民。根据合同的约定,他们有权就合同的违反向该国的法院对该国提起控告。

在以上这个案例中,违反的首先不仅是被告国 A 国的国内法律,同时也是违反了 A 国与 B 国的贸易协定。在这样的案例中,有时会将用尽当地救济原则看作是实体规则。B 国向国际司法程序进行申诉,为了保护自己本国国民的权利的申请会被拒绝,因为直到 B 国的供货商们用尽当地救济才可判定 A 国的行为违反国际法而 A 国负有国际责任。但是如果 A 国认为自己并不必然一定要去回应 B 国所申诉的事项,对用尽当地救济悬而

---

① See I.C.J.Report(1980),p.235.
② 参见贺其治:《国家责任法及案例浅析》,法律出版社 2003 年版,第 57 页。

未决,那么似乎这一提法下的所谓国家要负国际责任的要求是无益的。正如法学家 Eagleton① 所说:"是否一个国家对其以前的行为承担国际责任,它通常看该国家相关机构是否以自己可提供的救济方式进行了当地救济。"对芬兰渔船案观点为"在诸如此类存在先前的违反国际法的情况,如果外国人的诉求已被该国法院调查和做出最终的裁决,此时政府拥有充分的机会对外国申诉者依据国内法行使公正。"②这里被告国拥有在提起国际程序前针对国际法的违反补偿、救济的机会。这是一种礼让,也是对国际法上属地管辖权的一种尊重。又如在美国驻德黑兰外交和领事人员案中,伊朗违背了两个维也纳公约下的国际法义务,同时在伊境内被劫持的美国国民的利益也受到了违反伊国内法的不法侵害。③ 再如在西西里电子公司案中,美国起诉意大利征用了 ELSI 公司的工厂和资产,违反了两国之间的友好通商条约。同时两家美国控股的公司也因在意大利国内法下的不法行为受到侵害。在这几起案件中,都存在既违反国际法又违反国内法的情况。若是一味地把用尽当地救济原则看作是实体性性质的规则,最终结果不会令人满意。被告国很可能通过这种类似被授权以正常的当地救济或是以特权行为免除自己的国际责任。另一方面,Verzijl 在向国际法研究院提交的解决决议中认为当存在既有违反国际法的行为又有违反当地法律的情况下,即使正常的当地救济未被用尽的情形下受侵害国家也可介入。因为这是属于两种不同的法律秩序,没有必要一种秩序下的结果要等待另一种秩序或依赖于另一种法律秩序下的满意。④ 但是事实上,在国际社会这并不可行。正如在萨维斯基铁路案中,国际法院认为在一国国内法院能够做出满意解决的情形下,国际社会进行管辖是不合适的,

---

① See Eagleton, *The Responsibility of States* (1927), United Nations Yearbook of the International Law Commission, Volume 2(1972), p.97.

② 参见[美]亨金等:《国际法案例与资料》,1980 年英文第 2 版,第 703—705 页。

③ 参见贺其治:《国家责任法及案例浅析》,法律出版社 2003 年版,第 57 页。

④ See Eagleton, *The Responsibility of States* (1927), United Nations Yearbook of the International Law Commission, Volume 2(1972), pp.71-160.

对国际社会的资源也是一种浪费。① 关于个人财产和合同权利的主张主要依赖于国内法院管辖。② 所以在第三种情况下,用尽当地救济的要求只是一种外交保护程序性的限制。只要诉讼是针对于受侵害的实质内容,被告国就可以以规则未被用尽而提出管辖权的初步反对而进行辩护。但是若诉求是为了宣告性的裁决而不是为了本国国民的赔偿要求则该原则不需适用。所以在同时存在两种违法行为的情形下,对用尽当地救济原则性质的判断时,救济办法对性质判断是很重要的。如果案件的裁决只是对违反国际法的宣告,那么作为原告国可以直接在国际程序维护权益。虽然用尽当地救济原则本身在适用时存在着管辖的冲突,但是在此过程中,为了规避用尽当地救济的需要,违反国际法的宣告性裁决要求和国际程序中的赔偿要求同时提出或者先后提出都是不允许的。这在《外交保护条款草案》第14条③对用尽当地救济原则适用的情形中给予了清楚的规定。

(二) 折中观点分析

综前所述,用尽当地救济原则不能简单地界定其为程序性或实体性。它是国家行使外交保护权代表其国民提起国际程序的赔偿前必须遵守的原则。④《草案评注报告》曾通过第13条进一步指出:外国国民因受到侵害为了取得救济在一国法院内就一项违反该国国内法但不等于国际不法行为的行为提出诉讼程序,该国若对该外国国民存在拒绝司法的行为即须负有国际责任。⑤ 仔细分析这两条会发现,杜加尔德实际上采取了折中说。"违反当地法

---

① Chittharanjan Felix Amerasinghe, Local Remedies in International Law, 2nd ed., Cambridge University Press, 2004, p.406.

② Chittharanjan Felix Amerasinghe, Local Remedies in International Law, 2nd ed., Cambridge University Press, 2004, p.407.

③ 参见《外交保护条款草案》第14条第3款:"在主要基于一国国民或第8条草案所指的其他人所受的损害而提出国际求偿的或请求作出与该求偿有关的宣告性判决时,应用尽当地救济。"

④ See U.N.Doc.A /61/10, p.73.

⑤ 参见张磊:《外交保护国际法律制度研究》,法律出版社2011年版,第112页。

律和国际法的不法行为"该规则是作为程序性的情况适用的。而在违反该国国内法而非国际不法行为的行为时是作为实体性规则适用的。可惜,在二读通过的《条款草案》中,国际法委员会的态度依然模棱两可。无独有偶,布朗利教授通过区分三种情况对此问题也提出了一种折中观点。①

笔者赞同这种观点,程序性或实体性应该分情况而定。特别是第一种情况下不能想当然地推定用尽当地救济原则的适用,但是有两种特例下仍需适用规则:1. 当地宪法下可以通过上诉的方式在当地法院提起关于对受侵害方的损失进行弥补的诉讼而进行救济。这一点是程序性的。它取决于当地法律尤其是宪法下给受害者提供程序的规定而定。2. 被告国宪法规定国际法优先。被侵害者可以在被告国当地法院对其所承认的违反国际法行为向其法院直接诉讼。除此之外,用尽当地救济原则不适用。对于第三种情况,若是原告国只是向国际法庭对违反国际法的行为诉求一个宣告性的裁决,此时用尽当地救济原则并不适用。外交和领事人员案即是最好的证明。1979 年国际法院在伊朗缺席的情况下发布命令,指示伊朗立即释放人质。1980 年做出伊朗应该对使馆案负责,释放人质,并赔偿美国损失的判决。所以,此时,用尽当地救济对这种宣示性的裁决不是程序性的限制。在第二种和第三种情形下若被告国认为该原则未被用尽,它可以作为初步反对或抗辩的理由。由被告国去提供证据证明当地救济存在或可以提供。举证责任在于被告国。若被告国举证抗辩成功,那么此时由原告国去举证此情形下当地救济是否不存在或无效。

---

① 第一,被控行为是一项违反国际条约或国际习惯法而非违反当地法律的行为,此时用尽当地救济原则不适用。第二,被指控行为只是一项违反当地法律的行为而不是违反国际法的行为,国际诉讼中此规则此时被作为实体性限制适用,只有出现司法拒绝时国际诉讼才可提出。第三,被指控行为是一项既违反当地法又违反国际协定或国际习惯法的行为则国际责任自始产生。对于损害赔偿问题提起国际诉讼,用尽当地救济是一种可接受性的程序性的限制,而不是实体性问题。参见[英]伊恩·布朗利:《国际公法原理》,曾令良等译,法律出版社 2007 年版,第 432 页。

第二节　用尽当地救济原则的适用条件

用尽当地救济原则通过国际法院和国际法院分庭在国际工商业公司案和艾尔西案中得到了确认,已成为公认的习惯国际法的一项重要原则。[①] 国际法委员会过去在国家责任的范围内审议过用尽当地救济问题,认为这是得到司法判决、国家实践、条约和司法家著作所肯定的"一般国际法原则"[②]。该原则的目的在于确保违法的国家有机会在其国内制度的框架内用本国的办法对违反国际法造成的侵害外国人的行为进行补救。

随着国际人员交流和投资活动的日益频繁,外国人的利益受到侵害不可避免。为了外国人和当地国纠纷的解决,同时鉴于用尽当地救济原则是外交保护中对一国国民在外国被另一国违反国际法的不法侵害行为的诉讼程序的前提,那么在何种条件下适用该规则是需要引起关注的。因为在一些具体的案件中,有时说服国际法庭相信让受侵害者个体在违法行为实施国内法院寻求公平正义是不公平的或是不合理的,这一点可能存在困难。所以这就涉及用尽当地救济原则的适用范围或适用条件到底是什么。

众所周知,《外交保护条款草案》第 14 条对用尽当地救济原则做了具体的规定。而根据该草案第 1 条外交保护的定义可知外交保护的基础是首先有针对其国民侵害的国家责任的存在。该受侵害的国民用尽了当地救济,国籍国代表遭侵害的国民提出国际请求。草案第 14 条对用尽当地原则的适用作了具体的操作性的规定。其中该条第 3 款要求原则的适用主要基于一国国民或草案第 8 条所指的其他人(无国籍人或难民)受到损害而由国家提起外交保护代其国际索偿的情况。所以该原则的适用是以外国人受到当地国的不法

---

① 参见《1959 年国际法院案例汇编》,第 27 页。

② Chittharanjan Felix Amerasinghe, *Local Remedies in International Law*, Cambridge University Press, 2004, p.176.

侵害或国籍国受到间接侵害为条件的①。

因此,对于用尽当地救济原则适用条件的分析,首先要区分直接侵害和间接侵害。

一、直接侵害与间接侵害的区分

(一)用尽当地救济原则与两种侵害的区分意义

从《外交保护条款草案》第14条的规定可知用尽当地救济原则只适用于因对国民的侵害而引起国家间接侵害中。而对于一个国家直接破坏国际法导致对另一国家的直接侵害则不适用。海德认为国际诉求包括两种。一种是建立在私人个体诉求基础上,由国家代为出面的诉讼。另一种是国家自己作为一个整体涉及自己案子的诉讼。② 这类直接侵害的案件主要如对于国家官员的侵害,特别是对领事、外交官员的侵害。国际法的相关条约中规定了许多被认为是一个国家对另一个国家的直接侵害并且不要求用尽当地救济。最常见的就是对一个国家首脑的侵害。因为这是对国家的直接侵害,那么就无须用尽当地救济。否则就是违反了国际法上"平等者之间无管辖权的规定"。

但是实际上,直接侵害和间接侵害混合在一起的案件经常会出现,即既包括国家也包括其国民都遭受损害的情况。此时区分国际求偿的依据是比较困难的。比如在美国驻德黑兰领事人员案③中,伊朗共和国违背对美国的两个维也纳公约下的国际法义务的同时,也使被劫持作为人质的外交和领事人员及相关美国公民受到了侵害。在国际工商业公司案④(Interhandel)中,瑞士提

---

① Chittharanjan Felix Amerasinghe, *Local Remedies in International Law*, Cambridge University Press, 2004, p.191.

② Chittharanjan Felix Amerasinghe, *Local Remedies in International Law*, Cambridge University Press, 204, p.150.

③ See Vinod K. Lall, Danial Khenchand, Encyclopedia of International Law, Anmol Publication PVT.LTD, 1997, pp.112-166.

④ See I.C.J.Reports, 1959, p.6.

出两个诉因：一个是来自美国违背条约的直接侵害行为，另一个是瑞士本国公司遭受侵害而产生的间接侵害行为。

在美伊人质案中，国际法院将诉求认定为导致直接侵害的直接违反国际法义务案处理。而国际工商业公司案则被认定为，国际诉求是依据间接侵害，所以需要用尽当地救济。

在 2008 年 8 月 11 日逮捕证案①中，刚果民主共和国及其国民（外交部部长）受到直接侵害。国际法院认定刚果民主共和国不必用尽当地救济，因为诉求不是在国民保护的范畴内提出的间接侵害。同样在墨美之间的阿维纳案②中，墨西哥以美国违反《维也纳领事关系公约》第 36 条项下墨国民有领事联络渠道的规定。国际法院依据"国际权利与国民权利相互依存关系"③的论据，认定因美违背条约，使墨西哥本身并通过其国民受到了侵害而认定为直接侵害。

诸上所见，在混合诉求的案件中区分直接侵害和间接侵害对于是否要适用用尽当地救济原则有着直接的重要影响。对于如何区分，有人想当然地认为混合案件可以采取分割适用的方法即对于间接侵害部分适用该原则，直接侵害部分不适用。貌似合理，但实践中很难截然分开，而且分开就可能使用尽当地救济丧失作用。在美国和意大利之间的西西里电子案中，若美国同时就意大利违反两国间友好通商条约的条约义务而引起的直接侵害和因两家控股公司遭受侵害而导致的间接侵害向国际程序提起诉求，对后者提起的赔偿诉求要求用尽当地救济，那么因为该事件前部分在国际法庭上的定性，部分的用尽当地救济已无意义。而现实中该案，国际法庭也是驳回了美国拟采取的分割适用法。所以分割适用法实践中并没有什么可行性。

① See I.C.J.Reports,2002,para.40,p.176.

② See Case Concerning Avena and Other Mexican Nationals(Mexico v.United States of America),at http://www.icj-cij.org/docket/files/128/8190.pdf,2018 年 4 月 17 日访问。

③ 参见黄涧秋：《论外交保护中的用尽当地救济原则——兼评 2006 年联合国〈外交保护条款草案〉》，《江南大学学报》（人文社会科学版）2008 年第 5 期。

因此,在对存在一国对另一国的违反国际法的不法行为所导致的侵害而援引国家责任,提起国际诉求涉及是否需要适用用尽当地救济原则时,直接和间接侵害的区分具有重要意义。那么如何进行区分? 根据国际法院的实践和《草案评注》给出的方案,国际法庭可以主要从诉求的主题、性质及救济方法等不同要素进行审查,判断其为直接侵害还是间接侵害。①

(二) 直接侵害和间接侵害的判断要素

根据国际法委员会的列举,争端主题、诉求性质和救济办法是判断诉求为直接或间接侵害的三个主要考虑因素。直接侵害与间接侵害的区别在于是否需要适用用尽当地救济原则。对于直接侵害,判断主要鉴于国际法的一般原则。此类案件不适用用尽当地救济原则的主要原因在于案件中国家主要代表的是自己而不是其国民的利益,所以它是真正的原告。如果被告国要求原告国在该国用尽当地救济则违反"平等国家间无管辖权的原则"。

根据瓦特尔的理论②,对一国国民的侵害即是对其国家的侵害。外交保护就是因为对国民的侵害而间接侵害了国家,所以国籍国帮助被外国侵害的本国国民提起诉求。直接对一个国家造成损害是直接侵害。有争议的是在两种侵害类型的案件中,都是国家在遭受损害。在支持国民的诉求中也多在维护自己的利益。尽管存在这种批评争议,但是这两种侵害的区别却是无法被否认的。他们分属两种理论实践。

1. 争端事实的主题

首先,在一些既定的案件中所有的事实和案件分类是有密切联系的。一个单独地提起国际诉讼的整套事实中,有可能既包含直接侵害也包含引起外交保护的间接侵害的要素。同样在外交保护提起的案件事实中,可能也包含显著的直接侵害的要素。反之,在相对的案件中提及的事实可能引起直接侵

---

① See U.N.Doc.A/61/10,p.75.

② See Briggs,*The Law of Nations*(2nded),New York Press,1953,p.735.

害,而外交保护的要素却不够显著。但是某种程度上讲,大部分直接侵害的案件中也都包含外交保护的间接侵害的要素,但是在每一个国际诉求中最起码的动机在于对个体的保护。①

所以在对某一具体案件进行是否直接侵害或间接侵害判断和分类时,主要取决于一些主要要素。所有的要素必须作为一个整体进行考量,而不能采取分割或分裂法。把一个国际诉求分成一部分是直接侵害一部分是间接侵害,这在实践中也是不可行的。

举例来说,一个在 A 国由于该国的某个机构行为而导致的对一个外国人侵害的案件中,最终引起了 B 国即受侵害者国籍国向 A 国提起了金钱的赔偿,这里通常被认为是一个外交保护的间接侵害的案例。然而,如果两国间的外交谈判未能成功,B 国向国际法院就 A 国向外国人侵害违反了某一条条约的义务。而在请求对条约解释基础上进行宣示性的裁决。此时,该案件就变成了不适用该规则的直接侵害。再比如,在某一案件中,A 国大使被接受国的相关部门拘禁。这里包含的要素既有直接侵害也有外交保护的间接侵害。而很明显,前者占了主要要素的地位。该案件将被认定为直接侵害而不适用用尽当地救济原则。在一个直接侵害的经典案例中,一国的军舰和平时期在国际水道被另一国非法埋设的地雷毁坏了,此时不会有间接侵害的外交保护的实施。因为在这里对直接侵害和间接侵害的分类依据于主要事实要素。这一点具体体现在《国际法院规则》第 3 条第二款②中。首先对于争论主题的考量,国际法存在诸多的实践。如果受害者是另一个国家政府官员特别是外交、领事代表、国家财产或是对条约的直接的违反,这些是直接侵害。比如在摩洛哥磷酸盐案③中,国际常设法院对意大利提出的诉求进行整体的评估后认为

---

①　See Theodor Meron,M.J.,*The Incidence of the Rule of Exhaustion of Local Remedies*,Briti i Yearbook of International Law,Vol.35,1959,p.83.

②　http://www.icj-cij.org.,2017 年 4 月 5 日访问。

③　参见常设国际法院:《摩洛哥磷酸盐案》,1938 年汇编。(A/B,No.74 PICJ Series A/B,No.74,pp.25-29)

违反国际法的某一行为本身直接导致了国家责任或是导致了对另一个国家条约下权利的违反行为,此时国家责任产生。而对于意大利提交所谓司法拒绝仅仅是导致了后续的违法结果而且不能成立违反条约义务的诉讼争端主题。所以对于直接侵害通常体现为直接要求。而其他类型的导致私人主体损害的侵害是间接侵害。政府通常通过外交保护代表国民提出金钱赔偿要求,因为它是外交保护的间接侵害。

2. 诉求性质

直接侵害和间接侵害两者主要区别还在于诉求的性质,也就是从原告国诉求判断真正利益和目标本质是服务于国家还是服务于个人或者说提起诉讼是为了国家自己主要的目的还是为了支持诉因的主体。就像在英国和伊朗石油案①中,英国政府支持英国公司的主张并行使外交保护。在争端管辖权问题悬而未决情况下,请求国际法院发布命令采取临时保护措施。国家通过外交保护权利的行使就像在塞尔维亚债券案②、诺特鲍姆案③中,国家除了对本国国民的利益之外并无明显的利益追求。④ 对于司法拒绝用尽当地救济无需适用。因为在这类案件中国家对于向国际机构提起诉讼是基于国家原因,只有直接使该国满意才能解决争端。

国际法院的更多案例实践表明对于主要因素的确定主要来自于对直接诉求的陈述。陈述通常含有一个清楚的救济寻求、原告国的真正利益和目标要求指示。在一些特定的案件中,尽管国家是否有权去进行某种特定的救济是法庭决定的。但是,事实上一个国家要求某种特定的救济能够表明一个国家在特定案件中追求的真正利益的意向。它的这种要求的意思表示会阐述它如何考量或看待可能争端的解决。比如在外交保护案中,国家通常寻求金钱赔

---

① 参见《国际法院报告》,1952 年英伊石油公司案,第 94、124 页。

② See P.C.I.J.,Series A,No.20,p.17.

③ See I.C.J.Reports,1951,p.126.

④ Theodor Meron,M.J.,*The Incidence of the Rule of Exhaustion of Local Remedies*,Briti i Yearbook of International Law,Vol.35,1959,p.88.

偿或财产返还的诉求。因为它的诉因在于为了使受侵害者的诉求得到满足。但是在对由国家造成的直接侵害引起的诉求中很少把其作为一种理想的救济方式。因为在这类性质的案件中，对被指控的行为所附带的受侵害国民的金钱赔偿的判定，是一个次级目标。主要的目标在于以期获得国际法庭对被告国因其违反国际法的行为在国际法下应该承担国家责任的一种宣示。如科孚海峡案中①英国对于军舰在阿尔巴尼亚领水的科孚海峡附近爆炸事件向国际法院申诉，希望国际法院根据海上自由原则的义务宣布阿尔巴尼亚对其领水内存雷区知晓不作为"承担国际责任"。甚至像在瑞士诉德国的 Aargauische-Hypothekenbank 案②中，仲裁庭在 1958 年第 1 号决议和咨询意见中认为用尽当地救济原则要求在此案中不适用。因为瑞士没有对德国提出损害赔偿要求，而仅仅要求仲裁庭对争端中的瑞德外债协定附件 2 的解释和适用作决议。或者像美加"孤独号案"③中，美英两国混合委员会裁决美国需要向作为原告国的加拿大政府进行官方正式道歉并进行抵偿。所以在诉求中国家利益和个体利益是存在差异的。那么若出现原告国为了规避当地救济原则的实施而制定一个以因国际法的不法行为所要追究的自己受直接侵害的利益和不法行为所导致的间接损害利益相分离的诉求，原则的适用如何判断？事实上这也是国际法院在对涉及美国对瑞士资产征收的国际工商业投资案④的处理过程中遇到的问题之一。法院认为向它提交的诉求的争端主题是瑞士要求返还已归还美国的资产。而且这种性质的案件正常会被认为是一种国籍国适合行使外交保护权利的案件。国际法院认为可以从诉求中词句的表达形式和真正的主题断定诉求是否建立在直接侵害或间接侵害的基础上鉴别，因为国际法院考

---

① See *Corfu Channel Case*(United Kingdom v.Albania)(merits),I.C.J.Reports,1949,pp.9-10.

② See *Aargauische-Hypothekenbank Case*(Swiss Confederation v.Federal Republic of Germany), Reports of Decisions and Advisiory Opinions No.1 1958 by the Arbitral Tribunal for the Agreement on Germany External.

③ See *the I'm Alone*(Canada v.U.S.A),R.I.A.A.,1935,Vol.3,p.1611.

④ See I.C.J.Reports,1959,pp.6-27.

虑的要素是目标而非形式要素。

事实上尽管瑞士进行了抗辩,但是国际法院认为该案属于外交保护的案件。法院概括了瑞士诉求的争端主题:(1)主要请求:法院裁决和宣布美国政府有义务归还被美国没收的国际工商业公司的资产。(2)替代请求:请求法院裁决和宣布瑞士和美国之间的争端是一项适合于提交仲裁或调解的争端。国际法院对美国要求用尽当地救济予以确认支持并判定指出法院对瑞士申请中所提起的事项无听证或决定的管辖权。因为无论是它的主要请求还是替代请求都不能被允许。因为国际工商业投资公司案在美国国内法院中没有用尽它所可能使用的当地救济方法。就在瑞士向国际法院提起国际诉求程序时,美国最高法院做出裁决撤销了上诉法院的裁决,重新发回地区法院审理此案。因此,瑞士可以再次在美国法院根据有关法律寻求合适救济以归还其财产。

鉴于美国法院的审理仍在继续,国际法院考虑认为在提起国际诉讼前须用尽当地救济已构成国际习惯法的一条确定原则并在实践中得到了普遍遵守。在提交诉诸国际司法前,国际不法行为发生地国家应有必要予以机会在其本国司法体制下通过自己的方法予以补救。而且此案中,国际国内两个诉讼即国际工商业投资公司在美国国内和瑞士政府在国际法院的诉讼目的在于获得同样的结果,即为了归还被美国政府没收的瑞士公司的资产。所以这条规则更应该得到遵守。

其实背后的原因推理很清楚。法院强调国际工商业投资公司在美国国内的诉讼利益与瑞士政府在国际法院的诉讼利益是相似的。在诉求中瑞士没有诉求不同的利益。所以法院认为该国际诉求是实施外交保护权利的诉求。瑞士政府也进行了抗辩,认为它的主要诉求是建立于两国间国际协定决议的实施,美国未能履行国际协议,违反"与敌国交易法令",导致了瑞士政府权利受到损害。所以此案中的当地救济原则不应适用。但是该抗辩意见遭到了法院的反对。法院认为这些并没有改变本案中争端的特性,没有改变瑞士政府和工商业公司要求美国政府返回被没收资产的目的,所以这是一种典型的需要适用当地救济原则实施外交保护的案子。对于瑞士政府的替代性要求,法院认为利益是诉讼请求的基础。瑞士政府向法院提交的诉讼范围和用尽当地救济原则适用的原因是相同的。所以法院对于此案中当地救济原则的适用不仅考虑了争端的主题、争端的性质,也同时考虑和评估了政府的主要请求和替代请求。所以关于用尽当地救济原则适用时,争端的主题、诉求的性质对于国际不法行为导致的直接侵害还是间接侵害的判断是很重要的标准。

3. 救济方法

在一些案件实践中,国家提起的诉求的救济方法通常主要有两种,一种是要求宣告对方国家违反了国际法;另外一种是国家代其受侵害的国民在国际程序下的经济求偿。根据诉求的救济方法可以判断第一种对方国家的违法行为属于直接侵害,后者属于间接侵害。

常设国际法院在摩洛哥磷酸盐案①的判决中提到义务和权利的互相关联是国际法的一般特征,"违反条约义务的行为是侵犯另一国条约下的权利的行为"。若国际法主体承担一项国际义务则必须有其他主体的(国际社会)国际权利与之相对应。所以违反一项义务即会损及他国的权益。比如在美加特雷尔冶炼厂仲裁案②中美国与加国对边界污染的行为侵害谈判无果。它首先希望仲裁庭做出宣示性的裁决加拿大对该国造成污染属于违反国际法的行为。法庭认为加拿大有权使用自己的领土,但是有义务使其他国家在其管辖境内不受损害,根据"使用自己的财产应不损及他人财产的原则"宣示性地裁定加拿大对美国的行为违反了国际法,造成了直接侵害。美伊人质案③中,伊朗违背对国际条约下国际义务:非法拘留外国外交人员,持续占领外国使馆……美国请求国际法院裁决伊违反了对美的条约下的国际法义务并应为此承担责任。国际法院在伊朗未出庭的情况下发布命令指示伊朗立即释放人

---

① See Phosphates in Morocco(Italy v.France),P.C.I.J.,Series A/B,No.7,pp.25-29.
② 参见联合国《国际仲裁裁决报告》第 3 卷,1941 年特雷尔冶炼厂案,第 1934 页。
③ 参见《国际法院报告》(1980 年),美国驻德黑兰外交领事人员案,第 31—32 页。

质,同时随后做出判决伊朗行为违背了条约下对美国承担的义务。伊朗应为此承担国际法下的国家责任:立即释放人质,归还使馆,赔偿损失。因为这是典型的直接侵害的案件。当然更多的是像西西里电子公司案①,寻求的只是对本国受害国民损失的金钱赔偿。这属于间接侵害。

关于直接、间接侵害的判断尽管主要基于诉求的争端主题、诉求性质和救济办法。但是在实践中需要引起注意的是,首先,为了规避原则的适用,有些国家可能对宣示性的裁决要求和对本国国民的赔偿要求一起提出,或者分开提出。这种要求在外交保护草案第 14 条第 3 款规定②是不允许的。其次,由国际法委员会列举的三项判断直接或间接侵害所依据的要素并不是穷尽的三项。除了争端的主题、诉求性质和所寻求的救济办法之外,还存在着更多学者提出的如梅伦(Meron)的"真正利益目的"③、瑟威(Thirlway)的诉求的主要要素性质④以及阿墨拉辛格(Amerasinghe)的被侵犯的实质权利的本质⑤等。但是无论哪一种因素都必须结合具体案件事实综合做出判断。

二、受侵害个体与被告国的联系

(一)传统联结点的讨论

用尽当地救济原则是对国家间接侵害时实施外交保护的条件之一。据上文所述关于外交保护前提基础在于有非直接的侵害所导致的国家责任的存在。但是是否有了间接侵害存在一定会适用当地救济原则? 对更多国际法上

---

① 参见梁淑英主编:《国际法教学案例》,中国政法大学出版社 1999 年版,第 149—153 页。

② 第 14 条第 3 款:"当一项与该求偿有关的宣告性判决是主要基于一国国民或草案第 8 条所指的其他人所受的侵害时,当地救济应当用尽"。See U.N.Doc.A/61/10,p.20.

③ See Theodor Meron, *The Rule of Exhaustion of Local Remedies*, British Yearbook of International Law, Vol.35, 1959, p.87.

④ See Thirlway, *The Law and Procedure of International Court of Justice* (1960-1989), British Yearbook of International Law, Vol.66, 1995, pp.89-90.

⑤ Chittharanjan Felix Amersinghe, *Local Remedies in International law* (2nd ed), Cambridage University Press 2004, p.165.

相关案例的研究可以发现一个普遍的事实:(1)在所有外交保护的案例中,所有受侵害的外国人都曾经自动地或是被认为曾明示或暗示地与违法行为施行国建立了某种自动的联系。这种联系可能有很多种方式建立,比如外国人永久或临时住在被告国(萨勒姆案①)、在被告国存在商业活动(帕涅斯维斯基—萨尔维茨基铁路案)、拥有资产(国际工商业公司案)或与该国政府签订合同(安巴蒂洛斯仲裁案)等。(2)似乎所有有关用尽当地救济原则适用的案件中,国际不法行为实施国都被认为他们首先要被给予一个机会去在自己国内司法系统下,通过国内法院以自己的方式矫枉过正实施救济。所以这种特征的连接点的事实就存在着。

当然所谓连接点的概念在国际法中并不是个陌生的字眼。它在诺特鲍姆案中已被确认。正如福塞特(Fawcett)指出当地救济是一个真正的矛盾的规则。原则构建是为了解决国际与国内法院及行政机构的管辖冲突。原则决定了何时在何情形下当地法院和国际法庭对争端事项的管辖。所以在此连接点与国际私法中的联结因素有点类似。它不仅确认一个特定国家的法院的管辖权,而且使得争端事项服从于适用地法律。自动连接点的建立尽管有时未明示,但是似乎也成了当地救济原则的正当理由或动因。② 正如《关于国家对境内外侨造成损害所负国际责任的草案》③对当地救济原则的原因分析:首先,在国外的国民当遇到不法行为侵害时应该首先考虑当地法律的救济。博查德④也认为根据国际法的原则,外国人被认为应该服从当地所属国的法律意味着权利受到侵犯时的救济也应在当地法院寻求。这是一种必然的结果。正

---

① See *United States v. Egypt*, United Nations Reports of International Arbitral Awards, Vol. 2. p.1202.

② See Fawcett,J.E.S., *The Application of the European Convention on Human Rights* , Oxford, Clarendon Press,1969,p.168.

③ Harvard Law School,Research in International Law II:Responsibility of States(1929) ,*American Journal of International Law* ,Vol.23,pp.152–153.

④ Borchard, E.M., *The Diplomatic Protection of Citizen Abroad*,New York Banks Law Public,Co 1916,p.817.

如在美国和埃及萨勒姆案中仲裁庭所述:作为一项规则,外国人只要他选择住在某一个国家就必须承认该国的法律制度对自己是适用的。① 所以在外交保护的常见案例中,当地救济能够适用的条件之一是存在着真正的管辖连接点。最常见的即是外国人或财产有形存在于或所处在违法行为实施国的境内。在这种典型的案件中,这种有形的存在建立了合适的连接点。这种情形下连接点对于规则的适用非常有帮助。它不仅有助于理解当地救济原则适用,而且对于一个外国人虽身处被告国境内却与该国不存在连结点而必须排除适用该规则的理解也是至关重要的。但是,有一种情形也是需要特别注意的,即外国人是鉴于违背自己的意愿在违反国际法情形下被强行从另一国带到某一国境内,或是乘坐小艇穿过该国某领海范围内的某一国际水道被属地沿岸国军方非法埋植的地雷炸毁,比如科孚海峡案②。这些案件,因没有特定的连接点,所以当地救济原则的适用无法存在正当理由。

其实关于连接点的讨论最典型的即是以色列诉保加利亚 1955 年 7 月 27日空中爆炸案。③ 以色列争辩主要点在于当地救济原则不适用的理由是它的诉求是因为两国谈判无果以色列才向国际法院提起诉求的,请求宣布保加利亚行为违反了两国之间的条约义务,请求国际法院宣布保加利亚违反国际法应对飞机失事所造成的损失负赔偿责任。以色列的诉求基础是直接侵害而不是因保护其国民而提起的外交保护。以色列认为机上任何受害者个体与保加利亚之间都没有联系。保加利亚违反国际法的行为所导致的受害者与保加利亚之间没有任何自动的、故意的联系。如果非要说他们之间的联系,只能是种非自愿的、未知的。这些联系只涉及与 4X-ACC 航班及它前往的行程有关。他们的死亡正是在 4X-ACC 的行程中,被非法干涉所导致的结果。

---

① *United States v. Egypt*, United Nations Reports of International Arbitral Awards, Vol.2, p.1202.

② 参见《国际法院报告》,1949 年科孚海峡案,第 23 页。

③ I.C.J.Pleadings(1959), pp.531-532.

实践中还常有边界线上相关案件是否适用用尽当地救济原则的讨论。实际上边界案件的难点涉及的连接点理论如果严格适用外交保护案中的用尽当地救济原则，那么可能因为缺乏真正的管辖连接点而导致诉讼过程的歪曲和公正的丧失。所以在此，笔者认为在外国人和违法行为实施国家之间不能仅因其实施违法行为而成立连接点。当外国人被不可抗力因素比如其船只或飞机由于不可抵抗的风暴被迫使越过边境进入该国境内，此时连接点也是不能建立的。

鉴于众多外交保护案件的国家实践，因为有真正的管辖连接点的存在，所以在国籍国提起国际诉讼前该外国人用尽该国当地救济是必需也是合理的。

（二）国家责任连接点的新发展

随着冲突法上最密切联系原则的出现，引起国家责任的侵害案件还可延伸至一国在其境外对另一国的国民实施侵害的事件。正如弗里曼（Freeman）教授在海牙国际法院所讲现代国家责任不仅指由一个国家对其境内外国人实施不法行为的导致责任，同时，一个国家在国外对外国人实施的不法行为所导致的结果也属于国家责任的范围。① 随着经济全球化的发展，世界范围内人员和资本的流动加速，所以这种国家责任的广义化也让我们有机会再去思考该规则。试想如果让一个遭受外国（施害国）在其境外侵害的个体受害者在他的国籍国提起国际求偿前还必须用尽侵害实施行为国的当地救济，这是不合理的也是不可行的。譬如在美加特雷尔冶炼厂仲裁案②中（Trail Smelter Arbitration），如果美国向加拿大针对此污染行为提起行使外交保护权利之前还需首先用尽当地救济的话，那后果不堪设想也是不可思议的。所以仲裁庭

---

① See Chittharanjan Felix Amerasinghe, *Local Remedies in International Law*, Cambridge University Press, 2004, p.185.

② 特雷尔冶炼厂位于加拿大的哥伦比亚。该厂排放的大量二氧化硫飞跃美加边界。对美国华盛顿州造成了严重的污染。See *Trail Smelter Case* (*United States v.Canada*), R.I.A.A., 1935, Vol.3, p.1907.

直接做出裁定加拿大对 1932—1937 年造成的污染损害向美赔偿并无论现在和将来都有义务制止这个厂造成的损害。

三、用尽当地救济原则适用的其他条件

随着当地救济原则非当地化,原则适用的案件也延伸并扩大到受侵害个体不在东道国境内的情形。所以原则的适用也出现了更广泛的条件。这种条件主要指违法行为地及其例外。

(一)违法行为地

法国诉挪威公债案①说明两者之间的管辖连接点已不再仅限于外国人与被告国之间的有形存在。安芭蒂洛斯案等更多案件中原则适用说明国际法院对适用的条件给出了更多宽范围的选项。

在国际工商业投资案中,法官科尔多沃在单独意见中指出"一个国家在外交保护实施求助任何一种国际程序前,已用尽不法行为实施国提供的当地救济。在挪威公债案中,自从挪威停止其货币兑换黄金后,这些公债只用挪威克朗偿还。为此法国政府出面支持本国债券所有人于 1955 年向国际法院提出请求书,请求法院宣布债务的清偿按黄金价值。案件涉及的是公债。挪威将公债发行到法国及其他国外市场且这些公债由挪威政府管理。干预行为发生在挪威。按照国际工商业公司案中,国际法院的意见为:原则在一个国家接受了国民权利因在另一国家遭到不法行为侵害作为起诉诉因的案件中得到了遵行。在向国际法庭提出之前,违法行为发生地国家应有机会以自己的方式进行救济。这也是必需的。"②所以,在此违反国际法的不法行为地的重要性和原则的适用连在了一起。

法国坚持强调认为在不法行为地才是原则适用的范围。里德法官(Judge

---

① See I.C.J.Reports,1957,p.9.
② See I.C.J.Pleadings(1957),Vol.1,p.409.

Read)在该案反对意见中表明原则并不仅限于受侵害的外国人居住在施害国的情形。① 萨勒姆案②中仲裁员重申了和法国类似的观点：作为一项原则，外国人必须承认自己在他所选择居住国家的司法制度建立的司法正义是适用的首选。

而在 1955 年空中爆炸案中，以色列针对保加利亚的违法行为提出了原则适用不仅限于以前案例中在某一个国家有居住地、营业地、活动等条件。更多的还有一些自愿、自觉、有意的连接点的条件。飞机上所有受害人员与保加利亚不存在此类的连接点，所以此案中无需适用该原则。所以由空中爆炸案中以色列辩论的基础上产生的观点认为原则适用时外国人与被告国一定存在着真实的联系。最常见的案例中原则适用时存在实际联系，即指在不法行为施行国境内外国人或财产的有形存在，或在某一些特定适用原则的案件中，可以设想这种自愿、自觉、有意的连接点已经建立。但是也有一些受侵害的外国人非自愿地进入某一个国家。如果他是由于另一国境外违反国际法，违背其意愿被带到该国的，或是由代理人从公海上带到该国又或者他的小船正穿过属于某一个国家领海范围内的国际水道时，被领海所属国非法埋植的地雷炸毁……在以上几种案件中，任一种情况都没有一个真实的联系点建立。在此，原则的适用则无正当理由。③ 然而，和受侵害时外国人必须在犯罪国有居住或有形存在一样，以上宽泛的连接点的选项的概述也并不能恰当地反映原则适用时的法律条件。而且以色列爆炸案辩护的自愿服从管辖连接点的观点因为不是一种类型的案例，缺乏更多的国家实践和司法决议。它比起违法行为地管辖太模糊和宽泛而且也缺乏法律的确信，所以并没有得到包括报告员杜戈哈德在内的国际法委员会的支持和

---

① See I.C.J.Reports, 1957, p.97.

② See *United States v. Egypt*, United Nations Reports of International Arbitral Awards（1932）, p.1202.

③ See United Nations Yearbook of International Law Commission, the 49th session, Vol.II, 2002, pp.58-63.

肯定,在草案中也没有出现。

鉴于国际法院在国际工商业公司投资案中很清楚地表示"违法行为地国应该有机会通过自己的方式进行救济",所以该意见的出发点即在于认为当地救济原则的适用条件在于违法行为发生地。也就是说如果违法行为一定在施害国境内,那么一般认为被侵害的人或财产在被害国境内。但是除此之外,对违法行为地的问题如果使用了一种主观的方法则很可能说成被侵害人或财产可能在犯罪行为责任国境外。还有一种情况,不法行为实施开始时在责任国境内,而终结于责任国境外的人或财产。那么此时可以认为是一种不法行为的保持和持续。

(二)违法行为地的例外:不法行为不产生权利

同时必须要说明和注意的是,有一种情形必须视作例外。它是指对于不法行为发生地责任国的认定是依据外国人或其财产在责任国内的存在的情形。而该外国人或财产的存在是归于责任国违反国际法的结果所导致的。这里涉及一个不法行为不产生权利原则,也就是说对于违反国际法去抓获的财物的管辖权问题。同时还需要注意的是该原则的适用例外。它是指缺乏自愿或同意的延伸。虽然原则适用有缺乏自愿或同意时的例外,但并不是每个这种情况的案件都予以例外的适用。比如说在空中爆炸案中这个例外没有适用,因为飞机在保加利亚的出现并不归因于保加利亚非法的捕获,不管是否自愿经过那里。所以英国人公海上抓捕需要用尽责任国当地救济的观点已被现代法律上的"不法行为不产生权利"原则所淘汰。

以色列的空中爆炸案中辩护的自愿服从管辖是原则适用条件的观点因为没有更多的国家实践、司法决议,而且比起违法行为地管辖太模糊和宽泛,缺乏必要的法律确信,所以在国际法委员会草案条款讨论和分析中没有得到很多支持,也未被接受。

但是"不法行为不产生权利"原则本身在一系列关于当地救济原则适用

案例(诸如波兰国民和其他波兰裔人在但泽领地的待遇案①、东格陵兰法律地位案②等)的国际司法裁决或决议中是被确认了的一般法律原则,也成了当地救济原则的适用语境下国际法和国内法的一项一般原则。因此违法行为地作为连接点连同"不法行为不产生权利"成了用尽当地救济原则适用条件连接点确定的重要内容。

综上分析,用尽当地救济原则作为传统习惯国际法的一项原则能够适用,首先前提是因存在着导致国家责任而引起外交保护的间接损害情形。对于一国导致另一国直接损害,原则的适用被平等国家间无管辖权的国家主权所排除。而在对同一案件是否属于直接损害还是间接损害的区分则从案件事实和诉求的整体去分类,从争端的主题、诉求的性质及救济方法进行司法评估。这种区分侵害类型的方法也是国际法上通常采取的主要标准。

根据《外交保护草案》第 1 条只有违反国际法行为的间接损害引起国家责任才会有一国外交保护权的行使,也才有适用"用尽当地救济原则"作为前提的可能。但是一个国家对外国人的侵害有时并不一定会导致外交保护。当地救济原则适用除了考虑侵害类别还要考虑该受侵害的个体和被告国之间的关系是否具有适用的正当性。因为原则的适用必须有受侵害的外国人与违法行为发生地国家有建立某种管辖的联系。这一点类似冲突法中的联结点。因为这种联结点的建立使得个体接受了侵害行为实施国法庭的管辖也才出现原则的适用可能。当然不法行为不产生权利的这个例外也要注意。

因此,不法行为发生地与其例外一起成了当地救济原则适用的另外条件。对于当地救济原则的适用条件,无论是在间接侵害的认定还是在不法行为发生地管辖点的认定,综合案件的具体事实进行谨慎考量是必须的。但若对原则适用本身过分严格不仅实践行不通,而且也有违该法律原则实施对于公正、

---

① 参见常设国际法院:《波兰国民和其他波兰裔或操波兰语的人在但泽领地的待遇案》,1932 年,汇编 A/B,No.44,第 24—25 页。

② 参见常设国际法院:《东格陵兰的法律地位案》,1933 年,汇编 A/B.53,No.53,第 22 页。

公平价值目标的追求和期待。

第三节　用尽当地救济原则的适用类别和要求

用尽当地救济原则是一项外交保护实施前,平衡被告国(不法行为实施国)与受侵害的外国人之间利益的一项原则。它虽然给予东道国以自己的方式解决争端,但是在国籍国代表受侵害者提起国际求偿前,要求用尽什么样的救济? 多大程度上的用尽? 如何用尽? 概括来说原则适用的要求和类别是什么?

众所周知,用尽当地救济原则的发展主要是通过一系列的司法决议显示对被告国国家主权和外国人利益的关注、尊重,从而不至于使适用的救济程度的要求不合理。而关于当地救济的用尽程度的要求,国际法委员会《外交保护条款草案》中并没有明确的规定和说明。这个问题主要依据欧洲人权委员会人权保护的相关规定而得到类推。

一、用尽当地救济的类别和"用尽"实质

(一)当地救济的类别和性质

对什么样的救济必须被用尽才能算满足适用要求。在国籍国行使外交保护前,外国人必须用尽当地救济。因为国家间可能存在不同所以编撰一项含有所有情况的绝对的原则适用是不现实的。《外交保护条款草案》第 14 条第 1 款的规定①概括性地给出了用尽当地救济的主要类别。显然,国际法委员会将当地救济局限在了"法律救济的范畴之内"。因为那些并非法律而且是根据任意的裁量斟酌权的当地救济因缺乏司法或法律的本质,有可能不能实现

---

① 当地就济是指受侵害的个人可以在所指应对损害负责的国家,通过一般的或特别的司法或行政法院或机构获得的法律救济。See U.N.Doc.A/61/10,p.20.

个人寻找救济的目标而被排除。国际法委员会把救济限为法律性质,但是从救济权属性角度进一步把法律救济分为司法救济和行政救济或机构获得的救济。所以在外交保护实施前外国国民显然必须用尽被告国国内规定的可利用的一切司法救济。根据被告国国内法的规定可以向一般的法院或者上一级法院甚至最高法院及上诉法院。从司法机构来说,法院可能包括普通法院和特别法院,或者两国之间就某个问题的求偿委员会或特别时期的某种机构等。这里甚至包括美国的最高法院进行的调查卷令程序。[①] 外国人必须用尽被告国国内法规定的一切可利用的司法救济。无论它是普通或特别性质的法律救济,关键是只要能否提供有效和充分的补救措施。

就法院来说,根据国内法的规定,包括一般法院也包括特别法院。若允许上诉包括初级法院也包括上诉法院甚至最高法院。当然对于寻求一般救济的法院还包括行政法庭,比如英国和葡萄牙的 Croft 案[②]中,有一个专门管辖专利权注销的特别法庭,也是受侵害者应该用尽的当地救济机构。在摩洛哥磷酸盐案中,法国政府认为意大利未用尽当地救济。因为法国认为意大利公司还没有走完向民事法庭求助的针对行政问题的保护审查程序。意大利未用尽或者根本未尝试这个程序。同时在安巴蒂洛斯案中仲裁庭认为“只要是被告国国内法所提供的法律制度,所有的救济都应去检验”[③]。

当然除去司法救济还必须用尽行政机构救济。1961 年《哈佛公约草案》第 19 条规定救济指所有的行政的、仲裁的或者司法的救济。行政机构的救济指的是所有那些由政府行政机关部门所提供的救济,包括司法诉讼中诉求提供的通过私下协议解决的特别程序。国际常设法院在摩洛哥磷酸盐案[④]中认为影响当地救济的失败可能是司法机关的缺失、行政机关或是一些特别的救

---

① See Hackworth,Digest(1943),Vol.5,p.506.

② See Great Britain v.Portugal(1946),British Yearbook of International Law,p.1288.

③ See P.I.C.J.Series A/B No.74 p.17(1938);and the French Pleadings in PCIJ Series C No. 84,p.209.

④ See P.I.C.J.Series C No.84 p.439.

济方法的拒绝或不到位。

当然当地救济不包括旨在获得优惠而非维护权利的"救济",也不包括恩惠性的救济。① 美墨间阿韦纳和其他墨西哥国民案中要求和求助于巡视官一般都属于此类。② 当然只要他们不是开展随后诉讼程序的基本前提。

(二) 用尽当地救济原则中的"用尽"实质

对于用尽当地救济原则中"用尽"实质的认定,在芬兰渔船仲裁案③的仲裁意见中指出,用尽当地救济的"用尽"实质在于获得一个终局裁决。也就是说,受侵害的外国人在被告国或东道国提供的法律制度下获得的最高级法院的终局的裁决。被告国或东道国提供的法律制度下可能包含不止一个级别的法庭或法院提供救济。被侵害的外国人必须将求助进行到整个制度的最高法院。在实践中也会存在外国人因为时间的限制或自己的不够用心,不能成功求助于高级别的法院的情况。所以终局首先要求个人在被告国或东道国的救济体系中走到正常情况下的最高一层,即司法救济中法律允许的最高级别的法院。但是诉至最高级别的法院本身并不等于救济"用尽",有时并不等于最终裁决。

国际工商业投资公司案中,瑞士虽然起诉到了美国的最高法院,但是国际法院发现它并非终局裁决。因为美国在最高院的决议中为瑞士重新开启了个程序,并且对此案进行进一步的调查和重新审理。④ 因此国际法院认为在向国际机构提起诉讼时,没有得到一个终局性的裁决。同时如果东道国法院判决和行政复议存在高低之时,所谓的"终局还应是一切可利用的救济中,效力

---

① Chittharanjan Felix Amerasinghe, *Local Remedies in International Law*, 2nd ed, Cambridge University Press, 2004, p.181.

② 参见《国际法院案例汇编》2004 年,第 12 页。

③ See *Finland v. UK*, United Nations Reports of International Arbitral Awards, (1934), Vol.3. p.1502.

④ See I.C.J.Reports, 1959, p.11.

等级较高的"。另一方面,用尽当地救济原则的适用还包括要求受害者用尽当地国内法下所有的包括传唤证人、提交证据等程序。这一点在安巴蒂洛斯仲裁案的结论中被仲裁委员会很清楚地阐述了。①

救济有时还涉及用尽的主体问题。外交保护草案第14条第1款中,美国曾建议将"由受损害的受害人用尽一切当地救济之前"改为"在用尽当地救济之前,不得提出国际求偿。该观点主要来源于西西里电子案的国际法中的观点"——假如受害人以外的法律主体在东道国就受害人诉请的实质问题已经用尽了当地救济,则可类推其他人也符合用尽了当地救济的规定。国际法委员会特别报告员杜加尔德对此也予以了支持并向国际法委员会提议修改。但是最终国际法委员会维持了既有观点。笔者认为国际法委员会的做法谨慎有道理。确实,仅凭西西里案的个案而作为一项普遍原则的类推是不够的。实践中判定案件的请求实质本身存在困难,因为即使两个请求的实质相同,但时间不同和地点不同,裁决也未必相同。

二、用尽当地救济原则的适用要求

在尼尔森与丹麦克案②中,欧洲人权委员会认为:对于用尽当地救济这项公认的习惯国际法原则,一般而言,适用当地救济是当地法律下可提供的所有法律救济且能够足够有效地矫正被告国可以在国际层面被指控的应承担国家责任的不法行为。所以由此看出,用尽当地救济原则强调是在当地法律下(1)所有救济必须是被尝试的;(2)救济必须是可获得的;(3)救济必须是足够和有效的;(4)救济需要公平、公正地行使。同时根据国际法委员会《外交保护条款草案》第14条第2款规定③,概括来说用尽当地救济原则的适用要

---

① *The Ambatielos Claim（Greece v. UK）*, United Nations Reports of International Arbitral Awards, Vol.12,（1956）,p.123.

② See Application No.343/57, Report of the Commission（1961）,p.37.

③ 当地救济是指受侵害的个人可以在所指应对损害负责的国家,通过一般的或特别的司法或行政法院或机构获得法律救济。

求在于：救济的可获得，法律性质、救济的有效性、救济的事项和实质及两种诉求的一致性。

（一）当地救济的可获得性要求

谈及用尽当地救济，作为受侵害的外国人要首先用尽那些对他来说可获得的救济。在比利时和西班牙的巴塞罗那机车案①中，比利时在请求并在口头陈述时阐述了从受害者的角度考虑，用尽的救济必须是能够实际有效获得的。同时在欧洲人权保护案件中，欧洲人权委员会通过尼尔森与丹麦克案及法瑞诉英国案②等强调了救济的可获得性。所以这一点从欧洲人权保护的相关案例中及其他的案例中可发现救济必须具有可获得性。对于用尽当地救济的个体来说，救济不仅指能够接近的而且指在具体的案件中个体能够获得的。

（二）当地救济的足够和有效性的要求

受侵害的外国人在被告国用尽当地救济，他必须用尽被告国国内法规定的可利用的一切司法救济。但是在实践中并非所有的可获得性措施、司法或准司法性质的救济都是能用尽的。所以国际法研究院在 1956 年的提议中就指出，可用尽的救济应该是充分而有效的救济，也即在安巴蒂洛斯案中仲裁委员会所指的救济措施的本质必要性。③ 在奥地利诉意大利案中，欧洲人权委员会认为这种本质的必要性，建立的标准为求助的救济措施是否有效到能使当地法院矫正弥补诉讼中的不法行为。④ 某种意义上说，救济有效和充分的要求是和原则的限制联系和相关的。原则不能适用是源于救济的无用或无效将导致原则不予适用，但是在外交保护之前，用尽当地可利用的救济因为国家

---

① See I.C.J.Pleadings(1962-9) , Vol. , p.218.

② See Application No.9013/80, 25 Yearbook of the European Convention on Human Rights (1982).

③ *Greece v.UK* , United Nations Reports of International Arbitral Awards , Vol.12 , 1956 , p.120.

④ Application No.788 /60 , Report of the Plenary Commission , p.57.

间的差异所以充分和有效有时很难判定。在巴塞罗那机车案①中，因为求助并未向一些有效的救济进行，西班牙政府主张当地救济未被用尽。同时西班牙政府承认并非所有的救济必须被用尽，它仅指那些有效的、可成功获得的救济。比利时关于西班牙就法院缺乏判例的救助即被认为措施无效或无目的救济的观点，它认为救济的有效性应依据法律注释者对于法律条文措施的解释。② 笔者认为外交保护领域受侵害者在被告国境内寻求的被用尽的救济应该是对于实现求助目标充分而有效的。

（三）国内和国际救济诉求的论点和论据保持一致要求

用尽当地救济原则是行使外交保护权利提出国际求偿要求的基础和前提，所以为了充分确定国际求偿的基础，外国的诉讼当事人必须在国内诉讼程序中提出他打算在国际诉讼中由其国籍国代表其提出的基本观点。芬兰渔船仲裁案中，仲裁庭认为：受侵害的个体只需要在国际诉讼程序中提出其在被告国当地法院求助时提出的诉求论点和论据。也就是说受侵害者在被告国国内救济时诉求论点和论据应和国际程序提交的论点主张和论据保持一致。

论点内容包括：主张的事实、法律的建议、诉讼请求。在厄尔西案（ELSI）中，国际法庭分庭认为意大利当地法院判决的诉求中的实质内容也是美国向国际法院提起的诉求的核心内容。虽然国际法院、国内法院的级别及适用的法律不同，诉讼主体不同，但是意大利国内法院处理的事项正是申请者向国际法院提出的申请事项。两种诉求都集中在征收引发的破产清算而遭受损害损失的赔偿。所以国际法院审判庭指出国际程序的诉求应该是已经在当地法律和程序范围内寻求救济的诉求，只是当地救济用尽未获成功解决。③ 同时在芬兰船舶仲裁案中仲裁庭再次指出，要求各国政府向国际程序提出的所有事

---

① See *The Barcelona Traction Co. Case*, I.C.J.Reports, 1970, p.3.
② See I.C.J.Pleadings(1962-9), Vol.4, pp.592-593.
③ See I.C.J.Reports, 1989, pp.45-46.

实论点和法律陈述都必须是曾经过国内法院的调查和裁决的。① 也就是说国内提出的诉讼请求和国际程序下提出的诉讼请求和要求应保持一致。这是《外交保护条款草案评注》(以下简称《草案评注》)中所给出的安排的一种反映。它要求求偿国必须提出其在用尽当地救济过程中所要求的实质内容的论点和论据,而不能利用外交保护提供的国际程序来谋求国内程序中准备不当的要求或主张或缩短当地救济的时间而蓄意提前获得终局裁决。希腊与英国安巴蒂洛斯案的最终仲裁裁决"没有用尽当地救济"是因为在1922年英国法院进行的诉讼中,有一个重要的证人没有到场出庭作证。所以该委员会认为:当地救济不仅包括法院和法庭还包括国内法中规定的诉讼程序级别。②

　　詹宁斯、瓦茨在《奥本海国际法》中指出当地救济的切实用尽不仅指用尽他能够利用的实质性的救济方法,而且要利用并依据当地法律下他所能支配的程序上的便利。③ 但是笔者在此认为鉴于有学者们认为用尽当地救济原则分为义务性和任意性原则。无论论点还是论据原则都是带有任意性的原则,那么这种情况下提供的论据或论点也带有任意性。为了胜诉提供哪些变得没有什么标准。所以可能会出现在外交保护受害人蓄意地在国内程序下不积极或消极举证以缩短国内程序而走向国际程序。所以《草案评注》通过解释对此限制是必要的。受侵害的当事者必须在国内诉讼程序中提出他打算在国际程序中提出的基本观点,也就是说用尽当地救济国内国际程序中诉求主张、证据应保持一致。

---

① See Finland v.UK, United Nations Reports of International Arbitral Awards, Vol.3.p.1502.
② 参见梁淑英主编:《国际法教学案例》,知识产权出版社1999年版,第124页。
③ [英]詹宁斯、瓦茨修订:《奥本海国际法》第一分册,中国大百科全书出版社1998年版,第76页。

第三章　用尽当地救济原则的
　　　　适用例外

《外交保护条款草案》第 14 条对外交保护之前必须用尽当地救济这一习惯国际法原则做了具体的适用规定。该原则制定的基础和出发点是对东道国属地管辖的考虑和尊重,也是对国际法下属地管辖和属人管辖权的一种平衡。其实,原则的适用也是对东道国、外国人及其国籍国利益和冲突调和的结果。所以对于可接受的原则实施也存在限制。国际法委员会从 2001 年关于外交保护议题特别报告第三次工作报告直到委员会第 54 次正式会议工作报告的讨论和协商,最终归纳确定了《外交保护条款草案》第 15 条列出的用尽当地救济原则的例外情形。

国际法委员会对《外交保护条款草案》中用尽当地救济原则的例外情形进行了归纳式列举,共 5 项①。这 5 种情况的例外情形主要概括为三类:当地法院无提供救济的可能(a,b)。受侵害的外国人若在提起外交保护前要求用尽当地救济则为不合理或不公平的情形或个人明显被排除原则适用的可能性;东道国或被告国自己放弃了需要用尽当地救济的情形(e,d)。受损害的个人与被指称应负责任的国家之间在发生损害之日没有相关联系(c)。

---

① U.N.Doc.A/61/10,p.20.

特别报告员指出他所提起的对例外情形的处理是一种概括性的条款草案。对于该概括性条款的处理是基于原则适用时当地能够提供应该被用尽的有效的救济。所以草案第 15 条中第一种例外情形即是"无合理可得到的可能性"、无可能提供有效补救的当地救济。但是规定中"有无效果"的表达又存在模糊之处。该项涉及东道国或被告国与被侵害人国籍国的举证分配问题。对于原则例外的条件也没能明确和清楚规定。也正因如此,中国政府在第 57、59 届联大第六委员会关于外交保护专题的报告中做了非常谨慎的表态:为了避免可能出现侵害国内管辖权的情况,原则适用的例外应有明确的条件。同时鉴于中国当时主要是引进外资发展经济的资本输入国,因此中国政府认为对于用尽当地救济的举证由受害人国籍国判断将会导致很多当地救济并未被用尽时外交保护即被提起的情形,可能会出现国籍国的随意判断及例外情形被滥用的情况的发生。① 而时至今日,随着"走出去"战略的推进,中国已是对外投资的主要资本输出国。对于是否存在当地救济未用尽的情况的判断,并不由国籍国的判断作为终局结论。因为被告国的抗辩与国际法院或仲裁机构的检验也是未来争端解决中的必经程序,所以中国的立场应该随形势变化调整。尽管草案第 15 条是各国学者们的观点和政府的意见归纳,但是也正是由于适用条件的模糊,才导致了防微杜渐的谨慎和担心。对于 5 项例外情况适用的争论和讨论一直未有停止,有时甚至比条文本身的内容更让人重视。

第一节　当地救济无提供可能

一、当地救济不具有提供有效救济办法的合理可能性

《外交保护条款草案》第 15 条所规定的用尽当地救济的第一种例外情形

---

① 中国代表高风在第 59 届联大第六委员会关于国际法委员会第 56 届会议工作报告议题的发言,http://www.china-un.org/chn/lhghywj/wn/fyywi/wn/fy04/t5030633.htm,2018 年 4 月 5 日访问。

广义上被认为是"徒劳"或无效的例外。对于第一款,2002年特别报告员杜加尔德在向草案委员会提交的报告中其实提供了三种选择。① 最后,经过严格筛选,第三种选择得到了国际法草案委员会大多数专家和学者们的支持。特别报告员主张并提供了基于司法裁决和相关文献基础上的三种测试方案来确定。

(一)当地救济明显为徒劳

在第一种测试方案中"显属徒劳"要求当地救济是明显、显然的无效。这一点遭到了与会学者们的批评。正如国际法院在 ELSI(艾尔西)案所述由于该标准过于严格而未被采用。根据外交保护制度的定义,它要求国籍国若代表其国民提出国际程序下的求偿前,当地国有效的救济方法应该被用尽。② 所以适用的例外情况即是要求当地救济不是有效的。但是在此要求基础上加上 obvious or apparently。显然,这是过高的标准。它可能导致该原则的例外适用向极端的方向发展。况且,对于"徒劳或显属徒劳"的判断本来就是一个涉及主观判断和双方举证关系的复杂概念,所以为了阻止这种极端可能导致偏向国籍国或东道国的理解或解释,尽管有美国的支持,国际法委员会还是以门槛过高否定了"显属徒劳"方案。③

该款原则适用的例外情形是来源于芬兰渔船案中的仲裁裁决(仲裁员巴格做出的)。后来由于出现当地法院无管辖权的帕涅维斯基·萨尔都斯基案,缺乏司法独立的布朗诉英国案等裁决的支持。这些情形下的救济办法徒劳无效是显而易见的。但是标准过于严格。尽管后来美国修正了立场④,但

---

① (1)当地救济明显为徒劳;(2)当地救济无合理的成功可能;(3)当地救济不具有提供实现有效救济的合理可能性。此三种选择都得到了一定判例的支持。

② Herbert W. Briggs, *the Local Remedies Rule : A Drafting Suggestion*, American Journal of International Law, Vol.50, No.4, 1956, pp.924–925.

③ U.N.Doc.A/61/10, pp.77–78.

④ U.N.Doc.A/CN.4/561, p.42.

是,关于"无效"的含义依然很模糊,似乎并不等同于徒劳。根据原则制定的目的,用尽当地救济是必须为求偿者提供有可能的救济还是满足的救济?显然应该是前者。所以对求偿人来说是徒劳的,但有时却不能断定该当地救济不是"有效的"。

(二)无合理成功的期待和提供获得有效救济办法的可能性

同样第二方案即原告或受侵害外国人应该证明当地救济无法获得合理成功机会的情形为原则适用的例外。这一点比起第一种严格的门槛宽松了些。但是该方案通常在人权保护的相关法律中被适用。特别是在欧洲人权公约下,欧洲人权委员会在诸如 Retimag.SA v.Federal Republic of Germany 等案①的裁决中通过"没有合理的成功机会"标准予以经常适用。但是显然它对求偿因其本身公约的目的而过于有利,所以被国际法委员会在《外交保护条款草案》原则适用的例外条款中将其排除了。

笔者赞同国际法委员会在草案评注中的观点:国际法庭在审理案件时对当地救济所要求的标准是"是否有效"而不是"是否成功"。倘若按对求偿人有利的"是否成功"标准,那么国际法庭审理案件时将会考虑过多的复杂因素,导致具体案件下的结果将只是取决于各种因素间的平衡。②

鉴于对过分严格"显属徒劳"和对求偿人过于宽松的标准两种方案的分析,国际法委员会采取了方案三。避免过于严格、过于广泛的测试导向,它援引了从可以获得救济的合理性和可能性角度来测试救济办法的有效性方法来判定当地救济是否能作为适用的例外。国际法委员会在采用该标准的同时,在《外交保护条款草案》第 15 条(a)项将其描述为"不存在合理的可得到的能提供有效救济的当地救济"。该标准也得到了相关司法裁决的支持。这些裁

---

① Appl.n.1197/61,X v.F.R.Germany Case,Decision of 5 March 1962,Collection,Vol.8,p.72.

② David Mummery,*The Content of the Duty to Exhaust Local Remedies*,American Journal of International Law,Vol.58,No.2,1964,pp.400-401.

决也导致了一系列情形下对原则尚未用尽的反对的撤销。因为它们可以作为用尽当地救济原则的例外。

第一种情形是若求助的当地法院一贯对外国人存在不利的裁决。在此情形下获得相反裁决的可能性是不能获得的，所以救济无法获得。芬兰渔船案中国际法院认为很清楚外国公司在芬兰是不可能获得有效救济的。因为该国既有的相关法律是针对外国公司，同外国公司的利益相违背的。① 所以诸如此类的情况下，对于外国人或原告来说应免予适用用尽当地救济原则。这一点在巴塞罗那机车案的书面或口头辩论中都直接或间接地得到了承认。第二种情形，正如在芬兰渔船案中出现的外国人提起的诉求由于当地救济法院或机构无管辖权，所以没有必要去寻求当地救济。在帕涅韦日斯萨尔杜提斯基铁路案②中，该问题同样由于拉脱维亚的行为是政府职能行为，是国家行为，所以爱沙尼亚认为"当地法院无管辖权"。因此国际常设法院尽管鉴于该案没有拉脱维亚法院的裁决而不满意，但是也拒绝审查相关的法律而议定其为用尽当地救济原则不予适用。国际工商业公司案中国际法院基于同样的立场认为申请者只是就事实进行上诉。高等法院认为除非涉及法律问题的上诉，否则无管辖权，所以就此问题没有必要向高等法院寻求救济。③

第三种情形是对于外国申诉是基于该国家国内法律而引起的行为。因为当地法院不予审查，所以用尽当地救济原则不予适用。在中央森林罗得彼案④中，国际不法行为是由于对于某些森林的没收所引起的。而该没收行为又是得到该国国家相关法律所允许的。在该国境内所有机构都不得不遵守该法律做出的判决。所以很明显当地救济的提供是不可能获得的，因而仲裁庭认为无需用尽当地救济原则。第四种情形是当地法院完全不独立。罗伯特·

---

① Chittharanjan F.Amerasinhe,*Diplomatic Protection*,Oxford University Press,2008,p.153.

② PCIJ Series A/B,1939,No.76,p.4.(*Panevezy-Saldutiskis Railway*,*Judgement*,1939,PCIJ,Series A/B,No.76,p.4.)

③ Chittharanjan F.Amerasinhe,*Diplomatic Protection*,Oxford University Press,2008,p.153.

④ 参见《国际法院 2004 年案例汇编》，第 175 页。

布朗（Robert Brown）案①，仲裁庭认为无寻求进一步当地救济的合理可能性是因为当时南非法院系统极不独立，法院的裁决可以被总统控制。有利于求偿人的裁决被做出后，高等法院被重组、法官被撤销，法院已经完全失去了独立，所以向当地法院寻求救济已无合理的意义。当然国际法委员会以"完全不能独立"措辞来限制只有在这种极端的情形下，才可能出现原则适用的例外。第五种情形是当地提供的救济与申请者或外国人寻求的目标救济不符合，所以尽管有救济但是当地法院无给予此种救济的合理性即当地救济无权给予外国人相应适当和充分的救济。许多欧洲人权保护的案例中，经常有国内救济提供的补偿与外国人在国际法下所享有的相应权利不相符合的情形出现。显然，对外国人来说，当地国法院不具有提供相应救济的可能性。在芬兰渔船案②中，芬兰政府争辩认为地方救济必须是实际可行的、有效的和足够的。芬兰政府认为英国对于船主的地方救济是不可能的。因为按照英国"赔偿条例"的规定，芬兰船主获得补救的唯一渠道已被堵死，所以如果事先很清楚当地法院不可能给受害人个人提供足够的补偿，就没有必要适用该原则。仲裁庭的裁决确认了当地国提供的地方救济必须是实际可行的有效和足够的观点。当然，这需要充分地证明排除合理怀疑。第六种情形是用尽当地救济原则由于当地国国内局势动荡，程序正义、司法保护制度的缺乏而根本无法适用。Mushikiwabo and others v.Barayagwiza 案③中智利军政府期间，美洲人权委员会认为因军事司法下法律诉讼程序的不正常因此不必用尽当地救济。

至此，国际法委员会通过对第一种和第三种方案标准的综合吸收，选择了第三种方案。这是国际法委员会对放宽适用例外门槛的一种意图的阐释。但是这种例外放宽或门槛的降低也反映了对相关法律的一种质疑。笔者认为，

---

① Robert E.Brown(United States)v.Great Britain,award of 23,November 1923,UNRIAA,Vol. VI,Seals No.1955,V.3,p.120.

② ［美］亨金等：《国际法案例与资料》，1980 年英文版第 2 版，第 703—705 页。

③ Mushikiwabo and others v.Barayagwiza,(1996),ILR Vol.107,pp.457-460.

国际法委员会试图通过降低门槛的构想只能被作为在法律发展过程中的一种接受。依据挪威债券案国际法院法官劳特派特观点认为,法律立场上的构想强调了"可能性"而非确定性。同时该方案用了"合理"词语对可能性进行修饰。它反映的是对标准方案一种相对宽松的态度,更是原则例外背后利益和立场的平衡。

(三) 用尽当地救济中司法拒绝的讨论

当然,在国际法委员会报告中也提到了司法拒绝的情形。在国际法委员会第54次会议的报告中,特别报告员也关注了与用尽当地救济原则有着千丝万缕联系的司法拒绝问题。杜特哈德报告员在第三次报告中曾提议把司法拒绝作为附录列入草案条款,并且期待委员会给关于此议题的评论报告。但是在讨论中由于司法拒绝的概念本身充满争议,它被一部分学者认为是用尽当地救济原则的失败或不能适用的情形一个更加概括的表现形式之一。这在例外条款的诸项中都分别有所涉及和体现,所以他们认为不需要有单独的例外条款。《草案评注》中强调,对于司法拒绝议题的过多探讨有时会超出外交保护的范畴。[①] 但也有另一部分学者则认为它也可能是外交保护实施的情形之一,不能忽视。

但是从国际法委员会相关会议辩论的结果来看,大多数专家坚持排除对司法拒绝的单独成款,最主要原因在于其内涵或概念的不确定。20世纪初该概念更多指的是当地国对进入法院的拒绝。拉美学者甚至还把司法偏见和正义的拖延也算在内。现代观点更多趋向限于司法程序以不公正裁决或不充分的程序所体现的行为。

该概念的讨论在国际法院或法庭的相关案例中、在国际责任的相关法律文件的编撰及法学家的著作中都有所涉及。广义地来说,司法拒绝发生于一

---

① A.A.Cancado Trindade,*Denial of Justice and Its Relationship to Exhaustion of Local Remedies in International Law*,Phil,*Law of Journal*(53),1978,p.404.

国由于国家机构做出任何违反国际法行为时。它不仅包括司法裁决的疏忽和遗漏行为,而且包括司法行政机构的任何不当行为。所以某种意义上来说司法拒绝概念无特别的意思,只是贯穿整个东道国对外国人的待遇所负的国际责任的所有行为当中。这一点也得到了布列基斯(Briggs)、海德等法学家的支持。① 1930 年,Geutsche Gesellschaft 在《对外国人损害的国际责任公约草案》第 3 条第 3 款、1929 年《哈佛大学外国人损害国家责任草案》第 9 条以及 1957 年《外国人损害的国家责任》草案条款的第 4 条中都对此有所涉及和讨论。② 而罗伯特布朗案(英美)、梅塞案(美墨)、萨勒姆案(美埃)更是通过案例中的裁决对广义司法拒绝概念给予了支持。

当然该概念的更多讨论来自于狭义的解释。有学者将其界定为所在国对外国人司法程序的失败即为司法拒绝,或将其界定为整个司法管理过程中的不当行为或当地法院进入程序的拒绝和不合理的拖延、耽搁。国际法研究院在 1927 年行动计划中指出司法拒绝即法庭能做的却不做,进入当地法庭被拒绝或法庭不能提供必要的司法管理的保证。③ 维斯切尔(Visscher)认为真正的司法拒绝是明白地向受侵害的诉讼当事人发布不公正的裁决,导致该当事人遭受歧视或任意性的不公对待。④ 当然还有观点认为司法拒绝是指受侵害的外国人当地救济制度的无效。在巴塞罗那电机车案中,西班牙政府尽管未将国际责任仅限于司法拒绝的行为,但是对于司法拒绝本身,选择狭义的概念将其限于进入东道国法院的正式失败和无绝对正当理由的拖延。⑤

① A.A.Cancado Trindade,*Denial of Justice and Its Relationship to Exhaustion of Local Remedies in International Law*,Phil,*Law of Journal*(53),1978,p.410.

② Chittharanjan F. Amerasinhe, *Local Remedies in International Law*, 2ⁿᵈ ed, Cambridge University Press,2004,p.87.

③ See AIDI(Annuaire de l'Institut de Droit international)(1927),p.331.

④ Chittharanjan F. Amerasinhe, *Local Remedies in International Law*, 2ⁿᵈ ed, Cambridge University Press,2004,p.90.

⑤ A.A.Cancado,Trindade,*The Application of the Rule of Exhaustion of Local Remedies in International Law - Its Rational in the International Protection of Individual Rights*, Cambridge University Press,1983,p.88.

综上也可看出,司法拒绝的概念广义或狭义的界定本身即充满着不确定和争议。它既涉及对外国人待遇的问题又涉及对实体问题司法制度的介入。因其含义过于广泛,概念模糊,无一致的标准和确切的范畴,所以未能在《外交保护条款草案》例外条款和附录中出现,①随着更多案例的出现,笔者认为15条(a)项"合理"一词应该被解释得更精确、具体。国际法委员会对于原则例外的态度应更明确以达到预期目的的需要。

二、应负责任的国家造成救济过程的不当拖延

(一)不当拖延例外的确定

国际法委员会在草案第 15 条(b)中将救济过程中的不当拖延且被告国应负责任的情形也视为可以免除用尽当地救济原则的情形。根据习惯国际法的一般原则,由于救济过程中被告国的不当拖延,受侵害的原告或申请者的正义请求已被拒绝,所以用尽当地救济原则可以免于适用。该情形在国际法相关法律编撰中也得到了支持和肯定。比如,1930 年《海牙国际法编撰会议第三委员会通过的条款草案》第 9 条、1933 年《第七次美洲国家会议所通过的关于国家责任的决议》第 3 条、1961 年《哈佛公约草案》第 19 条第 2 项、人权保护领域《公民政治权利国际公约》第 49 条及附件第 5 条、《联合国消除各种形式种族歧视公约》第 2 条及《美洲人权公约》第 46 条中都有明确地表示当救济过程被毫无理由地拖延,用尽当地救济原则是免于适用的。②

在 X v.联邦德国案中③(X v.F.R.Germany Case)(1959),申请人的律师向欧洲人权委员会抗辩该东道国宪法法院上诉并非需要用尽当地救济。它可以

---

　　① Chittharanjan.Felix Amerasinghe,*Local Remedies in international Law*,2nd ed,Cambridge University Press,2004,pp.210–211.

　　② Chittharanjan Felix Amerasinghe,*Local Remedies in International Law*,Cambridge University Press,2004,p.339.

　　③ See *X v.Federal Republic of Germany*,Application No.918 /60,7 Collection of Decisions of the European Commission of Human Rights,p.110.

免于适用不仅因为其无管辖权,更主要的是宪法法院的程序缓慢、拖延冗长,几乎等同于真正的司法拒绝。面对被告国的程序确实拖沓,人权委员会承认在特殊情形下,存在用尽当地救济不予适用的例外情形。1958 年的 De Becker v.Belgium 案①中被告国认为原告申请者还未用尽当地救济。但是人权委员会根据国际法的一般原则作出回应认为当地救济无需用尽,因为根据比利时国内法律,申请人只有在释放 5 年后才可提出诉讼。如此拖延地处理该案是不合适的,所以当地救济无需用尽。② 欧洲人权法院在三起所谓的"扣押案"③,即斯托格穆勒案(Stogmuller),马兹奈特尔案(Matznetter)、纽梅斯特案(Neumeiser)处理时认为这些扣押案中用尽当地救济已超出了合理时间。④ 埃尔奥罗铁路公司案(ELoromiding and Railway Co.Case)仲裁庭认为法院对当事人的诉讼拖延了 9 年的时间。⑤ 当地救济已是无效救济,所以无须用尽。

但是该条款在国际法委员会的报告讨论中曾引起争议。问题主要在于(1)设置的目的是否需要单独成款;(2)不当拖延如何定义。特别报告员杜特尔德指出对于单独设置该条款有学者指出是毫无意义的,甚至是多余的。因为它与该草案第 15 条的(a)款是相关联的,甚至可以包含进(a)款的方案显属徒劳或不具有提供救济的可能性。但也有大部分的观点认为应该将其单独规定,因为从某种意义上来说他们之间是一种连续的关系,而不是包含的关

---

① Application 214/56, Yearbook of the European Convention on Human Rights, Vol.2, p.238.

② A.A.Cancado Trindade, *The Application of the Rule of Exhaustion of Local Remedies in International Law—Its Rational in the International Protection of Individual Rights*, Cambridge University Press, 1983, p.115.

③ Yoram Dinstein ed., Israel Yearbook on Human Rights(Vol.2 1972), Martinus Nijhoff Publisher, 1989, p.117; James Avery Joyce ed., Human Roghts: International documents(Vol.1), Sijthoff & Noordhoff, 1978, p.1294.

④ A.A.Cancado Trindade, *The Application of the Rule of Exhaustion of Local Remedies in International Law—Its Rational in the International Protection of Individual Rights*, Cambridge University Press, 1983, p.247.

⑤ Chittharanjan Felix Amerasinghe, *Local Remedies in International Law*, Cambridge University Press, 2004, p.210.

系。已经存在的当地国的救济可能起初从(a)款的角度看是有得到有效救济合理的可能性,可是结果可能会由于不当拖延而无法获得。该观点认为这种拖延不是指提供救济的拖延,而是在适用救济的过程中法院做出决定的一种拖延。

所以国际法委员会特别报告员阿马尔多没有将不当拖延列为原则的例外。① 但是在第三次报告中,杜加尔德认为为了原则设置本身的目的,为了提醒相关国家避免出现不适当的拖延情况,该情形以一个单独例外形式出现。② 所以通过改款它充分表达了对当地国肆意拖延的担心。③ 笔者认为它也显示了对外国人利益效率的考虑。

(二) 不当拖延的实践讨论

国际实践中对于"不当拖延"一词的客观内容或含义或对于当地救济时限的规定没有统一界定。更多只能根据具体案件事实进行审查做出判断。④ 国际工商业公司案中⑤,虽然从申请人的诉讼提起 10 年已过而国际法院并没有认为救济属于不当拖延。(但是持有反对意见的法官阿蒙德·乌根认为在当地国救济用尽之前 10 年已经过去。这种救济太慢,也不能称作充分有效,应该予以免除适用)国际法院以当地救济尚未用尽驳回了申请者的申请。⑥

实践中有时也会出现这样的情形:尽管所求助的救济可能也并非无效或无理拖延,但是正义已被拒绝,对于申请人或原告可以免于适用用尽当地救济

① Article 18(2) of "Revised Draft on International Responsibility of the State for Injuries Caused in its Territory to the Person or Property of Aliens", in U.N.Doc.A /CN.4 /134 and Add.1.p.48.

② U.N.Doc.A /CN.4 /523, para99, p.37.

③ 张磊:《外交保护国际法律制度研究》,法律出版社 2011 年版,第 130 页。

④ Chittharanjan Felix Amerasinghe, *Local Remedies in International Law*, Cambridge University Press, 2004, p.211.

⑤ 毕晓普:《国际法案例与资料》,1962 年英文第 3 版,第 808—810 页。

⑥ Report of the International Law Commission on the Work of its Fifty-four Session, para.235, p.150.

原则已是毫无异议的。可是,问题在于对"无理拖延"如何定义?对于用所有条件界定一个构成不当拖延的时间长度是不可能的,也会是轻率的。每一个条件都会有特定的因素,它依赖于各自条件情形的司法评估。就像在国际工商业公司案中,阿蒙德乌根提出国际法院对于既然救济已过去 10 年,拖延的时间是否足以作为构成不当拖延。很明显,诸如此类的案件又和案件的性质相关。比如,对个人人身和民事权利侵害的时间比起财产的侵害短些。申请人的性质同样也可能是一个相关因素。对于大公司的侵害可能会比个人侵害提出的问题更复杂些,也比个体侵害案件的时间更长些。所以目前国际社会法律文件中还没有有力而快速不当拖延的界定。同时(b)款也明确规定,救济过程拖延是据称对外国人侵害负责任的国家造成的。这里使用救济过程而不使用当地救济是为了说明援引或执行当地救济是指当地救济的全过程。笔者认为该款的后部分强调不当拖延发生在整个救济过程中而不是某一具体的环节而已。这也进一步强调并提醒当地国原则的设置目的是给当地国一个以自己的方式实行对违反国际法的不法行为产生国家责任的救济机会。当地国除了应给予合理可得到的有效的当地救济之外,还应避免整个过程中的不当拖延,否则按照习惯国际法的原则,用尽当地救济原则可以免于适用,而直接通过外交保护提交国际程序,所以(b)款单独设置是很有必要的,它同(a)款之间存在着先后内在联系。但理论上讲,拖延未必导致无有效救济但是例外则一定是达到了没有获得有效救济可能性的程度,否则它也不足以成为原则适用例外的不当拖延。因此从这点上讲,(b)款已被(a)款所包含。① 虽然有些国际法委员会委员质疑(b)款作为例外的规定,但是在原则实施的背后更多体现的是利益和立场的平衡。人们对于东道国可能的拖延的担心使得对"不当拖延"必须被关注。像埃尔奥里案和国际工商业公司案分别长达 9 年和 10 年的拖延。若"不当拖延"不能成为独立的原则适用的例外,那么迟来

---

① 参见张磊:《外交保护国际法律制度研究》,法律出版社 2011 年版,第 130 页。

的公正还是公正吗?

第二节　当地救济被放弃和排除

一、应负责任的国家放弃用尽当地救济的要求

根据《外交保护条款草案》第 15 条规定,被指称应负责的国家放弃了用尽当地救济的要求是该原则适用的例外。也就是说用尽当地救济原则在国家自己放弃的权利情形下免予适用。特别报告员在对该例外进行介绍时指出,既然用尽当地救济原则的设计是基于对被告国或东道国的属地管辖的权利的保护和尊重,那么该国可以选择放弃它。此种放弃可以是明示的或默示的,也可以是基于被告国对于用尽当地救济原则还没有提出反对中推论出来的。尽管这是被告国的权利,它可以选择放弃,但是在放弃的实践中却存在一系列问题。

(一)明示放弃要求

明示放弃用尽当地救济要求是指东道国或被告国政府明示表达同意用尽当地救济原则在某一特定的争端或某些特定争端中不予适用。[1] 在外交保护的相关法律中,该原则的放弃可以在争端提起前或争端提起后通过东道国或被告国的单方面行为做出明示。这种放弃更多的是在双边和多边的协定或条约中规定。这种双边协定形式放弃要求的例子,多见于两次世界大战期间依双边协定设立的混合仲裁法庭和混合求偿委员会。特别是见于美墨 1923 年建立的美墨一般求偿委员会的公约第 5 条[2]。它规定对于用尽当地救济原则

---

① Chittharanjan, Felix Amerasinghe, *Local Remedies in International Law*, 2nd ed, Cambridge University Press, 2004, p.247.

② Feller, *The Mexican Claims Commissions*, 1923-1934(1935), p.34.

的明示放弃的有效性。后来已得到 Doehring, Amerasinghe 等法律专家的确认。同时除 1965 年美加关于古特水坝仲裁案的双边条约中的明示例外,最明显的例子,莫过于《关于解决国家和他国国民之间投资争端公约》(又称《华盛顿公约》第 26 条①)。在国际法中,环境问题国际争端的求偿解决为了从更多跨境污染导致的群体利益的考虑,通常该原则的适用也是免除的。② 该原则争端提起之前或之后要求的放弃或免除在双边或多边协定中通常是不可撤销的。尽管它可能会被协定的当事方所援引提起,或由于外国人的国家同意所援引,不过笔者认为这存在质疑或反驳的假设。

在英伊石油公司案③中,伊朗就曾对此不可撤销性提出过质疑和反驳。在 ICSID 项下公约允许表达权利放弃。明示表达可以通过东道国或被告国在同意提交公约下的仲裁前的任何时间单方面行为废止,而且这种同意必须是单独的书面形式且另一方也要求予以同意。所以 ICSID 公约下,同意仲裁是存在一种假定,即存在原则权利放弃的明示表达。但是也存在东道国或被告国会以一种单方面的形式或者东道国政府与外国投资者的协定形式予以反驳,只要这种废止是在东道国同意提交仲裁做出之前。而第 26 条是仅指仲裁而不包括公约下的调解的。所以首先的问题在于当地救济原则是否适用于调解程序中。

其次的问题是东道国与外国投资者之间排除适用原则的明示表示或终止排除的明示表达。这种明示的协定最终是否可以单方面提起撤销?很明显如果协定或终止协议是受除东道国之外的法律进行规制,则根据东道国的法律撤销不会发生。但是如果是出现含有仲裁条款合同,那么外国投资者或他的

---

① 被告国或东道国与另一非本国国籍的缔约国国民投资者发生争端时,根据 ICSID 公约项下,该外国人,除非另有规定,无需在寻求仲裁之前用尽当地救济。所以该公约在争端发生前,东道国即以公约条文明示的方式放弃当地救济的权利。See United Nations Treaties Series, p.159.

② Hoffman, *State Responsibility in International Law and Transboundary Pollution Injuries*, 25 International and Comparative Law Quarterly, 1976, p.513.

③ Chittharanjane F. Amerasinghe, *Diplomatic Protection*, Oxford University Press, 2008, p.163.

国籍国能依赖东道国的原则明示放弃吗？根据仲裁条款独立于主合同而存在的性质，对合同的取消并不导致合同条款的取消。仲裁条款并不一定从属于东道国国内的法律的支配，所以有可能根据相关的法律可能不被单方面任意地终止。同样对于国家和外国投资者签订的合同中，对于外国投资者来说，单方面的行为对原则的终止、废止也是如此。

所以当国与国之间存在双边或多边协定，在缔约国国民与东道国存在投资争端时，因为东道国通过公约管辖权的同意放弃对用尽当地救济要求而提交 ICSID 中心仲裁解决已没有什么难以理解。尽管如此，笔者认为仍存在疑惑之处。首先问题是 ICSID 下第 26 条本身，根据公约的规定仅适用于仲裁，对调解是否适用并不清楚。而且作为一项传统习惯国际法原则，这种颠覆性的放弃是否可行？

（二）默示放弃要求

特别报告员就对外交保护草案的例外条款进行介绍时，曾指出国际提起在外交保护语境下，通常情况下对用尽当地救济原则的适用不存在不适用的假设推定。除非东道国或被告国有明示放弃或保留。正如艾尔西案中国际法院强调的那样，对于用尽当地救济原则适用的放弃意图必须清楚地表明。这样一个重要的国际习惯法原则，在未有任何措辞明示的情况下就这样沉默地免除适用，是不能接受的。[①]

国际法院在艾尔西案中进一步认为放弃原则的适用必须有明确的放弃意图的证据显示。但是如果当事方对于放弃当地救济权利的要求在相关协定中非常清楚，则必须予以实施。该观点也得到了一些司法裁决与国际法学专家观点的支持。但是是否或何时可以默示放弃无法制定一项统一的原则，实践中，出现在具体案例环境下的隐式或含蓄地默示放弃只能根据有关文书的措

---

① 《国际法院年案例汇编》2004 年，第 58 页。

辞和背景作出判断。

那么在此首先要分析的是是否且何时这种放弃可以默示进行。该问题也涉及原则的解释和说明问题。在挪威公债案中,法国政府曾向国际法院提出了有关原则的默示放弃存在解释的问题。对于何时可能存在默示放弃的可能,特别报告员在他的第三次报告中指出,可以有以下几种情形可能。

1. 选择条款的处理

《国际法院规约》第 36 条对争端管辖权有具体的规定。① 那么,是否国际法院管辖权的同意表明默示对用尽当地救济的放弃? 国际常设法院曾在帕涅维斯基铁路案②中认为,对规约某一相关条约的签字并不涉及因为同意该条款而默示放弃了用尽当地救济的权利。在挪威公债案③或是国际工商业公司案④中,国际法院面对于当地救济问题,认为尽管有法院规约 36 条的任择条款的同意,但是仍在国际工商业公司案中对用尽当地救济原则做了初步反对。因为国际法院认为对国际法院强制管辖权的接受并不妨碍国内法院基本管辖的保留,所以国际法院分庭通过艾尔西、西西里电子公司案确认在争端发生前,被告国同意将来与请求国之间发生争端交付国际司法或仲裁情况下不推定默示或暗示放弃用尽当地救济。国际法院认为这种情况下的默示放弃缺乏明确清楚的意图表示。但是若是国籍国与被告国的仲裁协定是在国民受到侵害的争端发生后缔结的,并且有明显不适用原则的意思表示,那么此情形可认为被告国默示放弃了原则的行使权利。⑤

---

① 本规约各当事国得随时声明关于下列性质之一切法律争端,对于接受国同样义务之任何其他国家,承认法院之管辖为当然具有强制性,不另行特别协定:(子)条约之解释(丑)国际法之任何问题(寅)任何事实之存在,如终确定即属违反国际义务者(卯)因违反国际义务而应予赔偿之性质及其范围。参见《国际法院规约》第 38 条,http://www.icj-cij.org/,2017 年 5 月 3 日访问。

② PCIJ Series A/B No.77, p.138(1939).

③ 《国际法院报告》,1957 年,第 99—100 页。

④ 《国际法院案例汇编》1959 年,第 6—27 页。

⑤ 张磊:《外交保护国际法律制度研究》,法律出版社 2011 年版,第 14 页。

笔者赞同国际法院的观点。《草案评注》更是通过国际法院分庭西西里电子公司案①强调了作为一项习惯国际法的重要原则,用尽当地救济原则不能随便被认为是可以默示放弃的。所以,笔者赞同对于争端之前签订的将来把争端提交仲裁的协定中不可推定默示放弃,除非原则的放弃意愿非常明确。但是问题在于既然在前述中国际法委员会认为当地救济不能随便默示放弃,若有当事方的明确意愿则必须要落实这个意愿表示,也就是说国际法委员会认为对于默示放弃来说仅意思表达还不够,还要有落实这个意愿的行动。损害发生之后两国间仲裁协议仅仅是一个意愿的行为,为了该意愿的落实还需国内法院主动做些配合工作,比如主动撤销受害人的诉讼请求等。那么此时,仲裁协定若无用尽当地救济的明确要求还可以认为是默示放弃吗?

2. 东道国未能提起初步反对

在国际司法程序中,被告国拥有基于当地救济未用尽而对国际法院或法庭管辖权提出初步反对权利。被告国若未能在恰当的时间提出这种反对,那么可推定这一权利要求是被放弃了的。这种发生在诉讼程序中由被告国采取的被认为是放弃原则适用立场的行为不可撤销。这也属于禁止反言的形式之一。

但是也有一种情况。外国人与被告国之间的合同中,被告国默示放弃了用尽当地救济的要求,但是在争端解决时,却拒绝前往仲裁。此时如果国籍国实施外交保护向国际社会提起求偿的诉求,那么这个"默示放弃"也将被国际诉讼程序所援引。因此放弃不是随便可以默示的,而且当事方有明确的意愿表达时必须落实。因为对于在什么情况下可以默示放弃当地救济的意愿无法制定一个统一的原则,只能根据具体背景情况进行判断,特别报告员在草案中建议默示放弃也应归于第 15 条(e)款中。

中国政府关于用尽当地救济原则放弃的立场主要体现在对国际法委员会

---

①　梁淑英主编:《国际法教学案例》,中国政法大学出版社 1999 年版,第 149—153 页;《西西里电子公司(西电公司)案》,国际法院判决、咨询意见和命令摘要(1948—1991),第 84 个。

的三次声明中。刘振民、高风、段洁龙分别在第 58 届、59 届及 61 届联大的外交保护专题的发言中,表达了中国政府从"放弃应以明示做出为好"①到"放弃应主要以国家明示做出方为有效"的立场。由此可见,我国政府态度前后的立场是一致的即坚持明示放弃,但是商量的语气运用较多。而在目前的形势下,中国政府应从法理上找到更多的依据更坚决坚定地坚持"明示放弃"的主张。

二、受侵害者明显被排除寻求当地救济的可能性

《外交保护草案》第 15 条(d)款对用尽当地救济的原则做了如下情形的规定:受侵害的个人明显地被排除了寻求当地救济的可能性。该条款被认为是第 15 条中最为特殊的。

(一)条款设置的特殊之处

特殊之处在于首先源于该条款的设置安排,其次为该条款的内容争议。

首先,这个条款的例外规定是在国际法委员会第 54 次会议《关于外交保护第三次报告》中作为当时的第 14 条的(f)项"拒绝进入"或拒绝接触而出现的。但是在随后国际法委员会《关于外交保护的第七次报告》中第 16 条例外条款中并未出现。而最终《外交保护条款草案》却又直接将其列为一项单独的例外。《草案评注》的相关评论和解释也篇幅简短。因此,人们不禁认为是否该条款是不受重视的,甚至认为是多余的。

本款代表逐渐发展的一种狭义理解,受侵害者必须承担责任证明,不仅证明在用尽当地救济方面存在严重障碍和困难,而且必须证明自己"明显"被排除了寻求这种救济的可能性。② 存在可能明显排除用尽当地救济的情况虽无

---

① 中国代表刘振民先生在第 58 届联大六委关于国际法委员会第 55 届会议的报告"议题(外交保护)的发言",载 http://www.china-un.org/chn/lhghywi/fyywi/wn/fy03/t530817.htm,2017 年 4 月 7 日访问。

② Report of the International Law Commission on the Work of Its Fifty-four Session, para. 235(《国际法委员会第 54 次会议工作组报告》,第 235 段,第 62 页。)

明显清单,但在报告中,报告员认为它是指进入救济但被禁止而根本无法进行救济。其实这种提议的措辞与其意图似乎有点不相关。特别报告员指的是另一种情形,即"受侵害者被拒绝进入被指控承担责任的被告国领土境内或是受害者因为受到人身、法律的阻碍而丧失在法院地提起诉讼的机会。"(这在民事救济中可能不是具有决定性的,因为通常情况下,在原告或申请者声称进行的民事救济中,亲自出现在东道国是不被要求的。值得注意的是,一般情况下,大部分的法律制度中都可以委派律师作为代理去用尽当地救济)同时,还会存在因过高的费用而受害人被明显排除救济的可能。① 此例外提议中,申请人本人在东道国的出现是救济的成功条件。同时也必须提及的是具体案件中受侵害者个人或律师被威胁、恐吓而劝阻的问题。此处让人也不禁产生疑问,为何条款只限于东道国政府拒绝受侵害者个体进入当地救济的案子。那些非政府工作人员同样也可能对于受侵害者个体进入成功的救济产生阻碍。

基于第 15 条的(a)项,尽管有学者质疑该条款作为例外的独立性,他们认为 15 条的(a)项已完全涵盖了此种例外,但是在报告中杜加尔德却认为此类情形是特殊的例外。因为相关的当地救济即使理论上是可获得的也是有效的,但是实际却无法进入救济或获得接触的机会。② 对此,笔者表示赞同。即便在现今形势下,若投资者在一些投资环境风险极高或政治动荡或面临恐怖威胁或面临政局混乱甚至政府治理能力低下的东道国投资,在遇有侵害出现外交保护实施前的用尽当地救济情形时,尽管理论上是有救济的、可获得的,但事实上被侵害人因被告国的现实状况已被明显排除了寻求当地救济的可能。所以它应该成为一种独立的例外且为特殊的例外。首先,特殊之处在于

---

① Report of the International Law Commission on the Work of Its Fifty-four Session, para.235.(《国际法委员会第 54 次会议工作组报告》,第 236 段,第 62 页。)

② 在民事救济中这种情况屡见不鲜。很多的案件中,申请人希望自己出现在东道国境内提起求偿救济。在大多数法律制度下,完全有可能由律师或代理人去用尽当地救济。同时不仅东道国政府非国家工作人员也有可能对使用当地救济形成阻碍(例如通过恐吓,威胁人身安全等)。所以该款应是例外的情形。

它与一些学者们所认为的它应包含的(a)项有一定的不同。不同之处在于(a)项的内容在于"不存在"可得到的当地救济。而此时的当地救济在于理论上讲是可获得的,但是因为受侵害者受到被告国或犯罪集团的威胁、恐吓而被拒绝对当地救济的一种进入或没机会接触。在这种情况下,被侵害人明知存在可获得的救济,理论上有获得救济的可能,但是因被告国政府及非国家工作人员的威胁产生的阻碍(无论是被告国政府有意使然或是国家无力保护)而无法具有进入或接触本可能获得的救济,所以此时无理由去用尽当地救济。

(二)排除救济的内容争议

特别报告员指出在普通法系下受侵害者可能必须要亲自出现在法庭上提供证据。如果他/她被被告国拒绝入境或不能出现在被告国则无机会提起进行求偿的当地救济。

对于受侵害人来说,费用过高也会明显排除遵守用尽当地救济的可能。有学者认为这仍属于(a)项不具有提供此种救济的合理可能性。①② 即当地诉讼费用昂贵可能成为(a)项的一种情况,但其同时强调了必须满足其他条件才能免于用尽当地救济的例外。笔者认为二者虽然都涉及诉讼费用问题,但是仍有一定的区别。(d)项强调的是一种对受害者来说本有机会获得救济,但基于费用过于昂贵,以致明显被排除接触或救济。而(a)项强调的是被告国当地诉讼费用昂贵同时满足其他条件才可以被认为当地国不具有提供救济的合理的可能性。所以二者强调的角度和重点不同。(a)项强调的是在一定条件下,当地国不具有提供救济的合理可能性,而费用只是必须满足的条件之一。而(d)项强调的是对受侵害者本人来说,理论上本有机会获得有效的救济,但是却因费用过于昂贵而被拒绝了有可能进入或接触当地救济的机会。

----

① 因为《草案评注》先前对(a)项的解释中提到要达到(a)项的要求,受损害者仅仅表明成功的可能性很低或进一步上诉有困难或费用昂贵还是不够的。

② U.N.Doc.A/61/10,p.79.

尽管如此,国际法委员会会议第三次报告中对 14 条(f)项"拒绝接触/进入"进行讨论时,仍有许多委员会对该条的单独列项产生质疑。所以在《关于外交保护第七次报告》中该例外条款被删除。但是最终《外交保护条款草案》却将其独立列项,不得不说是对该受质疑条款本身特殊性的阐释,也是对受侵害者的利益进一步突出的重视。至此,笔者认为它体现了该原则条款及整个外交保护制度的基本设计和考量,体现原则制定背后对个人权利的一种保护。

用尽当地救济原则的适用是外交保护制度实施中对东道国属地管辖权的一种尊重和利益考虑。它给予东道国一个通过自己方式改错的机会。该原则的例外则是强调了在尊重属地管辖下免于适用原则的情形,也是对受侵害的外国国民和国籍国的一种利益保护和平衡。所以草案例外条款(a)、(b)涉及当地法院没有提供救济的可能性的情况,而(d)项则更加强调从受侵害的个人权利角度出发指出,对受侵害的外国人进行用尽当地救济要求在该情形下是不合理,不公平的。这是对受侵害个人权利的进一步强调,因此尽管有学者认为其与(a)项相同之处,甚至可以包含在(a)项下,但是笔者认为二者是有区别的,强调的重点不同,突出了对个体权利的更多强调和保护。这符合当下国际法人本化的发展趋势要求。因而也就不难理解最终《外交保护条款草案》直接将其作为一项独立的例外予以实现。这恰恰正是进一步体现了对受侵害者个人权利的重视。

第三节　当地救济与损害无相关联系

前文用尽当地救济原则的适用条件已讨论过。外交保护实施前原则的适用首先在于有间接侵害的发生。其次,被告国与被侵害者之间有管辖联系。这里主要从被告国的主权利益考虑。它可以用自己的方式来纠错。所以强调在用尽当地救济原则时,被侵害的求偿者与被告国之间应有管辖联系。但是若从受侵害者角度来说,是不是受害人与应负责的被告国在损害时没有相关联系即可免除适用该原则或是视为原则适用的例外？随着国际法的发展,外交保护所遇到的现实问题的变化,该问题的讨论也成为第 54 次会议报告中的一个关注点。

一、相关联系问题的提出

对于《外交保护条款草案》第 15 条原则适用例外(c)项①,尽管国际法委员会第 48 次会议中的《国家责任草案》一读第 22 条也曾考虑过该内容,但是被认为没必要而去掉了。而国际法委员会第 54 次会议再次以条款的形式对该内容提起,这主要源于 1955 年以色列诉保加利亚空中爆炸案②的发生。最终国际法院宣布对此案没有管辖权。在传统的用尽当地救济原则的案件中都存在着受侵害者与被告国之间或居住或逗留或与被告国之间存在着财产或合约的自动联系的关系。但是在本案中二者没有可以自动联结的关系。所以出现了受侵害的个体在受侵害国之外受到该国的侵害或者个人与该国领土没有联系的情况。

因此,随着科技的发展外交保护的现实情况也发生了些变化。在传统的涉及外交保护的案件中,受害者个体与被告国之间通常存在着属地管辖的联系。但是近年来,除了空中爆炸事件案,类似切尔诺贝利核污染等更多跨境环境污染问题的出现,对外交保护中该原则的适用提出了新的挑战。

国际法委员会第 54 次会议相关议题讨论中有一部分学者认为受侵害者与被告国在发生损害之日无相关联系则应排除原则的适用。而在一系列诸如

---

① 受损害的个人与被指称应负责的国家之间在发生损害之日没有相关的联系。

② 1955 年以色列阿尔航空公司一架飞机在奥地利的维也纳和以色列的黎达之间定期商业飞行。因未经许可进入保加利亚的领空,被保加利亚边防战斗机击落,包括各国国籍的乘客及机组人员全部遇难。以色列在通过外交谈判解决赔偿问题失败后,向国际法院提起诉讼。以色列在请求法院管辖此案的请求书中请求法院宣布保加利亚对因飞机失事造成的损失负赔偿责任。对于以色列将此案提交给国际法院,保加利亚提出了管辖权的反对主张。参见张爱宁:《国际法原理与案例解析》,人民法院出版社 2000 年版,第 710 页。

国际工商业公司案、萨勒姆案、挪威公债案及 1955 年的空中爆炸事件的司法裁决中,对于没有相关联系时的用尽当地救济原则的适用又模棱两可。这些学者认为在一些涉及跨境污染侵害的案中也更趋向于没有必要用尽当地救济原则。典型的案例是特雷尔冶炼厂案(Trail Smelter Case)①。特雷尔冶炼厂位于加拿大的哥伦比亚。该厂排放的二氧化硫漂越美加边境,对美国华盛顿州造成严重污染,双方多次谈判无法解决。后美加两国协议交于仲裁法庭解决。仲裁庭裁定加拿大对美国受侵害者的损失支付赔偿。此案中支持者的观点认为当地救济原则免予适用是因为被告国与受害者在损害发生时没有相关联系。但此案中,笔者认为它是因被告国加拿大对代表受侵害者求偿的美国造成了直接侵害才无需用尽当地救济,因而并非完全属于原则例外的情形。

原则例外支持者中最具代表性的是梅伦教授。梅伦在马默里、阿墨拉辛格的观点基础上得出自己的结论。马默里认为用尽当地救济原则只适用于个人或财产出现在侵害国境内并且二者存在真正联系才可适用。② 梅伦也曾认为以往所有的案件中,适用原则都是因为二者间直接或间接地建立了联系。③ 阿墨拉辛格也持同样的观点,在已判的案件中关于是否存在充分联系的问题在于案件中显然是存在着这种联系的。④ 就此梅伦认为:如果要求一个在被告国领土之外的受侵害的外国人在该被告国提出诉求,要求该外国人用尽当地救济,那么国籍国提起外交保护代其国际求偿时首先应考虑损害时二者之间是否有真正的联系。⑤ 试想在切尔诺贝利核事故案中,若让远在英国成群

---

① United Nations Reports of International Arbitral Awards, Vol.III, pp.1905–1982.

② David R.Mummery, *The Content of the Duty to Exhaustion Local Remedies*, American Journal of International Law, Vol.58, No.2, 1964, p.394.

③ Theodor Meron, *The Incidence of the Rule of Exhaustion of Local Remedies*, British Yearbook of International Law, Vol.35, 1959, p.94.

④ Chittharanjan Felix Amerasinghe, *Local Remedies in International Law*, 2nd ed, Cambridge University Press, 2004, p.169.

⑤ Theodor Meron, *The Incidence of the Rule of Exhaustion of Local Remedies*, British Yearbook of International Law, Vol.35, 1959, p.94.

的没有足够资金的原告远涉去乌克兰法院,用尽当地救济是否会觉得很不合情理? 此情形下因为二者之间没有联系,那么用尽当地救济原则应该被视为例外情况考虑。但是,梅伦的观点却是经不起推敲的。首先,以往用尽当地救济的案中确实无存在相关联系而做出反方向的结论。不存在联系即无须用尽当地救济不具有必然性。其次,诸如空中事件案、萨勒姆案及挪威公债案中都出现了受害人与侵害国缺少联系的情况,但是国际法院在相关的决议中并没有对此做出明确的决定。在特雷尔冶炼厂案中,仲裁庭并未要求美国受侵害者用尽加拿大当地救济的情形下做出裁决,原因在于加拿大的跨境污染已对美国造成了直接侵害,不符合用尽当地救济的适用条件。而且此种情形下,加拿大对用尽当地救济的态度并不妨碍类似跨境污染或侵害案件中一国政府对该原则的放弃,比如美加间古特水坝案。美加两国根据边界条约设立的国际联合委员会对灾害情况进行调查,认为古特水坝是造成灾害的原因之一,最终两国通过签订仲裁协议,设立求偿法庭解决损害赔偿问题。①

二、国家实践举要

上述该案中,加拿大采取与美签订协议而免了用尽当地救济的要求。同时《国际空间物体损害责任公约》中也规定无需用尽当地救济原则。而正是因为国家实践和相关司法裁决的缺乏,国际法委员会在《对国际不法行为的责任条款草案》第 22 条排除了包括用尽当地救济原则例外的要求。1961年《关于国家对外侨造成损害所负责任的哈佛公约草案》第 19 条也没有采纳这种例外。国际法委员会认为最好用现有的原则去阐释,同时期待国家实践的进一步发展。

但是笔者也认为在讨论第 15 条该项例外时,一些特别的情形也应给予充分的关注。比如由于污染所导致的跨境环境侵害,一些核辐射及泄漏或人造

---

① Cairo A.R., Robb, Daniel L. Bethlehem, *International Environment Law Reports*, Vol. 1, Cambridge University Press, 1999, pp. 386-425.

太空物质的侵害,击落在被告国的飞行器或击落偶然进入其领空的飞行器,驻在 A 国的 B 国士兵在 A 国领土上杀害 A 国国民等一系列情形中,如果坚持要求外国人去用尽当地救济则显得不现实和不公平。正如梅伦教授所认为受侵害者与被告国有充分联系的情况下,被告国获得要求用尽当地救济的权利。当受侵害者在与被告国之间无任何联系时,如果允许该国此情形下获得要求用尽当地救济权利是不可思议的。对受侵害者来说也是非常不公平的。① 笔者认为梅伦的观点从对受侵害者的公平和现实的角度来说,在无相关联系的情形下还要求他们用尽当地救济确实是有失公平的。所以这就促使国际法委员会去积极探讨和研究是否可以对于以上这些特例作特别的安排以使原则免于适用。也正是因此,尽管各国对这种既未得到充分国家实践也未被国际裁判庭广泛接受的例外还无法取得一致意见的情况下,国际法委员会在《外交保护条款草案》报告中还是直接将其单独列为一项例外。尽管国际法委员会因该例外举措实践和理论基础的不充分、超前而被质疑,但是笔者认为从用尽当地救济原则设置和特殊情形下受侵害者公平利益的考虑来说,该例外的处理对于解决特殊案例是有益的指点和尝试。

诚然,该例外的设置主要是为了应对跨境污染问题,但是也有学者认为用尽当地救济并不适用于跨界污染。② 因为大多数跨境污染诸如特雷尔冶炼厂案及古特水坝案会被当作构成了对受侵害国的直接侵害处理,而并未提及用尽当地救济。同时一些相关的跨境污染的国际条约如《国际空间物体损害责任公约》中,尽管并不意味着各国同意放弃该权利,但并未提到用尽当地救济。所以该例外虽然吸引人,但是理论和实践基础还没有扎实具备。对于《外交保护条款草案》面临依据不充分且有分歧和争议的基础上的选择,尽管

① Theodor Meron, *The Incidence of the Rule of Exhaustion of Local Remedies* , British Yearbook of Internatioanl Law, Vol.35 , 1959 , p.96.

② Phoebe N. Okowa, *State Responsibility for Transboundary Air Pollution in International Law* , Oxford University Press, 2000 , p.220.

国际法委员会特别报告员杜加尔德也明确认为此项例外的规定是不必要的,但是笔者还是认为有一点不容忽视的是 15 条(c)项为国际法提供了思路和方法。只是因为有点超前而充满着巨大的分歧。笔者认为,在目前条件下,上述案件中的救济困难需要解决,可以首先按情况进行分类:第一种情况是在一些跨境的环境污染侵害案中(辐射、泄漏或人造空间物体坠落等引起),若是这种侵害是由国家国际不法行为所引起的,那么则是一种直接侵害,不属于会导致外交保护的国家责任。此情形下没有必要单列一项用尽当地救济的前提。第二种情况是在被告国领土之外击落飞机或对偶然进入该国的飞机的击落。这里也是一种直接侵害。国家的实践表明,大部分的案件中,责任国都不会坚持用尽当地救济,比如 1988 年美国海军文森号导弹巡航舰误击伊朗飞机后,1999 年印度击落巴基斯坦的飞机后都没有要求用尽当地救济原则。这可被当作直接侵害或国家以个案形式予以的放弃,不把要求用尽当地救济作为受害人家属提出索赔的先决条件。第三种情况是 A 国国民被 B 国驻在 A 国的士兵杀害。通常这种情况下会有国际条约针对向 B 国求偿的规定。然而如果没有这样的协定,受害者家属完全可以在 B 国法院提起求偿。而这一例外已包括在《草案》第 15 条(a)项中,所以无需再单列条款。

至此可以发现,这些特殊的情形对原则适用的例外可以归于两种例外或者说可以从两种途径去解决:第一种途径是将特殊情形归于条文(a)项和(e)项中。国家放弃要求用尽当地救济的权利。其中(e)项中这些跨境侵害案件,国家实践中可以被看作是直接侵害而被国家以个案形式予以放弃(如前文所述的飞机击落案等),这是排除外交保护的。我国外交代表刘振明在联大会议的发言也持相同的观点。① 第二种途径是以多边条约形式各国集体放

---

① 中国代表刘振民先生在第 58 届联大六委关于国际法委员会第 55 届会议的报告议题(外交保护)的发言中认为:在受害者与侵权行为发生地没有自动联系的例外情况中,如果有关情况依据相关领域的特别国际法,排除了外交保护的适用,则不存在适用自动或自愿联系这一例外情况。见 http://www.china-un.org/chn/lhghywj/fyywj/wn/fy03/t530817.htm,2018 年 4 月 7 日访问。

弃。《空间物体所造成的损害的国际责任》中第 11 条第 1 款规定①即是一个很好的实践。因此,对于《外交保护条款草案》第 15 条的(c)项例外,它主要是源于新形势下跨境环境污染等问题的出现。它虽为国际法的发展提供了方向,但是目前还缺乏充分的理论和实践的依据且存在巨大分歧。笔者认为目前针对特殊的案例可以在(a)、(e)项例外下处理。但是同时它也为国际法的发展特别是在跨境环境侵权领域的国家实践进一步指明了思路和方向。这也是国际法委员会仍将其列为单项例外的缘由之一。当然应该肯定的是该原则设置背后更多体现了对个体利益的保护。

---

① 根据本公约向发射国提出赔偿损害要求,无需等到要求赔偿国或其代表的自然人或法人可能存在的一切当地救济用完后才提出。See Convention on International Liability for Damage Caused by Space Objects,http://www.oosa.unviennea.org /oosa/Space Law /Liability.html,2017 年 5 月 5 日访问。

第四章 用尽当地救济原则
在其他领域的适用

第一节 用尽当地救济原则在人权
保护领域的适用

随着外交保护的实践,用尽当地救济原则适用范围开始扩展到人权保护领域,即对一国境内的外国人保护的原则扩展到对一国境内本国人的保护领域。该原则适用的前提和外交保护中的适用有了一定的区别。依据相关的实践,在人权保护领域,该原则在一国国民对自己本国政府申诉时的适用通常会采取些新的方法。因为人权保护领域中,作为国民的个体在自己国家的政府面前比起外交保护中的外国人更易受到伤害,同时对于是否要用尽当地救济及适用的范围也更易引起争议。

一、原则在人权保护中的适用基础

(一)外交保护和人权保护的区别

自二战以来,特别是 1948 年欧洲人权宣言颁布以来,人权保护得到了逐渐重视。但是直到 1953 年《欧洲人权公约》的执行,人权保护才变成了真正的现实。① 人权保护的许多相关法律制度中包含了当地救济原则。但是该原则在人权保护领域实施和在外交保护领域的适用有一些不同之处。

在奥地利诉意大利案②中欧洲委员会遵循了一个客观的解释方法。委员会认为成员国在欧洲人权公约项下的义务的本质是保护个体的基本人权而不是为成员国创设一种主观的、互惠的权利。在戈尔诉英国案③中，委员会再次确认了人权保护是普遍性的要求。它适用于每个个体。公约条款被狭窄地解释会导致公约目标和宗旨不能实现。④ 委员会进一步认为"公约最重要的职能在于保护个体的权利而不是狭义地解释为着眼于国家间的相互义务和国家主权的维护。相反，它应着重有效维护个体的权利"。欧洲法院在此类案件中同样强调委员会的观点即公约的解释是鉴于公约的最终目标和宗旨。⑤ 在早期的案例诸如威姆霍夫诉德国案中，法院曾强调解释公约的目的必要性在于为成员国最终实现普遍的人权，不是最大程度地限于维护成员国的义务。⑥并且提到公约的宗旨在于平衡国际社会一般权利和基本人权的尊重并且更强调后者。

1. 公约的解释

关于人权公约的解释反映了外交保护和人权保护的不同。

人权保护是鉴于公约的规定，而外交保护源于习惯法。同时两者的法律设置的本质区别在于保护的前提。外交保护的主要依据连接点在于国籍，被保护的外国人必须有保护国的国籍，而人权保护没有这样的要求。个体权利的保护是因为有被执行的法律予以保护而不是某个特定国家的自然人或法人。事实上是一个受伤害的或者因公约被违反被侵害而成为受害者的自然人

---

① C.F.Amerasinghe, Local Remedies in International Law, Cambridge University Press, 2005, p.64.

② Application No.788/60, Report of the Plenary Commission, p.37.

③ Application No.4451/70, Report of the Plenary Commission, p.25.

④ Application No.4451/70, Report of the Plenary Commission, p.31.

⑤ Golder v.UK, ECHR Series A(1975), pp.9-12.

⑥ *Wemhoff v.Federal Republic of Germany*, ECHR Series A(1968), p.23.

或法人。由于公约的被违反,所以给他一个直接向公约设定的国际机构进行申诉的权利。即便是由一个国家提起的个人权利受侵害的案件中也没有国籍形式的法律约束要求。公约成员国提起案子并不一定表明在外交保护中像保护本国国民的利益那样,也不仅纯粹为其公民的利益维护。它提起的案件可以是国民受到伤害也可以是任何一个个体发生被侵害时。因为公约项下,每个成员国都有相互的人权履约义务。这也是人权保护制度的一个前提。也正因为如此,一个成员国才有权面对一个个体受侵害时采取行动确保受伤害的个体能在受伤害时自己寻求帮助和保护。所以成员国保护的不仅是本国的公民而且也包括无国籍人、被告国公民和第三国国民。正如欧洲委员会早期在涉及条约项下的成员国权利时的表述:既加入公约,缔约方已授权任一成员国,无论受害者是否是本国国民都可以因违反公约向委员会提起。缔约方采取行动不是为了实现自己权利的目的,而是在向委员会提起违反欧洲公共秩序的申诉。①

2. 是否可直接提起

和外交保护不同,为了实现人权保护,个人也可以提起保护机制。个人在人权保护制度下,直接提起诉讼的权利和外交保护不同。这种权利也是人权保护制度的基本前提。它弱化了国家或国民在机构保护中的角色,给予个人权利在外交保护中无法享有的地位。

(二) 原则适用目的

公约制度下,人权保护与外交保护的不同也导致了在人权保护中当地救济原则的目的与外交保护中的不同。一般来说,保护的法律制度是基于国际法已被承认的原则而去适用用尽当地救济原则。

外交保护制度下的用尽当地救济原则的适用,总体来说涉及四方利益,并

---

① Mosler,The Protection of Human Rights by International Legal Procedure, *Georgetown Law Journal*(52),1964,p.818.

且各自的利益价值在原则的实施过程中有所反映。在人权保护制度下涉及的是被告国、个体、代表受侵害者提起诉求的某一定国家,还有国际社会特别是法律文件中的缔约方。这些和外交保护中的主体类似。但是为了体现人权保护的特点,适用用尽当地救济原则的目标即强调实施侵害的被告国能尽最大的程度去采取措施保证对个体的公正,同时又对个体利益进行突出强调,所以原则的适用过程更需要从实施侵害的被告国和受侵害的个体的双向利益立场去进行分析。

1.确认被告国利益

人权保护的用尽当地救济原则的基础在于对被告国利益的确认,阻止其错误侵权行为的进一步发展,以自己的方式矫枉过正。这在欧洲人权委员会早期的奥地利诉意大利案的表述中有所体现:作为提起国际性诉求的前置条件,用尽当地救济原则,是被告国必须首先拥有机会在自己国家法律的框架下,通过自己的方式进行纠错,对声称权利因不法行为被侵害的个体进行救济。①

这和外交保护下用尽当地救济原则的适用有所类似。而且提起诉求的个体或任何一成员国和公约下所有成员方也都有鉴于国内的救济实施提供了满意的解决方案而获得利益。这一点同样类似于在外交保护法律制度中外国人、外国人的国籍国、国际社会因当地救济原则的实施而有所获利。实际上人权保护中强调的不是外国人的个体可以因当地救济原则的实施获得比外交保护制度下更大的利益,而是他能够和被告国拥有更密切的联系。另一方面,这种情形下的单个成员国国家,在人权保护中适用该原则时并不占据重要地位。而公约下确保人权保护的集体利益可能要求关注用尽当地救济原则比起外交保护适用该原则时国际社会给予的强调和关注更多。但是对于在人权保护环境下个体所享有的比外交保护制度下更多利益的强调是有争论的。也许原因

---

① See Application No.343/57,Report of the Commission(the European Commission of Human Right),p.36;and *Austria v.Italy*, Application No.788/60,Report of the Plenary Commission,p.43.

在于外交保护制度中外国人国籍国的利益被认为是受侵犯的,所以在此语境下,外国人个人的利益更多的和国籍国的利益相一致,个人本身不具有求偿的实体资格。

2.更普遍的个体利益承诺

虽然人权公约安排为人权保护提供了集体的承诺和保证,给个体授予了被承诺和被保护的权利。个体权利受到侵犯不仅是成员国违反义务而且是对个体权利的侵犯和破坏。因此人权保护下,个体权利利益被给予了特别的强调。在人权保护和外交保护领域,用尽当地救济原则的目标是类似的,即是被告国能尽最大的程度去采取措施保证对个体的公正。但是另一方面,在人权保护领域个体的利益被给予特别突出的关注,即权利被侵犯时个体可以直接采取国际机制去保护自己的权利。同时,对于国际社会所有的公约缔约国来说,通过公约建立的机制,对个体利益的保护比起外交保护的干预更普遍且更具有现实的利益。所以从理论层面来说人权保护领域的用尽当地救济原则比起外交保护领域的适用,对个体利益比起公约机制下国际社会中对成员国的利益给予了更多的确认。这也是二者的区别之一。当然还有其他更多的影响人权保护领域中的该原则的适用因素,比如公约机制下,该原则的设置和外交保护有不同之处。人权保护可以因公约创设的国际机制平台而对人权保护目标的实现更有效。

所以,两种法律制度都以对个体的救济作为根本利益出发点。为了达到此目的,都会考虑当地救济措施。两种法律制度也都确认了当地的救助是切实可行的救济方式。但是比起外交保护,人权保护无论鉴于何种原因都更易趋向进入国际诉求平台。

二、原则在人权保护中的适用要求

公约或条约的实践中,明示或缔约时的暗示或修正是一般的政策考虑。但是在人权保护公约中,因为需对用尽当地救济原则予以明示,所以在相关的国际程序开始之前该原则必须适用。

（一）明示适用的规定

在目前的法律文件中,《联合国经济、社会、文化权利公约》中无用尽当地救济原则的设置。① 因为该原则在联合国部门的法律文件中有被讨论到。

目前人权保护中包含用尽当地救济原则的法律文件有四部。第一部是《联合国公民权利、政治权利公约》②。它在第41条(c)款指出联合国人权委员会应该在处理提交其案件时,首先确认国内可供救济的措施按照国际法的一般原则已经被用尽。同时该条款还具体指出了该原则适用的例外,即毫无理由地拖延。所以原则是明示适用。适用时人权委员会必须确认当地救济是否已涉及并已用尽,由此也可看出比起一般的国际法上的适用,该标准似乎更严格。这在国际法院和常设国际法院的案例中多有出现。两个法庭都把该原则看成是在被告国提出反对法庭或者关于法庭管辖权争论时的援引。茹夫工厂案③、帕涅维斯基铁路案④及挪威公债案⑤中都是如此。而在这项公约下人权委员会有权就事项自动提起。这一点已在1977年根据公约议定书下的第一个决定做出后成为人权委员会的实践。该原则适用要求的例外即是被告国在救济条款项下无限期或不合理的拖延。事实上明示条款并不意味着明示排除其他该原则适用的例外。在议定书第13章中,人权委员会采取了一种更为广义的限制或例外。用尽当地救济原则的适用当然包括涉及本国人时的情况。因为过分的限制将会侵蚀人权保护制度下该原则的目的。议定书第2条和第5条对国内救济也提出了类似的要求。

---

① UN Doc.A/2929,p.333.

② See United Nations Treaty,p.231.

③ See *the Chorzow Factory Case*,PCIJ Series A No.9,1927,p.21.

④ See *The Panavezys-Saldutiskis Railway Case*,PCIJ Series A/B No.76(1939).

⑤ See *The Norwegian Loans Case*,1957 I.C.J.Report,p.14.

（二）据一般原则进行的前置要求

第二部文件是《欧洲人权公约》①的第 26 条:委员会只处理根据一般国际法的原则,在所有国内所有救济都已用尽的事项。公约中关于该条款的解释并无更多说明。但是根据国际法的一般原则,当地救济必须用尽这是前置要求。关于个体利益和缔约国的利益多大程度上哪一个更重视,与外交保护相比并不完全清楚。欧洲人权委员会认为若被告国没有提起要求则委员会自动强制提起关于是否用尽当地救济原则的调查。在第 77 条第 3 款下,委员会对于向它提供的任何申诉如果认为根据第 26 条的规定不应予以受理则任何申诉都被拒绝。同时委员会不禁止对于管辖权异议的联合诉讼。明示排除原则适用的案子虽然不会被提交于欧洲人权法院,然而,一些必需的隐含之义可能会要求法院考虑该原则的适用。②

（三）适用例外的设置

第三部文件即是《美洲人权公约》③,第 46 条规定中对用尽当地救济原则做了具体情况的规定。由该规定得知该公约的立场与《欧洲人权公约》相似。除了有明示条款,并对不适用原则情况做了列举④。这几种情况,根据国际法

---

① Application No.524/59,3YBECHR p.354,See 45 of the Rules of Procedure of the Commission.

② *The Matznetter Case*,ECHR Series A(1969) ,p.31.

③ 参见《美洲人权公约》第 46 条规定:根据第 44 条或第 45 条提出的申诉状或者通知书,应当符合下列条件,委员会才予以接受:(1)根据国际法所承认的一般原则,已经采取了或者用尽了国内法所规定的救济办法。(2)在声称其权利受到侵害的一方接到最后判决的通知之日起六个月内提出了申诉书和通知书。在下列情况下,不得适用本条第 1 款第 1 项和第 2 项的规定:(1)有关国家的国内立法没有确定正当的法律程序来保护据称已经被侵犯的权利或者各种权利。(2)声称其权利被侵犯的一方一直被拒绝给予国内法律规定的救济或者被阻止竭力进行各种救济。(3)根据上述救济办法在最后判决时曾发生无正当理由的延误。

④ 在以下三种情况下不适用该规则:(I)被告国立法机关没有提供相关法庭的诉讼程序;(II)被告国行政机关武断或任意地拒绝进入法庭程序;(III)最后的判决遭到了毫无理由的耽误。

的一般原则,外交保护制度中也无需用尽当地救济。但是有一点争论之处在于明示其排除其他原则是否将会阻止对该原则在习惯国际法上现存的限制的适用。特别因为第 46 条第 2 款并没有说明该原则只在上述提及的情形下适用。

第四部是《联合国消除一切形式的种族歧视公约》。第 11 条第 3 款和第 14 条第 1 款(a)项①条款的效力和《联合国公民权利和政治权利国际公约》第 4 条(c)款②的效力是相同的。

除此之外,还有非司法的或是准司法的在其他公约下的机构也适用该原则。比如根据反酷刑公约设立的反对酷刑委员会。有时,在一些多边条约下形成的决议构成的国际组织和组织机构,比如防止歧视和保护少数民族委员会及泛美人权保护委员会,在开展保护和促进人权工作时也会适用该原则。

三、原则在人权保护中的适用趋势

用尽当地救济原则在外交保护及人权保护领域都被适用,一直都被学者们褒贬不一,但是鉴于外交保护领域该原则的适用还保持着切实可行的势头,更应注意的是人权保护领域该原则适用比起外交保护领域有不同的特点和趋势。

(一)实施形式的多样化

在提及人权保护和外交保护两个平台的关系时,众学者们观点各异。坎

---

① 第 11 条第 3 款和第 14 条第 1 款(a)项分别表明:委员会对于根据第二款的规定提出委员会的事项,应事先确实查明依照公认的国际法原则,凡对此事可以运用的国内补救办法皆已用尽后,始得处理。但补救办法的拖延过久时不在此列。See Cancado Trindade, *The Application of the Rule of Exhaustion of Local Remedies in International Law*, 1983, p.18.

② 参见《联合国公民权利和政治权利国际公约》第 4 条:委员会对于提交给它的事项,只有在它认定在这事项上已按照国际法原则用尽了所有当地国国内补救措施之后才加以处理。在补救措施的采取被无理拖延的情况下此项规则不适用。

卡多·特林达迪①曾将这些学者的观点归纳为五种情形:(i)两种制度是历史的连续、继承和演进关系;(ii)人权保护制度是外交保护的制度的吸收和发展;(iii)外交保护制度已被人权保护制度所继承和推进;(iv)人权保护是一种对外国人保护的特殊化的形式;(v)两种法律制度不相兼容也不类似。笔者认为这种分类过于简单,每种观点只是限于某一方面。两种制度有相同点,但是两个领域且实施原则的前提是不同的。更具体在于很多欧洲人权保护公约下的实践显示,人权保护的实践经验导致外交保护中该原则相关具体适用与此类似,同时也出现变异、多样化。

最典型是奥地利诉意大利案。欧洲人权委员会通过第 26 条概括性地指出:根据公认的国际法原则,公约的起草者们希望限制原则的适用的实质内容而不是限制属人管辖的适用领域。问题随之而来的是,由国家而非个人提起适用时该原则是否同样适用?

尽管有公约第 24 条的规定②,委员会认为第 24 条下原则的适用类同于第 26 条项下的原则适用。很明显,关于原则的实质内容,习惯国际法得到了遵循。原则的实质内容包含了原则的适用范围和适用限制。至此,委员会认为关于这些事项用尽当地救济原则作为习惯国际法应该被遵循。任何可能依据两种保护制度实施的基本前提的差异而割裂其于习惯国际法的观点都不应被考虑。

但是关于该原则中的其他事项,比如用尽的程度、适用的条件或范围及免除适用,委员会留有更多辨别和区分的空间。虽然关于支持个体适用该法律制度没有具体的涉及,但是就该原则具体实质性内容来说,在欧洲人权公约机制下,依据国际法的一般原则可以看作是外交保护中该原则的一种发展。但是两种法律制度下该原则虽然实质内容有所类似,但是适用的基础或政策方

---

① Application No.788/60, Report of the Plenary Commission, p.44.
② "任何缔约国可以通过欧洲理事会将对另一缔约国破坏本公约规定的任何指控提交委员会"。

向不同,因此也深深影响着其实施和适用。

欧洲人权委员会和欧洲人权法院多次表明了其不同之处。在奥地利诉意大利案①中,欧洲委员会认为当公约成员国根据第 24 条代表一个无国籍人提出申请用尽当地救济原则不适用,因为公约第 24 条无此规定,而且因为成员国并不是在行使外交保护权,该原则实际上仍可以通过条款暗示的说明而适用。当申请国因集体的承诺由于受侵害而实施自己的权利时,这不能被称作直接侵害。直接侵害是直接发生的类似于侵犯外交人员的直接导致国家的权利受到侵害。此时该原则是被排除适用的。

在玛兹莱特案②中,欧洲法院面对一种争论即因为申请者在向委员会申请时未完全用尽当地国内救济。在委员会给出决定时,他已经在启动程序,但是仍被视作国内救济原则没有被遵守,所以申请被委员会宣布无效。委员会也不接受该案件的诉讼管辖。欧洲人权法院支持了委员会的观点,国内的救济只有在委员会受理案件给出决定时被完全用尽不一定是申请被提起时。

这和外交保护相反。外交保护是该案件在被提起国际程序时该原则就应被遵守和执行了。在爱尔兰和英国案中,申请国向欧洲人权委员会主张认为在立法措施和行政实践都与公约不相容的情况下,申请国可以直接向委员会提交申请。但委员会拒绝了这种争论和提法。它认为公约第 24 条下成员国提起的案子该原则必须适用。即便如此,根据一些学者的专著和分析及上述的案例,人权保护领域当地救济原则的适用更有弹性,这也是为了让原则适用得更容易或是为了更多对权利被侵犯个体的一种支持和倾向。

(二)实施方式弹性化

另一方面,虽然两种保护制度语境下的该原则的实质内容基本相同,但是

---

① C.F. Amerasinghe, *Local Remedies in International Law*, Cambridge University Press, 2005, p.80.

② ECHR Series A, 1969, p.120.

人权保护领域该原则实质内容的实施方式可能反映出的是对原则适用比起外交保护制度中的适用更弹性化。这也是两种保护制度不同的实施背景所致。人权保护具体的背景情况和基于文本的解释及个人保护的导向正被吸收到该原则的实施和适用过程中来。

但有时也并非如此。在奥地利诉意大利案及爱尔兰诉英国案①中,委员会的结论是该原则应该被适用,这貌似让案件申请提交保护机制的平台变得困难了。但是在马兹莱特案中,该原则实施的时间期限又显得适用具有弹性化。个人的立场更容易被接受,个体更容易进入人权保护法律制度下的诉讼平台。

所以两种保护制度因背景差异,在具体情形下如何恰当地适用是关键,因为这种适用可能会导致给个人和国际社会带来利益又有可能支持了被告国。对于原则适用的实质内容,如果根据法律文件规定,原则应该依据习惯国际法进行适用,那么人权保护领域的适用与外交保护的适用可以相类推。这在人权保护领域中已有实践。而且实践中人权保护领域的原则适用发展和升华了该原则,那么没有理由怀疑,这种发展和升华肯定也会恰当地适用到外交保护的制度中。

第二节　用尽当地救济原则在国际组织
相关诉求中的适用

用尽当地救济原则在国际法院瑞士诉美国的国际工商业案中被确立为一项公认的习惯国际法原则。② 在美国诉意大利的艾尔西案中,它作为一项习惯国际法的重要原则出现。此案中该原则被要求:"国际的申诉能被接受,在进入国际性的法庭或司法机构之前,受侵害者必须要用尽当地救济的法律和

---

① Application No.5310/71,41 Collection,1972,p.85.
② 《国际法院案例汇编》1959 年,第 6—27 页。

程序,不成功下才可提交。"①随着国际法的发展,作为现代国际社会具有法律人格的国际组织对于国际法特别是现代国际法产生了巨大的影响。国际法在国际实践中形成的一些习惯国际法原则和制度也对国际组织发挥的职能作用产生了重要的影响。

一、原则适用于国际组织针对国家的申诉

(一)用尽当地救济原则与国际组织

1.国际组织的发展

提及国际组织的发展与形成,与其说是由于哲学家、社会学家们的倡导,还不如说是各国外交家、政治家根据国际法的需要所做出的各种实践及推动的结果。国际组织的产生同人类社会的发展密切相关。它以国际关系的演进为基础。虽然二战前发展缓慢,但是在二战后数量增长迅猛,职能包罗万象,同时协调性也日益增强。国际组织的大量出现,虽比国际法晚了几个世纪,但是国际法对国际组织的形成发展、巩固从法的角度产生了积极的影响。同时,作为现代国际社会的法律人格者国际组织发展也促进了国际法的发展。②

2.原则在国际组织中的适用缘由

作为一项重要的习惯国际法原则,用尽当地救济原则曾见于联合国国际法委员会起草的针对一国国际不法行为的国家责任草案的第 44 条 b 款③,该原则一直被适用于外交保护领域。2006 年《外交保护草案》第 14 条和第 15 条后被逐渐援引至人权保护领域。随着国际组织数量的发展,职能活动开展增多,用尽当地救济原则的适用在涉及国际组织、国家与国际组织之间或是国际组织内部职员与国际组织间的关系中不断被讨论。

---

① 《国际法院案例汇编》1989 年,第 42 页。

② 参见梁西:《国际组织法》(总论),武汉大学出版社 2001 年版,第 13 页。

③ Offical Records of the General Assembly, 56th Session, Supplement No. 10 (A/56/10and corr.),p.304.

该原则的产生比国际组织的历史悠久。它不能被看作是国际组织固有的一项原则。它在该领域被适用主要源于国际组织的职能性原则。

正如国际组织定义所述,它是若干国家或政府为特定目的,以条约建立的各种常设机构。鉴于其与国家相比,法律地位不同,依条约而建立,所以国际组织在基本文件规范的范围即职权管辖范围内开展活动也即称之为"职能性原则"。① 国际组织的法律人格,在执行其法定职能及达到其组织宗旨所必需的范围内才能得到认可。所以在国际组织的规范中,它的目标和宗旨要求当地救济原则的实施必须依其职能范围的情形来确定。鉴于情况复杂,到目前为止,相关的实践或裁决案例不多。而在国际组织与内部成员及其与职员之间的关系领域情形又有所不同。关于国家与国际组织之间关系中是否需要适用用尽当地救济或内部救济的原则的结论来源于国际法院咨询案对国际组织法律主体地位的确定。② 这种情况讨论包含三种情形:第一种情况,国际组织代表个人向一个国家进行诉求;第二种情况因国际组织的责任,一个国家代表一个个体向国际组织进行诉求;第三种情况即国际职员个体在国际组织下向自己所任职的与自己有雇佣关系的国际组织进行诉求申请。这一种情况主要涉及的是组织内部关系。

（二）联合国服务人员损害赔偿案

国际法院关于"为联合国服务而受损害的赔偿案"③的咨询意见认定在国际法上,像联合国这样的国际组织,在其服务的职员和国际组织权利被侵犯的情形下是可以针对被告国提出诉求申请的。同样在此案中,联合国的国际法律主体地位得到了确定。此案咨询意见后,用尽当地救济原则在联合国代表职员的诉求申请时建议应该被适用。该认定将省去联合国很多麻烦的同时也

① 参见梁西:《国际组织法》(总论),武汉大学出版社2001年版,第8—13页。
② 《1949年国际法院报告》,第174页。
③ [美]索恩:《联合国法案例》,1967年英文第2版,第33—47页。

给被告国一个以自己的方式进行纠错的机会。该观点基于国际组织针对一个国家代表其职员的诉求申请类似于外交保护中外国人和东道国之间的关系。而国际法院关于咨询案诉讼之前,联合国秘书长的法律顾问仅声明联合国针对另一个国家对其官员权利侵害的诉求申请中对当地救济原则是否适用还有考虑的余地。① 所以在当年联合国大会的决议中无此原则的涉及。但是,在后来组织职员因私人纠纷而面临威胁无特权豁免下受当地法院的管辖而被提及。曾有学者建议在这样的情形下,用尽了当地救济后,他可以作为国际组织的职员因对组织的忠诚向国际组织而不是国籍国寻求保护。由此也引发了与此相关问题的探讨。

在联合国服务人员损害赔偿案中,确立了类似联合国这样的组织拥有国际法律主体资格,所以它有权代表它的职员在履行职能时受到侵害而提起诉求申请,国际法院认为:国际公务员在执行任务时,如果在涉及国家责任的情况下受到侵害,其服务的国际组织应有权代表职员向应负责任的国家提出国际请求。这是标准国际公务员有效、独立地履行其职责的一项有力措施。正如国际法院在本案咨询意见中所指出的,联合国如果没有忠诚而高效的职员的协助就无法进行有效地工作。这些职员若不能确认能够得到本组织的保护,他们就不会忠诚而有效的为它服务。因此,在对外关系方面,对国际公务员提供职能保护是国际组织实现其宗旨所必需的。②

(三) 职员官方职能和个人待遇的区别

国际法院对于组织职员履行官方的职能和个人所受待遇做了清楚的区别:一个国际官员绝不会在它履行职能之外的个人生活中断绝对其自己国家的忠诚。在他的官方身份及职务履行时,他首先和唯一应该忠诚的是他所工

① Chittharanjan Felix Amerasinghe, *Local Remedies in International Law*, Cambridge University Press, 2005, p.357.

② 参见梁西:《现代国际组织》,武汉大学出版社 1984 年版,第 85—89 页。

作服务的组织。同样,一个国际组织的官员,在他的私人生活中,他必须遵守他所驻国家的法律和法规。但他对自己在国际组织的官方责任还继续存在。所以当一个国际组织的官员在履行官方的职责时受侵害,那么国际组织将拥有排他的保护权。但是当这种受到的不法侵害发生在私人生活中则它的国籍国将拥有保护的权利,对此有争议存在。虽然,一些学者认为当国际组织的官员在私生活中,如果不是处于执行任务时期则必须不得不依赖于国籍国的保护是不合理的,但是现今的相关法律尤其是国际法院的咨询案的意见,似乎国际组织只有在其职员执行公务时才有权利去实施保护。假如这是正确的定位,那么在这种情况下,在国际组织因其职员在执行时向受其不法侵害的国家提起申请诉求时当地救济原则是否需要适用?假定国际法院清楚地表明在此情形下,国际组织并不是代理其职员去行使针对被告国的权利而是在就涉及其职员事件向被告国主张自己的权利。国际法院表明:"国际法下,只有国际义务有预期的一方可以提起针对义务违背的诉求。"国际法院对此的推理很简单,即为什么国际组织可以以组织的身份以特权去代表其职员向由于对其预期国际义务遭受违背情形下遭受的损害提起诉求申请。国家也可以这样做是因为受害者的国籍原因,同时也由于国际法下国与国之间承担的一般国际法下属地管辖下对外国人特定待遇的要求。而这里很明显是因为国际组织的性质、职能要求它的职员们可以针对成员国甚至国籍国,在其履行职责或执行公务期间遭受侵害时,国际组织可以代表其向侵害国提起诉讼申请。

关于联合国在有权利提起针对义务违背的申请诉求时,对联合国来说义务是什么?国际法院发现联合国对执行公务的职员的保护义务一般推理来自于联合国宪章和具体的特定的一些相关法律文件和具体条款中的推理。对国际组织义务的违背(即使是受侵害国人员的国籍国所致)也即是开启了国际组织对其自己权利受侵害的诉求。①

---

① 参见[美]索恩:《联合国法案例》,1967年英文第2版,第33—47页。

由以上的推断可看出,国际组织在保护其职员时主要主张的是能使自己通过公务人员履行自己的目标和被授予的固有权利。这和一个国家代表其国民在国际法下主张的权利是稍有不同。这种权利更类似于一个国家对其外交人员或官员的保护的权利。这两种诉求权利都属于为了完成他们的职能相关目的而实现的。对于公务人员的保护类似于国家对外交或官员的保护。所以它类似于对一个国家导致的直接侵害同时也引起了对国民侵害的情形。基于这样的基础,用尽当地救济原则与在国际组织提起保护自己的公务人员诉求申请无关。那么,如果国际组织在公务人员的公务职能之外引起受侵害行使保护的权利,该原则是否适用?

在这一点上,可能会引起争议,因为出于对东道国(被告国)的尊重,用尽当地救济原则必须被实施。

这种保护是由于一个国家的非法侵害,所以此时出于对主权的尊重和基于类似的原理,国际组织提起的诉求和一个国家提起的诉求申请一样要适用该原则。

二、原则适用于国家、个体针对国际组织的诉求

(一)国家针对国际组织的诉求

和前文所述的一种情形刚好相反,国际组织是涉及由一个国家发起的保护国民诉求申请的被告方。问题是国际组织本身有处理个人与组织的内部争端解决机制。在国籍国提起外交保护前,他们是否有义务用尽这些救济措施?

有观点认为外交保护相对国际组织而言是需要遵守用尽当地救济在前的。所以,一旦国际组织的国际法律人格地位被一个国家确认,该国对于受国际组织不法行为侵害的国民,行使外交行动能且只能在该国国民个体已用尽了国际组织向他所提供的救济措施。① 所以也有人说,尽管国际组织在程序

---

① Fitzmaurice, The Law and Procedure of the International Court of Justice, *British Year Book of International Law*, Vol.29, 1986, pp.1-62.

上不能直接进入国际法院或法庭,用尽内部的救济措施可看作是外交保护前替代性解决方式之一。

在外交保护下,用尽当地救济原则的适用条件是个人与被告国之间有管辖连接点。是因为国际上国家基于主权存在而引申出来的对境内人、物的属地管辖(虽然也有例外)。而国际组织在此却不同。它虽然有国际法律人格,但是缺乏这种管辖个体的能力和权限。所以在此情形下,似乎很难想当然认为当个体被国际组织侵害时,在国籍国发起保护前,他必须用尽组织提出的当地或内部救济。尽管国际组织在国际法下拥有国际法律主体地位和能力,但是他们不是国家。正如国际法院在损害赔偿案中所指出的那样,在现实中可以想象他们对于个体没有像国家那样的管辖权或权力。

事实上国际组织除了他们自己与职员之间的争端解决机制外,没有相对发达的司法制度。他们通常没有对个体的管辖权力。即使他们声称在非职员个体被其侵害时通过提供内部的或是当地救济来实施这样的管辖权力。

因此也很难看到在讨论的情形中这样原则的可适用性。关于用尽当地救济原则在个体被国际组织侵害时不适用的观点主要来自国际法研究院对联合国军队导致侵害的问题的处理。在国际法学会1971年议案中认为:联合国对由其军队在武装冲突的人道主义原则的违反中所导致的损失负责。① 在诸如联合国维和行动中出现的诉求国受侵害的个体提起的诉求被提交给独立中立公证人组成的机构较合理。这样的机构应该在联合国相关法规下建立或设立,或是在国际组织与实施侵害的分部队被派遣的国家和其他有利益关系国家的协议下进行。

同样,如果这样的机构通过联合国有约束力的决议或设定,或者如果这种类似机构的管辖已被个体受侵害的国家所接受。这也是合适的。除非受

---

① Gerhard Thallinger, The Rule of Exhaustion of Local Remedies in the Context of the Responsibility of International Organizations, *Nordic Journal of International Law*(77), 2008, pp.401-428.

侵害人的个人用尽了可提供的救济,否则其国籍国不会向联合国提起诉求申请。[①]

在此,笔者认为应该注意的是用尽当地救济的义务是依之于对受侵害的个体的国籍国对裁判机构的管辖或联合国有约束力的决议接受的情形。联合国关于此事件议案的报告员在报告中对于原则适用表达得非常清楚。他认为联合国部队提供的相关规范被该国接受或者被强加在组织和成员国之间通过强制性或义务性的决议。在此情形下,该原则才是外交保护的一个前提条件。对于国际法研究院原则涉及的议案当时也有反对声音,因为对个体提起针对国际组织的诉求申请中该原则的适用并不确定。在国家联合国部队的直接侵害认定和是否适用都存在问题。但是最后的结果很清楚,即该原则的设立不管是直接或间接地侵害基于个体国籍国的同意为原则。

(二) 国际组织职员针对国际组织的诉求

组织成员同组织之间因雇佣关系而提起的诉求是通常在该组织内部根据法律文件设立的行政法庭或行政法院公正地解决。这种雇佣关系是在组织内部的法律也是一种特殊的国际法管理之下的。国际法庭或法院具有国际性特征,他们主要处理组织职能与组织间的争端以及由雇佣关系而引起的争端。而且争端只涉及个体与组织之间,并不涉及任何国家。所以即使是国籍国也不能针对国际组织而向组织成员实施保护。这种争端处理的行政法庭或行政法院通常(欧洲法院例外)都是由组织自己设立的或是通过缔约文件设立的。[②] 他们期冀自己是公正、公平、独立的机构。他们的决议通常对组织有约束力。所以在这种机制下,组织的职员通常是原告而组织是被告。此时用尽当地救济或内部的原则是否可以适用则需要进一步阐释。实践中向组织职员

---

① I.C.J.Reports,1949,p.182.

② Amerasinghe C.F., The Law of the International Civil Service, *Journal du Droit International*, 1989,pp.227-229.

提供的内部救济方式和外交保护或人权保护中个体必须用尽当地救济的救济相比,并不是非常的严格。

1.内部行政机构救济

在外交保护或人权保护领域,该用尽的当地救济具有公正或司法的性质。而国际组织与雇员的雇佣关系中,在司法救济之前,通过国际行政法庭或法院提供的救济主要具有一种非司法或法律特征。这种救济可以包括同一行政机构或另一行政机构对影响组织职员的行政决议的审查,或是由更高一级的行政机构在接受了另一调查机构准司法性的建议后进行的复审。但是,这种审查虽然来源于调查机构的咨询和建议,也只是一种采取任意的行政决议的形式。而且这种机构或行政机关都是雇员或职员自己组成。它们不会像在外交或人权保护语境下,提供一种独立、公正或具有司法终局决议性质的解决方式。内部救济措施是完全行政性质的,只是期冀给行政管理部门一个通过程序拥有改变主意的机会。从这一点来说,更类似于调停或斡旋而不是司法解决。譬如,联合国职员规范第 21 条规定由职员参加组建的行政机构是为了在职员对行政决议作上诉时向联合国秘书长进行建议而设立。而对职员规范实施第 111 条第 1 款和第 111 条第 2 款的职员原则建立了由职员组成的联合上诉机构就上诉对秘书长提出建议。①

这些机构向最终复审中做出决议的行政机构进行建议。复审决议通常是由独立的行政法庭做出。上诉的是最终的行政决议。行政法庭并不参与对调查机构的咨询建议进行申诉。所以这种内部救济措施不涉及对主权国家的尊重,与外交人权保护与人权保护的法律制度中的用尽当地救济没有真正的类比性。结果就是很可能在没有书面明示要求申请者进入国际法院或法庭必须用尽或事实上寻求内部救济作为前置条件。国际组织书面的内部法律作为一种原则,对于用尽内部救济做了具体的条款规定并且清楚地

---

① Amerasinghe(ed.),*Staff Regulations and Staff Rules of Selected International Organizations*, Vol.1,1983,p.13,p.94.

列出了要寻求的救济。①

而联合国行政法庭规章的第 7 条对在联合国职员规范和原则中规定用尽内部救济订立具体的条文。世界银行行政法庭规章第 2 条规定除去行政法庭特别情况下的例外,申请者与被告机构已经达成直接将申请提交给法庭的主要意向。其余情况下除非申请者已用尽银行集团中所有提供的其他救济措施,否则世行行政法庭不接受任何申请。②

所以由上可看出,虽然国际组织行政机构内部或当地救济和必须用尽的概念可能来自外交保护,但是外交保护中当地救济的法律与国际组织中内部机制的书面条款规定没有关系,与国际组织的行政法庭或行政法院通过的类似实行法律裁决内部的救济相关事项也是无关的。该领域有关用尽当地救济措施的法律是独立的,是按照自己的方式逐步发展演变的。所以有关此领域的用尽当地救济原则拥有特别的性质值得今后关注。

2. 内部救济的投诉程序讨论

在分析国际组织内部机构的用尽当地救济原则适用时,内部救济的投诉程序自然也就会被提及。内部救济的投诉程序,国际联盟行政法庭曾认为作为一般原则,该原则似乎应该有一种法律的必要性。鉴于此,在调和国际组织职员/官员与行政机构的利益时应该给予后者一个审核被指控造成损害并被要求予以弥补或赔偿的事实的机会。③

欧洲法院曾认为如此一个程序的目的是能够创造出一个在组织职员或官员和行政机构之间争端或分歧的友好解决方式。同时也表明为了依从这种要求,行政机构处在这个位置上有能力而且必须了解所涉及人员的要求。④ 所

---

① C.F.Amerasinghe,*Local Remedies in International Law* (2nd *ed*) ,Cambridge University Press, 2005,pp.376-377.

② Van Gent(No.3) ,WBAT(World Bank Administrative Tribunals) Reports,Decision No.18, 1985,p.7.

③ *Perrasse* ,LNT Judgement No.14(1935) ,p.3.

④ *Sergy*,Case 58/75,ECR,1976,p.1152.

以内部救济的目的是在申请诉求被提交到更严格的司法法庭进行审查之前的一种非正式或非司法方式以促进争端更容易解决。而且一些内部机构可以担任很好的事实的查询角色。但是,在内部机制中强制调查和证人作证的权力是先天缺乏的。

但是行政法庭有时会面临内部救济没被用尽,但申请者符合内部救济已经用完的情形。例如,法庭曾认为因为内部上诉机构在申请者把申诉诉求提交法庭之前已给出了报告,或者行政机构通过审核,该投诉事实上已经答复了申请者。① 欧洲法院曾对于适用内部救济条款时非常自由。比如曾认为在内部积极程序不容易获得的情况下,但是因为申请者实施了对救济的寻求和求助,已经花时间在努力,那么法院就不应该对申请者在提交法院前的申请提交时间限制提出反对。另一方面,如果内部救济被用尽了,那么申请者一定是对要求的形式和要求采取了恰当的诉求。

也有另外一种情形,即申请者已经求助了一种可替代性的救济方式。这种方式因不在成文法制定的范围内,所以不是一种成文法所要求的内部救济的替代。② 在此,被告也可能会同意免除申请者向内部救济求助,目的是他可以向法庭提出申请,但这种意向应该有清楚的意思表示而非轻率的推测。当然在以下几种情形下用尽内部救济原则无需适用。首先是内部救济因成文制定法里没有要求或根本就没有可用尽的救济措施,所以内部救济不需要被用尽。其次,譬如世界劳工组织行政法庭认为若存在误导申请人的情形,申请者可以直接向法庭提交申诉。再次,组织的上诉机构没有在合理的时间给出报告。世界劳工组织行政法庭认为申请者可以此时免除追索求助的内部救济。但是另一方面,行政法庭对免予适用用尽内部救济原则的例外也会很谨慎。在加西亚和马尔克斯案③中,劳工组织行政法庭发现:尽管组织曾尽可能去拖

① *Ditterich*, Case 86/77, ECR, 1978, p.1855.

② *Breuckmann*, ILOAT Judgement No.270, 1976, p.127.

③ Breuckmann, ILOAT Judgement No.270, 1976, p.124.

延内部的诉讼或议程进展,但是上诉机构仍能够听证申请者的上诉并在合理的时间内给出决议。所以在这种情形下内部救济还是必须被用尽。作为谨慎起见,劳工组织行政法庭在执行内部救助的要求时认为许多情况下,从内部上诉机构听证获得的主要证据,对于组织中的职员来说更熟悉。正如前面所述,行政法庭并不参与列席旁听这些来自上诉机构决议的上诉。①

此情形下,为了使得内部救济能恰当地用尽以使申请被接受,向行政法庭提交的申请中的陈述和诉求必须是在内部机构提起的。然而,申请的主题只要本质上相同,与内部上诉的并不需要一致。向法庭提交的陈述可能不同但主要事实应该一致。而且只要范围没有外扩,申请中的诉求和内部机构中上诉的诉求表述可以不同。

对于申请者若没有遵从内部上诉或上诉时间的限制,他的上诉在上诉机构前可能被拒绝。那么此时他并不被视为已用尽内部救济。② 行政法庭将会审查有关内部上诉机构时限的决定,以确定是否正确适用了法律,这可能涉及对成文法条的解释,如果未能正确适用,则裁定申请人已用尽了内部救济方法。③

根据上文所述即使两种程序中的申诉不一致,向法庭申请也并不比内部上诉机构前的范围小,但只要两种程序本质上是相同的就足够了。

在有些情形下,内部上诉机构的时间限制并不一定要被严格地适用。比如,被告误导申请者和违反诚实信用原则。④ 但是,时间限制不会轻易地延伸或延长,因为这将会损害法律的稳定性。这也是为了维护法律中保持时间限制的目标和宗旨所在。

有些行政法庭坚持认为对于内部上诉的时间限制可以被告与申请者通过

---

① See *Ali Khan*(No.3),ILOAT Judgement No.614(1984)(ILO),p.152.
② See *Marcato*,Case 44/71,ECR,1972,p.427.
③ See Francis,UNAT Judgement No.105,1967,p.189.
④ See *Decroix* ,ILOAT Judgement No.602(1984)(EPO)at p.5

协议或相应行为予以免除。① 但是欧洲法院在欧盟职员规范条例中指出这种时间限制是强制性的,它不可以通过协议进行改变。② 劳工组织行政法庭也指出若被告在内部上诉时未指出时间限制的问题而在行政法庭前提起,则为不诚信的表现。③ 在国际组织与职员之间的争端解决中,若申请因其未用尽内部救济而被驳回或不被接受,只要存在能够恰当地用尽内部救济的可能,那么申请就不能视为已决事项。④

综上可得出,有关国际组织诉求时因为国际组织的职能性原则,用尽当地救济原则的适用,无论是国家针对国际组织还是国际组织职员针对国际组织的诉求都出现了与外交保护中适用的不同特点。这种适用也促进了原则的发展。

第三节　用尽当地救济原则在国际投资仲裁领域的适用

一、原则在国际投资仲裁中的适用要求

(一)传统国际法的适用要求:放弃需明示

《外交保护条款草案》中,为了平衡东道国的主权和受侵害者利益的维护,国际法委员通过第 15 条列出了 5 种情况下可以免于适用该原则的例外。根据第五款相关国家对该原则的放弃而免于适用情形之一即是该国家本身的明示放弃。这也是该原则作为一项习惯国际法原则在传统国际法下适用的要求。原则的设计体现了对侵害国国家主权的尊重。但是如果有关的国家同意

---

① See *Grangen*, UNAT Judgement No.159(1972), JUNAT Nos.114–116, p.373.

② See *Schiavo*, Cases 122 and 23/79, ECR, 1981, p.473.

③ See *Nielsen*, OLOAT Judgement No.522(1982)(UNESCO), p.108.

④ *Reinarz Case* 29/80, ECR, 1981, p.1311.

不把用尽当地救济作为外国人就该国导致的侵害向国际社会寻求救济的先决条件,那么该外国人或外国公司就可以直接寻求母国提起外交保护寻求国际救济。但是这种同意应该是明示的。而且这项习惯国际法律原则的适用并不取决于事先的约定。《奥本海国际法》观点认为,用尽当地救济的要求在条约中没有提及并不等于原则的适用被放弃。① 兴戈兰尼认为无论在一般的案件中是否定有卡尔沃条款,外国人和外国公司在寻求本国保护之前必须要用尽当地救济。② 用尽当地救济原则的适用是基于国家主权、属地管辖权和自然资源的永久主权的基础。它的适用的目的是在国际争端的解决过程中能给予侵害国或东道国一个机会通过自己国内的措施对受侵害者进行救济,而使东道国避免受到过度国际干涉、维护尊重其国家主权。

其实在国际法的发展过程中,良好的国际争端解决法律机制的构建是保证国际法良性步入法治发展进程的重要保证。随着国际投资活动日益频繁,国际投资领域发生的争端也逐渐增多并趋于复杂化。在这种背景下,只有保证国际投资争议的解决方式有效合适,才能进一步推动和促进国家与地区间的经济交流和世界经济的总体发展。而作为传统国际法下的一项习惯国际法原则,当地救济原则在争端的解决过程中不断被适用并出现了新的特点和要求。特别是在 ICSID(《华盛顿公约》)中,虽然也对用尽当地救济原则做了规定要求,但是却与传统国际法上的适用要求明显不同甚至背向而行。

(二)《华盛顿公约》第 26 条规定的适用要求:要求需明示

国际法院在国际工商业公司案的裁决中认为,在提起一项国际法诉讼之前,必须用尽当地救济,该原则是一项已确立的习惯国际法原则③,不仅在实

① 参见[英]詹宁斯、瓦茨:《奥本海国际法》(第一卷第一分册),王铁崖等译,中国大百科全书出版社 1995 年版,第 414 页。
② 参见[印度]兴戈兰尼:《现代国际法》,陈宝林、张锴、杨伟民译,重庆出版社 1988 年版,第 221 页。
③ 《国际法案例汇编》,Interhandel 案,第 28—29 页。

践中有案例,也明确在条约中有载入,从《公民权利及政治权利公约》《消除一切形式种族歧视公约》到《欧洲人权公约》《多边投资机构公约》,包括《解决国家与他国国民投资争端公约》(简称华盛顿公约)都对用尽当地救济原则做了明确的规定。同时,按照《国际法院规约》第38条的观点,条约中的用尽当地救济原则放弃必须有明示表达。① 但是近年来,随着东道国外资管辖权的弱化和相关双边和多边投资协定有关投资争议解决方式的多元化,约定中对该原则适用也出现了一定的限制和削弱。首先,用尽当地救济原则在争端解决中特别是在投资领域遭受了一定的挑战,尤其是在世界上第一个专门解决政府与外国私人投资者争端的国际投资争端解决中心(简称 ICSID)通过《解决国家与他国国民间投资争端公约》(简称《华盛顿公约》)中的规定,对用尽当地救济原则做出了和传统国际法公认的原则放弃需明示相违背的要求。

根据《华盛顿公约》第26条规定②,缔约方同意争端向中心提交仲裁就意味着排除了当地救济原则的适用,除非有明示的适用意愿。也就是说只有缔约国间的双边投资协定中明确规定适用用尽当地救济原则,东道国才能要求首先适用用尽该原则解决国际投资争端,否则,将视为东道国放弃了此项权利。这对于传统投资协定中用尽当地救济原则的"放弃需明示"要求是一个颠覆性的规定。或者说,只要缔约方未能在双边协定中附加用尽当地救济原则适用的明示表示,解决投资争端国际中心就会认为缔约方放弃了原则适用的要求而自动取得对争端的管辖权。这一要求使得中心的管辖权无形中得到了扩大的同时,当地救济原则在很多情形下也将无法适用。东道国因为在投

---

① 参见《国际法院规约》第38条:用尽当地救济原则是一项重要的国际法规则,除非条约中有明确的排除其适用的条款,否则它具有约束力,不论其是否载入条约之中。http://www.icj-cij.org/,2018年5月3日访问。

② 参见《华盛顿公约》第26条规定:"除非另有规定,双方同意根据本公约交付仲裁,应视为同意排除任何其他补救办法而交付上述仲裁。缔约国可以要求用尽当地各种行政或司法补救办法,作为其同意根据本公约交付仲裁的一个条件。"参见国际投资争端解决中心网站,https://icsid.worldbank.org/en/,2017年9月15日访问。

资协定中没有明示适用当地救济的要求,因而一旦有关争端发生后中心即可取得管辖权。

其实第 26 条产生时,对当地救济这一问题的争论持续了整个条款的起草的过程。一些来自发展中国家的代表和发达国家的代表就当地救济问题展开了激烈的争论。一些代表想直接把诉诸仲裁作为例外,把当地救济作为优先原则,特别是一些拉美国家为代表的发展中国家更趋向于维持传统国际法上对该原则的要求。① 以色列等国家持有些争端要求适用用尽当地救济原则,有些可不要求原则适用的中间路线。② 而英、法、德等发达国家则极力反对拉美等发展中国家的主张,反对用尽当地救济原则。ICSID 在激烈的争论下,仅仅以第 26 条第 2 句表明国家要求当地救济的可能性。但是整个该条规定强行以"要求需明示,放弃可默认"代替了传统国际法上对用尽当地救济的"放弃需明示,要求可默示"这一公认的适用原则。③ 该条文对用尽当地救济做出了颠覆性要求后,中心为了抚慰发展中国家,通过第 2 句表明该条款目的并不在于更改用尽当地救济的国际法律原则做出澄清。④ 在此也可进一步看出《华盛顿公约》通过条文的形式显示了对资本输出国家投资者的一种倾斜。所以,《华盛顿公约》也是南北双方既斗争又互相妥协的产物。

对于这样颠覆性的规定,在实践中已有国家因此而在中心仲裁程序中无法主张用尽当地救济而导致失败。在阿姆科 v.印度尼西亚案⑤中,印尼向撤销委员会主张仲裁庭明显越权,所以应该撤销裁决。但是撤销委员会驳回了印尼的主张,因为该国在接受中心管辖时对提交仲裁前的用尽当地救济原则

---

① See History of the ICSID Convention, Volume II:58, para, 28, 61-62, para.6, 88 -89, paras, 12, 14, 96, para.54, 97, para 57, 59, 523-526, 543, 758.

② See History of the ICSID Convention, Volume II, p.498, p.553.

③ See History of the ICSID Convention, Volume II, p.794, p, 973.

④ See History of the ICSID Convention, Volume II, pp.792-793, p.936, p.958, p.1029.

⑤ 仲裁庭认为阿姆科在没有按照关于用尽当地救济的一般国际法规则向印度尼西亚法院寻求救济前,可以把由于印尼的军队和警察的个人行为所导致的损害赔偿主张直接提交中心仲裁庭。

的适用要求并没有明确意愿表示。而根据第 26 条规定"要求需明示,放弃可默认"。印度尼西亚此种情况下只能也必须被认为是已经放弃了这种权利。①

二、原则在国际投资仲裁中的适用问题

随着 20 世纪 80 年代投资自由化的迅速发展,国家间尤其是发展中国家为了吸引更多外资,双边投资协定的数量也逐渐增加。这种双边投资协定(BIT)是指投资东道国和资本输出国为保护和促进两国间的直接投资而签订的法律协定。截至目前,全球生效的 3304 项国际协定中,90%是以 BITS 的形式实现的。② 世界上绝大多数国家签署了 BITS。在这些协定的争端解决机制条款中,对当地救济原则的适用有着不同程度的规定。

作为国际投资条约的 BIT 也成为了提请国际仲裁的主要依据。随着外国投资者变得越来越强大,他们逐渐不满于传统解决纠纷的模式。投资者们为了保护自己的利益开始反对或削弱用尽当地救济原则的适用。原则在国际投资仲裁领域的适用遭遇了更多的限制和挑战,最为典型的是双边投资保护协定 BIT 中的岔路口条款和最惠国待遇条款在争端解决程序中的引入。

(一)原则在 BIT 岔路口条款中的限制和架空

1.岔路口条款的含义及产生的原因

在双边投资条约,尤其是在发展中国家与发达国家之间的 BIT 中,常常能见到岔路口条款作为争端解决规定一部分的情形。该条款的基本含义可以概括为外国投资者与东道国争端解决时,仲裁或诉讼,二选一且为终局。具体来说,它是指投资者在有关争端产生后,面临两种争端的解决方式:国际仲裁和东道国国内司法救济。投资者必须在两者中做出选择,二者不可

---

① 陈安:《国际投资争端案例精选》,复旦大学出版社 2001 年版,第 141 页。

② 参见联合国贸易与发展会议网站:http://investmentpolicyhub.unctad.org/IIA/Country-GroupingTreaties/28#iialnnerMenu,2017 年 10 月 9 日访问。

能同时兼得。① 所以这个条款被形象地称为岔路口条款。

岔路口条款产生的主要原因在于发达国家对发展中国家国内救济程序的不信任。它是发展中国家和发达国家之间的利益博弈和妥协的结果。

从投资者角度来说,投资者一旦进入东道国境内,因为该国的属地管辖权,应该服从与遵守东道国基于司法主权和经济主权下的管辖。因此,在双方的争端发生后,首先应该按照东道国国内法律制度的要求,适用当地的司法和行政救济进行解决。在国际投资活动中,发展中国家为了吸引外资,发展经济,引进了外国投资者,但是他们认为这些投资者们的投资活动以获得高额利润为目的,有时甚至会以损害东道国及其国民的利益为代价,所以对投资者要加强政府的管制。而对投资者和母国来说,投资活动中他们希望获得更多的利益保护和自由。所以为了平衡这两种不同的利益立场,在双边协定的谈判过程中,互相妥协而产生了岔路口条款。该条款满足了投资者可以直接向国际仲裁提交争端保护利益的要求,同时因为强调用尽国内的法律救济也使东道国的属地管辖下司法主权和经济主权得到了维护。国内诉讼和国际仲裁,两种争端解救方式,择一而终,不可兼得,所以岔路口条款的设置是双方矛盾的一种妥协。

2.岔路口条款对用尽当地救济的影响

首先,从岔路口条款的概念来说,当投资者与东道国之间的争端发生时,国内诉讼和国际仲裁两种解决方式可以二选一,不可兼得。该条款的设置,满足了东道国的需求,在争端发生后可以用尽国内的司法和行政救济,能使得东道国有机会通过自己的方式解决问题。对当地救济的强调既是属地管辖优越权的体现也是国内司法主权和经济主权的维护。同时,作为发达国家的投资者也能够有机会跳过国内救济将争端直接提交国际仲裁。所以表面看,该条

---

① 参见王海浪:《ICSID 体制内用尽当地救济原则的三大挑战及对策》,《国际经济法学刊》2006 年第 13 卷 3 期。

款在坚持了用尽当地救济的同时也兼顾了投资者利益的保护。但是实际的结果,投资者更多会选择跳过国内救济而直接提交国家仲裁,放弃了用尽当地救济。

在更多的仲裁实践中,外国投资者正是通过该条款对东道国的当地救济予以了规避。它使得该原则已经失去了传统国际法下的意义。特别是国际投资争端解决中心《华盛顿公约》对这种岔路口条款并没有做出规定。对于该条款真正的适用主要来源于 ICSID 的实践。实践显示,中心为了扩大其管辖权,对岔路口条款的解释和判断标准十分严苛,使得原则在仲裁实践中很少得到适用。尤其是中心利用既判力原则对岔路口条款实行苛刻严格的解释,最终使得两个诉求为不同的案件,架空限制了该条款实际上对东道国国内救济的适用,从而案件最终交由中心仲裁庭决定。①

依据既判力原则,既判力发生的条件是两个案件诉求的救济、诉因和双方当事人相同。所以国内诉讼和国际仲裁中的救济、诉因相同和双方当事人都相同,才能判定两个案件为同一案件。而东道国国内司法机构受理和国际仲裁审理的案件为同一案件正是适用岔路口条款的前提条件。

仲裁庭近年来不断对外国投资者诉诸东道国国内的案件和诉诸仲裁庭的案件界定为不同案件。因为它滥用既判力原则对岔路口条款下的救济、诉因和双方当事人条件进行严苛解释,结果实际上排除了该条款的适用,规避了用尽当地救济原则的适用。众多案例中,中心的判定有时既涉及申请人的不同又涉及被申请人的不同。Azurix 公司诉阿根廷案②比较有代表性。

Azurix 公司诉阿根廷案件中,ICSID 认为国内诉求和国际仲裁两个诉求中

---

① See Filip de Ly and Audley Sheppard, *ILA Interim Report on Res Judicate and Arbitration*, ArbitrationInternational, Vol.25, No.1, 2009, p.36.

② 首先,申请人不一致。在阿根廷国内拉普塔法院寻求救济的是子公司 ABA 公司,但是在中心申请国际仲裁的是 Azurix 公司即 ABA 公司的母公司。其次,被申请人不一致。在阿根廷国内寻求当地救济时,ABA 公司告的是阿根廷的布宜诺斯艾利斯省。但是在中心寻求仲裁时,Azurix 公司针对的被申请人是东道国本身,即阿根廷共和国。

申请人和被申请人是不同的,所以应该被看成是两个不同的案件。而适用岔路口条款的前提,即是外国投资者诉诸东道国国内的案件和诉诸国际仲裁的案件应为同主体的案件。所以这对投资者来说实际上就产生了两个救济机会。争端出现后利用国内的救济没有得到满意的结果,可以再转而以东道国违反 BIT 为由向 ICSID 中心寻求救济解决。而中心通过主体不同判定该国内诉求和国际诉求为两个不同的案件,取得了对该案的管辖权。这对用尽当地救济原则是一种规避,对岔路口条款本身是一种架空。

所以在实践中心正是通过投资主体是否相同、投资争端诉因、投资争端寻求的救济的严苛限制的解释实际使该条款失去了真正意义。外国投资者因此有了两次进行救济的选择机会。投资者能够不受限制地寻求当地救济后在提交中心解决,所以实质在于中心通过对 BIT 中岔路口条款的严格解释,扩大自己管辖权的同时,使得外国投资者可以利用岔路口条款彻底免除当地救济的约束。而现如今,包括中国在内的大部分国家都在双边的 BIT 中接受了岔路口条款,关于这个用尽当地国内救济的障眼法的效应值得警惕和深思。

(二) 原则在 BIT 最惠国待遇条款下的规避

在《华盛顿公约》第 26 条对用尽当地救济原则的颠覆性要求下,除了岔路口条款的限制和架空,实践中心还通过最惠国待遇(Nost Favored Nation Freatnent,NFNT)条款在争端解决程序中的运用对用尽当地救济的原则予以规避。这种做法是中心扩大管辖权趋势的体现,有利于外国投资者想通过国际仲裁进行利益保护。但是东道国的司法主权却因此遭到了威胁和挑衅。

最惠国待遇在国际贸易中起源于 11 世纪地中海沿岸各城邦和法国以及西班牙等商人及北非王国的从商实践,15 世纪至 16 世纪得到了广泛推广。18 世纪时国际贸易在欧洲地区的规模日益扩大,英法《乌特勒支通商条约》中就有双方相互给予 MFNT 地位的规定,即一方保证把它给予第三国通商方面的好处给予另一方。但是历史上的 MFNT 待遇通常是西方列强强迫弱小民族单方面提供的最惠国待遇。① 从最惠国待遇发展来说,它并不是习惯国际法原则。从 19 世纪开始 MFNT 待遇被更加频繁地用于各种条约,特别是在友好通商航海条约中。在《哈瓦那宪章》中,MFNT 待遇被确定为商业政策的核心义务,成员方拟承担"避免在外国投资者之间产生歧视的义务"②。随着国际投资活动的发展,一些全球性或区域性(诸如 WTO,NAFTA)的贸易协定及所有的双边贸易投资条约几乎都含有最惠国待遇条款的规定。但是近年来,最惠国待遇条款在双边投资协定争端解决程序中的适用却引起了人们的关注,特别是涉及对东道国协定中用尽当地救济原则要求的规避。

许多国家在国家之间的 BIT 中都对相关争端提交国际救济之前应优先用尽或者附加一定期限的当地救济予以规定。但也有些国家的 BIT 中没有规定。基本上所有的 BIT 中都含有 MFN 条款。那么实践中,外国投资者在其母国与东道国间 BIT 中有优先用尽当地救济之规定时是否可以搭乘东道国与第三国 BIT 中没有用尽当地救济要求的规定,而享受直接提交国际仲裁优惠待遇? 同时在 BIT 中有的国家对中心管辖权做了同意,有的却没有同意。那么同样依据最惠国待遇条款,外国投资者是否也可以利用东道国与某些第三国间 BIT 中对管辖权的同意,从而向中心直接申请仲裁而规避用尽当地救济原则的适用呢? 仲裁庭 2000 年墨菲兹尼案认为 MFNT 条款可以适用于程序性待遇的结论引起了人们的极大关注。仲裁庭对墨菲尼兹案中的 MFNT 条款进行了深入的分析。该案中阿根廷—西班牙 BIT 规定强调了争端发生后在提交国际仲裁前要优先用尽当地国国内救济提交国内法院的要求,即要给予国内法院 18 个月期限内有机会处理争端。同时在第 IV 条第 2 款中又规定了 MFNT 待遇对于本协议下的所有事项不应低于给予第三国投资者。但是在《智利—西班牙 BIT》第 10(2)条只对 6 个月协商期限前投资者不可以选择国

---

① 参见赵维田:《最惠国与多边贸易体制》,中国社会科学出版社 1996 年版,第1—3 页。

② See OECD, *International Investment Law : A Changing Landscape*, *A Companion Volume to International Investment Perspectives*, OECD Publishing, 2005, p.130.

际仲裁,但并没有要求必须先提交法院。① 那么此案中在西班牙的阿根廷投资者是否可以通过阿西的 MFNT 条款搭乘《智利—西班牙 BIT》中不需要优先寻求当地救济享受到更优惠的规定呢?

双方对此的观点主要在于阿方认为根据阿西间双边协定的最惠国待遇条款,也可以不适用用尽当地救济;而西班牙方持反对观点,认为西班牙和第三国之间的条约与阿根廷毫无关系。②

仲裁庭在该案中考虑 BIT 中条款的运作和其他案件对 MFNT 条款的观点后认为:如果争端解决的规定在一个第三方条约中被包含,因比起基础条约中的相关规定,这些规定对投资者利益的保护更加有利。只要他们是相同类的事项,这种更有利的规定可以扩及 MFNT 待遇的受益方。③《阿根廷—西班牙 BIT》中条约的争端解决规定被最惠国待遇条款的范围所覆盖。而西班牙条约中与条约有关的谈判、其他安排或公众政策问题不包含 BIT 中所规定的首先用尽当地救济诉诸东道国法院的要求,所以 MFNT 应该在程序中。根据《智利—西班牙 BIT》中的优惠安排,用尽当地救济要求,阿方(申请方)把争端提交仲裁前有权利不予适用。仲裁庭通过此案把 MFNT 条款适用于争端解决程序中,扩大了自己的管辖权而规避了用尽当地救济原则的适用。所以在仲裁庭看来,MFNT 条款是否可适用于争端解决是以 BIT 中有无排除 MFNT 适用于争端解决程序的明文规定作为理论前提。仲裁庭通过墨菲尼兹案开了

---

① See *Emilio Agustin Maffezini v. Kingdom of Spain* (ICSID Case No. ARB/97/7) , Decision of The Tribunal on Objection to Jurisdition , para. 19-39.

② 阿方投资者认为:根据双边的 BIT 看来,在西班牙的智利投资者不用受到在提交国际仲裁前必须提交国内法院用尽当地救济的约束。它享有比来自阿根廷的投资者更优惠的待遇。那么根据 MFN 待遇条款,阿根廷的投资者也可以不用尽当地救济直接把争端提交国际仲裁。但是西班牙方反对这种观点。它认为西班牙和第三国之间的条约与阿根廷毫无关系。因此申请方不得引用该条款。《阿根廷—西班牙 BIT》中的 MFN 条款所指的事项只能够理解为给予投资者的实体性事项或实体方向的待遇,而不是程序或者司法方向的内容。参见王海浪:《ICSID 管辖权新问题与中国新对策研究》,厦门大学出版社 2013 年版,第 159 页。

③ See *Emilio Agustin Maffezini v. Kingdom of Spain* (ICSID Case, No. ARB /97/7) , para. 54-56.

个很不好的头。它对用尽当地救济的规避和挑战非常隐蔽,因为对争端解决方面的具体规定在 MFNT 条款中是看不出来的。它必须要援引第三方 BIT 的具体规定。同时 MFNT 第三方在数目上几乎具有无限性和不确定性。这使得中心可以允许申请方通过 MFNT 条款而享受东道国与第三方间 BIT 中的更优惠待遇。纵使在提交国际仲裁前必须用尽当地救济或一定期限内的救济的要求在缔约国的 BIT 中有约定,甚至缔约国没有对国际仲裁的管辖权做出明确的同意。结果是对用尽当地救济原则产生规避,对东道国的司法主权带来严重的挑战。所以 BIT 中的 MFNT 条款蕴含严重的风险。我国与外国签订的BIT 中,基本都规定了此条款。为了国家利益的需要,为阻止外国投资者主张MFN 条款适用于争端解决原则从而规避当地救济的要求,笔者认为中国应在缔约 BIT 时,对 MFNT 待遇不适用于争端解决程序做出明确规定。首先最惠国待遇原则并非习惯国际法,主张其扩张适用于投资争端解决程序缺乏应有的历史根据。其次,如果在缔约方未同意的情况下投资争端解决中心就把MFNT 适用了争端解决程序,用尽当地救济被规避的同时,很多无法预见的结果和风险也会随之而来,对国际投资活动也将会是严重的打击。所以中国在对外签订 BIT 时,对 MFNT 条款应有积极的应对策略以防止其对用尽当地救济原则规避而带来的潜在风险。

第四节 卡尔沃主义的复苏与用尽当地救济原则的新发展

一、卡尔沃主义和卡尔沃条款的法律效力

在任何做当地救济原则的研究过程中,卡尔沃主义和卡尔沃条款的讨论是不容忽视的。正如杜加尔德先生所指出的那样:"今天,虽然这一条款已没有那么引人注目了,但任何完整编撰当地救济原则的努力都不能忽视这一条

款。此外,忽略这一条款无异于遗漏了当地救济原则的一个组成部分。"①

(一)卡尔沃主义的法律地位

19 世纪晚期至 20 世纪初期,在内战、动乱、革命不断频繁上演的拉美地区,欧美列强政府多次以自己国家的国民和财产备受侵害为由,实施外交保护权介入本国投资者与拉丁美洲各国之间的争端,进行国际求偿。为了排除欧洲国家对外交保护权的滥用,阿根廷著名外交家与法学家卡洛斯·卡尔沃(Carol Calvo)在其 1868 年出版的《欧洲及美国的国际法理论与实践》中提出了国家主权平等,外国人与本国人待遇平等的主张。他在著作中的思想被后来的研究者们概括为"卡尔沃主义"。卡尔沃强调指出,国内法庭应当对外国人与主权国家之间的争端享有排他性地用尽当地救济的管辖权,外国人不应当寻求外交保护。② 这一点为拉美国家所认同。并在 1902 年阿根廷外长德拉戈提出的"反对大国滥用外交保护,外国侨民与本国人享有同等待遇"的德拉格主义中得到发展。③ 之后,卡尔沃主义不断被实践。结果是一方面拉美国家希望通过国际条约的形式予以确立未能获得成功,但是另一方面,拉美国家通过在国家与外国人所订契约中加入外国投资者同意放弃基于合同的事项争议寻求自己国家外交保护权利的卡尔沃条款。卡尔沃主义才得以进一步具体化和实施起来,保证了其广泛的影响。

卡尔沃主义自从提出以来,关于它的法律地位问题,一直备受争议。虽然由于美国的反对,以国际条约的形式去落实卡尔沃主义被历史证明是不成功的。但是卡尔沃的主张得到了拉美国家极大的支持和拥护,逐渐成为一种区域的习惯国际法。拉美国家坚持卡尔沃主义。④ 在拉美地区,卡尔沃主义在

---

① U.N.Doc.A/CN.4/523/Add.1,para.1,p.2.

② 参见 Thomas E.Carbonneau,Mary H.Mourra,*Latin American Investment Treaty Arbitration:The Controversies and Conflicts*,Lluwer Law International,2008,p.8。

③ 徐世澄:《拉丁美洲现代思潮》,当代知识出版社 2010 年版,第 538 页。

④ 李琼英:《拉丁美洲与国际法不干涉原则》,《拉丁美洲丛刊》1982 年第 1 期。

1889 年至 1890 年在华盛顿召开的第一届泛美洲国家会议①、1902—1902 年第二次泛美会议上通过的《外侨权利公约》、1933 年第 7 届美洲国家会议签署的《美洲国家关于国家权利和义务的公约》②、1948 年第 9 届会议上通过的《关于和平解决争端的美洲国家条约》等法律文件中都得到了承认和支持。而在拉美国家之外,无论是 1930 年海牙国际法编撰会议③还是 1929 年《关于国家对在其领土内外国人的人身或财产造成损害所负责任的哈佛公约草案》④所包含的卡尔沃条款提案未能获得一致意见。而对体现卡尔沃主义精神的卡尔沃条款的法律效力的有限承认,直到 1926 年的北美疏浚公司案判决结果的出现。

(二) 北美疏浚公司案与卡尔沃条款的法律效力

1. 学者的观点和态度

提及卡尔沃条款的法律效力,应首先将卡尔沃主义与卡尔沃条款相区别。卡尔沃主义是一国对待外国人及外国投资者的一般政策,而卡尔沃条款则是东道国与外国投资者在特定的特许协议中订立的争端解决条款。拉美国家在处理国际争端时通过卡尔沃条款坚持卡尔沃主义。关于卡尔沃条款的法律效力,在理论上和实践中争论颇多。拉美以外更多的亚非及欧美国家一直采取抵制的态度,特别是英美学者。他们尽管认为卡尔沃条款对促使投资者尊重当地管辖权,出现争端用尽当地救济方面具有重要作用,但是却持否决的态度看待条款的法律效力。其中劳特派特在其修订的《奥本海国际法》中否认卡尔沃条款中使个人放弃本国保护权利的

---

① See Jan Paulsson, *Denial of Justice in International Law*, Cambridge University Press, 2005, p.21.

② 参见《国际条约集》(1924—1933 年),世界知识出版社 1961 年版,第 545 页。

③ U.N.Doc.A/CN.4/523/Add.115,18,p.6,p.8

④ See Garcia Amador, *First Report on State Responsibility* (ILC), YBILC, 2, (1956), pp.223 – 225.

法律效力。① 斯塔克仅就在合同中插入的卡尔沃条款进行评述。他认为倘若条款的目的在于制约原告政府,限制国家的外交保护权则无效。② 所以西方学者对卡尔沃条款在契约中规定外国人不得向本国政府请求外交保护当作该条款的主要形式加以批判,借以否认其法律效力。

而发展中国家理论界则完全肯定该条款的法律效力。我国学者无论是周鲠生教授还是姚梅镇教授都对该条款予以充分肯定的态度。周教授认为卡尔沃条款的法律效力是依据国家主权原则及条约的拘束力,它不容被否认也并没有违反国际法。③ 姚梅镇教授反驳了《奥本海国际法》的观点,他认为投资者是基于具体投资争议放弃自己寻求本国外交保护,但该条款并未剥夺国家的外交保护权。④ 而国际社会关于卡尔沃条款法律效力的承认是直到1926年北美疏浚公司案⑤的发生。在此之前,英美等发达国家,及多数仲裁案中也倾向于否认卡尔沃条款的效力,直到北美疏浚公司案判决的出现。

2. 北美疏浚公司案中的卡尔沃条款

该案中北美疏浚公司认为墨西哥政府违反合同,并应承担赔偿责任。墨西哥政府主张根据合同中的卡尔沃条款,不履行合同的问题不应由总求偿委员会管辖。总求偿委员会首先评析了卡尔沃条款的效力问题。它指出,一国

---

① "虽然这种条款可以在用尽当地救济前排除国际法庭的管辖效力,但是多数权威的意见否认卡尔沃条款中旨在使个人放弃本国保护权利的那部分合法性。因为保护他免受违反国际法规则的待遇的权利是国际法给予他本国的,而不是给予他个人的。"参见[英]劳特派特修订:《奥本海国际法》(第一分册上卷),王铁崖等译,商务印书馆1981年版,第257页。

② 参见[英]J.G.斯塔克:《国际法导论》,法律出版社1984年版,第328—329页。

③ 参见周鲠生:《国际法》上册,商务印书馆1976年版,第287页。

④ 参见姚梅镇:《外国投资的法的保护》,转引自《中国国际法年刊》,法律出版社1982年版,第132页。

⑤ 1912年,美国北美疏浚公司与墨西哥政府签订了一项合同,由该公司承包疏浚墨西哥的萨利纳·克鲁斯港。合同第18条(即"卡尔沃条款")规定,有关合同的解释及适用,疏浚公司不得向美国政府提出任何行使外交保护权的请求。另外,合同第1条第1款还规定疏浚公司可以向本国政府提出请求的事项,对于这些事项,可以排除用尽当地救济的国际法规则。之后,北美疏浚公司以墨西哥毁约为由向墨美两国政府依1923年9月8日协定设立的总求偿委员会提出赔偿请求。

政府对其本国国民行使外交保护权是该国的权利,而卡尔沃条款在于防止滥用外交保护权而侵犯当地国家的领土主权。所以私人投资者与外国政府签订的合同中订有卡尔沃条款并不等于该国家不能行使外交保护的权利。换言之,卡尔沃条款的效力主要在于对具体合同事项。但是在其他情形下本国政府仍然有行使外交保护的权利。

委员会认为,根据合同的规定可以排除适用用尽当地救济原则的事项不在北美疏浚公司的索赔请求之列。因此,该公司请求本国保护,只有请求墨西哥政府给予国内救济用尽并出现墨西哥政府拒绝司法后,才能提起。但事实上,墨西哥政府不存在拒绝司法而违反国际法的情况。因此,合同中的卡尔沃条款对双方具有约束力。委员会最后采取了折中的办法,不采纳支持或反对卡尔沃条款效力的观点。它认为这些一刀切的观点是极端的,简单的赞成与反对的结论不能解决问题。若完全肯定的态度会不利于外国人权利的保护,最终因为风险把外国投资者拒之门外,不利于吸引外资。若采取简单的否定结论则东道国的司法管辖面临部分或全部丧失的风险,不利于国际政治及经济的发展。[1] 最终委员会折中裁定它对本案无管辖权。[2] 所以北美疏浚公司案之后的案件裁决肯定了该案的立场,同时也进一步明确了卡尔沃条款只适用于合同有关的事项,而且是外国投资者与东道国政府间合同中的明确表达。同时,若订合同的东道国政府宣布合同无效,则条款无效。所以之后,在这样的形式下,合同中的卡尔沃条款得到了仲裁庭不同程度的承认,但是仍限制在合同事项,而否定其完全的效力。所以这是基于一种在国家的属地管辖和保护本国国民这两种权利之间求得适当的平衡。

本案就外国私人投资者与东道国之间合同中的卡尔沃条款的国际法律效

---

① 参见李鸣鸿:《卡尔沃条款的效力及其法律适用》,http://minghonglee.fyfz.cn/blog/ming-honglee/index.aspx? blogid=251665,2018 年 5 月 13 日访问。

② See Denise Manning-Cabral, *The Imminent Death of Calvo Clause and the Rebirth of the Calvo Principal: Equality of Foreign and Naional Investors*, Law and Policy in International Business, Vol.26, 1994, pp.800−809.

力的分析是一种折中观点。所以在北美疏浚公司案之后的案件裁决都只是部分肯定了其法律效力,承认它只是在一定情况和场合下,限制了国家对自己公民的外交保护权利,并非剥夺其权利。那么究竟如何看待卡尔沃条款的效力?首先它一种是法律手段。行使的目的是对帝国主义强权政策、滥用外交保护权进行抵制。它的历史地位和进步作用是不容否认的。但是从该案判决来说它阐释了卡尔沃条款不能剥夺外交保护权,但是需用尽当地救济而限制其外交保护行使的理由。首先,插入合同中的该条款从法理上来说,无论从国际法还是从国内法的角度,它作为契约的一部分是有效的。因为当事人在契约中约定一切合同相关争议由投资当地国法院管辖,这是意思自治的原则所允许的。所以个人签订协议后,负有遵守条约约定的法律责任和义务,因此必须首先用尽当地救济。其次,卡尔沃条款在合同事项上的有效性对外交保护的权利起到了限制作用。规定不允许投资者向本国请求外交保护,并不等于否认本国的外交保护权。国家的外交保护权不受影响。但是根据国际法的要求国家行使外交保护前必须要求用尽当地救济,所以个人若是不提交请求,国家没有办法。最后,用尽当地救济原则作为适用外交保护的条件之一,只有出现不当拖延、拒绝司法等无法得到当地救济的情况才会构成国际法上的责任。所以投资国完全有权在国民于东道国境内受到虐待、司法拒绝等情形下,根据自由裁量权做出决定是否实施对国民的外交保护。[①] 所以该条款实际上并没有剥夺个人在无法得到有效的当地救济时国家实施外交保护的权利。这就是对国家权利进行限制的结论。虽然卡尔沃条款有时明确规定个人必须用尽当地救济,放弃外交保护,尽管条款可能有这样的目的,然而它并不能剥夺国家实施外交保护的权利,只是部分的限制。所以通过北美疏浚公司案的判决肯定了卡尔沃条款的法律效力,尽管并非完全有效,但是一定的情况下对国家的外交保护权确实有限制作用。这也是国际投资领域争端解决时两种管辖权的一种平衡需要。

----

① 参见王海:《论卡尔沃条款》,《外交评论》1985 年第 1 期。

二、卡尔沃主义复苏与用尽当地救济原则的回归

（一）用尽当地救济原则与卡尔沃主义的区别

关于卡尔沃主义与用尽当地救济原则之间的关系,现今理论界有学者将卡尔沃主义作为用尽当地救济原则的理论基础。① 诚然,从二者依据的理论基础和初衷来看确实存在共同之处。国家主权原则中的属地管辖权原则以及国家对其境内资源的永久主权原则等是用尽当地救济原则产生的理论基础。而维护属地主权的完整性和维护各个主权国家的独立平等则是卡尔沃主义所依据的思想。他们都涉及两种国家最基本的属地管辖权和属人管辖权,都是平衡管辖权矛盾的一种方式。从实际效果来看,二者都有防止外交保护滥用的作用。

然而,产生于 17 世纪的用尽当地救济原则和产生于 19 世纪的卡尔沃主义之间的区别也是很明显的。

1. 理论依据不同

国家的属地优越权原则是用尽当地救济原则产生的理论基础。而卡尔沃主义的理论基础不仅有国家属地优越权原则,还有外国人和本国国民平等原则,而且它主张排除外国国家的外交保护。

2. 初衷不同

卡尔沃主义是通过在外国投资者和国家的合同中订立卡尔沃条款。外国投资者与东道国之间就合同事项的争端,无论是否用尽当地救济,当事人从订约开始就被要求放弃外交保护。投资的相关争端都在东道国的国内法律下处理。但是用尽当地救济原则是外交保护实施的前提。它并不排除外交保护制度的适用。二者最大的区别即在此。

---

① 参见贾兵兵:《"外交保护"的法律现状和实践问题》,转引自《中国国际法年刊(2008)》,世界知识出版社 2009 年版,第 24—25 页。

3.适用领域不同

卡尔沃主义的表现载体卡尔沃条款是被订立在外国私人投资者与东道国投资合同中的条款。它是对国际投资当中由合同事项产生的争端的规范。而用尽当地救济原则作为一项习惯国际法原则,不仅是外交保护制度中实施的一个重要原则,而且在国际投资领域甚至人权保护等领域都适用。

4.目的不同

用尽当地救济原则属于传统外交保护制度的范畴。它的目的在于在协调主权国家属人管辖权和属地管辖权之间的冲突,同时也是对东道国、国籍国、外国人及国际社会四方利益的一种维护和平衡。而卡尔沃主义产生的目的是对帝国主义、殖民主义干涉的一种抵制。

(二)卡尔沃主义的复苏对用尽当地救济原则回归的影响

1.卡尔沃主义兴盛和衰落

卡尔沃主义诞生和缘起于拉美地区。它很大程度上迎合了众多弱小国家反对和抵抗发达国家的干涉内政、维护国家主权,挽回司法尊严的需要。随着二战的结束,新成立的众多亚非拉国家为了维护国家利益,控制自己国家的国内资源,同时也是为了防止发达资本主义国家的渗透,纷纷在国家宪法或其他立法中,或是特许协议的契约合同中将卡尔沃主义重要体现形式的卡尔沃条款予以必要的插入,以发挥优先用尽当地救济的法律屏障的重要作用。同时区域性和全球性的国际协定和法律文件中也不断出现或体现卡尔沃主义的条文,诸如1948年的美洲国家组织《美洲和平解决争端条约》第7条①、安第斯

---

① 美国还专门对该条款提出了保留。See Gonzalo Biggs, *The Latin America Treatment of International Arbitration and Foreign Investments and the Chile-U. S. , Free Trade Agreement*, ICSID Review-Foreign Investment Law Journal, Vol.19,2004,pp.63-64.

条约组织 1970 年《外国投资法典》第 50—51 条①、1974 年联合国通过的《各国经济权利与义务宪章》第 2 条等都充分体现了卡尔沃主义的精神。② 更多在《联合国跨国公司行动守则(草案)》《关于天然资源之永久主权宣言》《建立国际经济新秩序宣言》等法律中也有不同程度的体现。

　　然而,20 世纪 80 年代起随着国际投资自由化浪潮的席卷,广大的发展中国家特别是拉美国家为了吸引外资,纷纷开始通过缔约修法放弃优先用尽当地救济。这种情况在 90 年代达到高潮。所以有人宣称"卡尔沃主义即将死亡"。冷战结束,发展中国家为了发展本国的经济,采取一种更为务实的"外围现实主义"的思路,他们纷纷同外国签订含有对 ICSID 国际投资仲裁管辖权承认和接受的双边协定。③ 而且争端解决时适用用尽当地救济的前提在晚近的 BIT 中已逐渐被废弃。这在阿根廷与美国签订的 BIT 中体现得最为明显。④ 不仅阿美协定如此,其他更多的拉美国家包括玻利维亚、厄瓜多尔、萨尔瓦多、乌拉圭等与美国签订的 BIT 也都在双边的投资协定中排除了当地救济。投资争议准据法都不再是东道国的国内法而是考虑接受了非东道国管辖

---

① See *Decision* 24 *of Dec.* 31,1970, *Commission of Cartagena Agreement*, Revised by Decision 37,37-A.70,103&109,I.L.M.Vol.16,1977,p.138.

② 该宪章第二条第 2 款第 a 项肯定东道国有权依据其本国法律与政策来管理外资,并特别强调任何国家不得强行要求东道国给外国投资以高出本国投资的优惠待遇,从而坚决捍卫了国民待遇原则和关于待遇问题上的"国内标准,否定了所谓的国际最低标准"待遇原则。第 b 项进一步明确了东道国依据本国法律与政策对外国公司进行管理和监督的主权权利,并强调指出外国公司不得干涉东道国内政。第 c 项最为具体,也最为关键。该项在充分肯定东道国国有化权利的同时,强调国有化与征收的补偿额度应由东道国视其本国法及其他有关情况而定。关于投资征收补偿数额的争议,原则上应由东道国的法庭根据当地的法律决定。对照卡尔沃条款的五大要素可以看出,除了允许东道国自主赋予外国投资优惠待遇和自主决定通过非国内法庭方式解决征收补偿争议,即"有关各国自由和互相同意根据各国主权平等并依照自由选择方法的原则寻求其他和平解决办法"外,《经济宪章》堪称"卡尔沃条款"的国际翻版。

③ See Jeswald W. Salacuse, *Bit by Bit: the Growth of Bilateral Investment Treaties and Their Impact on Foreign Investment in Developing Countries*, Int'l Law, Vol.24,1990,pp.664-673.

④ 阿美 BIT(1991 年 11 月 14 日签订,1994 年 10 月 20 日生效),第 7 条。

权和非东道国法的适用相关条约、投资协议等。① 而卡尔沃主义消退更多地
体现在拉美国家的国内立法法和区域的贸易协定中。墨西哥曾经是一直坚守
卡尔沃主义的国家。90 年代起,大幅度地在国内修改立法,颁布了新的《外国
投资法》②放弃了卡尔沃条款。同时在墨西哥和加拿大及美国签订的《北美自
由贸易协定》中,第 11 章明确放弃用尽当地救济原则,允许投资者将投资争
端提交国际仲裁解决。ICSID 公约因为第 26 条用尽当地救济颠覆性的规定
要求与卡尔沃主义的精神是背道而驰。对该公约,拉美国家 80 年代以前少有
国家加入。而 80 年代后特别是 90 年代,他们逐步接受了该公约。同时,拉美
国家还一反常态地纷纷接受并批准了《承认和执行外国仲裁裁决的纽约公
约》。无独有偶,包括阿根廷、委内瑞拉、巴西在内的 32 个拉美国家接受了
《多边投资担保机构公约》。该公约主要目的在于投资者母国可以代位求偿
以维护投资者的利益。这一切进一步表明了卡尔沃主义日渐式微,所以 90 年
代中期,曼尼·卡布罗撰文宣告:以用尽当地救济为特点的卡尔沃主义即将死
亡。③ 但是它真的消亡了吗?

2.卡尔沃主义复苏下用尽当地救济原则的回归

卡尔沃主义真的已经彻底死了? 抑或暂时冬眠了? 早在 20 世纪 50 年代

---

① 参见玻美 BIT(1998 年 4 月 17 日签订,2001 年 6 月 6 日生效,第 9 条),厄美 BIT(1993
年 8 月 14 日签订,1997 年 5 月 11 日生效,第 6 条),萨美 BIT(1999 年 3 月 10 日签订,第 9 条),格
美 BIT(1986 年 5 月 2 日签订,1989 年 3 月 3 日生效,第 6 条),海美 BIT(1983 年 12 月 13 日签订,
尚未生效,第 7 条),洪美 BIT(1995 年 7 月 1 日签订,2001 年 7 月 11 日生效,第 9 条),牙美 BIT
(1994 年 2 月 4 日签订,1997 年 3 月 7 日生效,第 6 条),尼美 BIT(1995 年 7 月 1 日签订,尚未生
效,第 7 条),巴美 BIT(1982 年签订,2000 年 6 月 1 日修订,2001 年 5 月 14 日生效,2000 年修订
议定书,第 14 条),特美 BIT(1994 年 9 月 26 日签订,1996 年 12 月 26 日生效,第 9 条),以及乌美
BIT(2004 年 10 月 25 日签订,第 24 条)。

② See Denise Manning-Cabral, *The Imminent Death of Calvo Clause and the Rebirth of the Calvo
Principl:Equality of Foreign and Naional Investors*, Law and Policy in International Business, Vol.26,
1994, p.1188.

③ Denise Manning-Cabral, *The Imminent Death of Calvo Clause and the Rebirth of the Calvo
Principal:Equality of foreign and Naional Investors*, Law and Policy in International Business, Vol.26, p.
1169.

谢伊(Shea)就断言卡尔沃主义已经死了,因为它是没有得到国际法承认的原则。① 《关于外交保护的第三次报告(增编)》编撰时,国际法委员会曾被建议对卡尔沃主义进行折中的编撰。第 16 条第 1 款曾草拟为:如果外国人与投资国签订的契约规定(a)外国人将满足于当地救济办法或(b)任何因契约而引起的争端将不以国际求偿方式解决,或(c)为契约目的,外国人将被视为立约国的国民处理,那么根据国际法,应被解释为外国人有效地放弃了外交保护的权利。但是上述契约规定不应影响东道国对外国人的国际不法行为引起的侵害而实施外交保护的权利。② 然而结果没有被采纳。人们疑惑卡尔沃主义是否真的已经过时了?然而就在疑惑之际,外国投资者不断对拉美为代表的发展中国家向国际仲裁庭提起争端解决的求偿诉求。裁决的结果通常是担负狼藉的政治名声和巨额的款项赔付。该现象也引起了各国政府、学界和实务界的反思。以阿根廷和委内瑞拉为代表的有些国家开始采取措施限制、约束甚至取缔国际投资争端的国际仲裁。

1)拉美国家的教训反思

阿政府面对众多案件,一方面疲于应付,另一方面积极采取措施进行反制。它质疑仲裁庭的管辖权并重新解释了征收措施的标准问题并再次实施国有化。政府检讨相关法律,恢复投资争端纠纷的国内法院管辖,要求外国人的投资公司在提起仲裁前应先用尽当地救济。至此,尽管国际和国内仲裁未被完全排斥,但是仲裁的自主性受到了限制,所以从这个意义上说卡尔沃主义重新回来了。委内瑞拉以对 1995 年有关仲裁合宪性展开违宪审查为开始标志。③ 宪法修改时,卡尔沃条款成为第 151 条被原封不动地保存了下来。除

---

① Donald,R.Shea,*The Calvo Clause:A Problem of Inter-American and International Law and Diplomacy*,University of Minnesota Press,1955,p.20.

② See UN.Doc.A/CN.4/523/add.1,p.2.

③ See DC Bar Luncheon Programme:"the Resurgence of the Calvo Doctrine?",http:bg-consulting.com/doc/ calvo-program.Jpg.,2017 年 10 月 21 日访问。

这两个典型国家之外,其他拉美国家也在进行深刻的反思。投资自由化是一把双刃剑。人们重新审视国际投资的立法方向。卡尔沃主义似乎并没有死亡,而是在逐步地苏醒复活。

而在当下,拉美地区近年来由于全球和地区经济不振等现实原因,主要执政的左翼力量未能真正找到新自由主义的替代方案,处于或选举失利乃至下野,或面临经济下滑和社会矛盾激化等困境,所以加强了对国内经济主权的控制。笔者认为卡尔沃主义复活的势头更加明显。它已从复活迹象走向了真正的复活。它不仅复活在拉美发展中国家,而且还包括其他洲的发展中国家,甚至欧美等发达国家。所以,在当下卡尔沃主义不但在拉美回归,而且还在其他国家得到了实践。① 最显著的表现即是对 ISCID 中 ISDS 条款的剔除和反击的措施。拉美地区相关国家表现最为明显,其中以玻利维亚、厄瓜多尔、委内瑞拉及阿根廷为代表。其中玻利维亚、厄瓜多尔、委内瑞拉三国于 2007 年 4 月一致同意退出《解决国家与他国国民间投资争端公约》。退出公约之后,他们纷纷采取了一系列对国际投资活动中的国家经济主权和司法主权进行强调的措施。②阿根廷,作为卡尔沃主义的故乡,官司缠身,实在无力履行败诉裁决的巨额索赔,于 2013 年宣布退出 ICSID 公约。尼加拉瓜也在积极准备步其后尘。多米尼加并没有打算批准公约的意向。而像墨西哥、古巴、巴西等国家并未加入。③ 所以

---

① 韩秀丽:《再论卡尔沃主义的复活——投资者—国家争端解决视角》,《现代法学》2014年第 36 卷第 1 期。

② 玻利维亚立刻开启重新谈判和修改 BIT。2009 年通过宪法公投,强调了玻政府在能源领域特别是石油和天然气领域的绝对司法主权,并以第 366 条明确规定禁止特定行业提交国际仲裁解决。2007 年 10 月起厄瓜多尔对国内的外国石油开采公司征起了高额的暴力税,并通知 ICSID 秘书处涉及石油、天然气、矿产及其他自然资源开发活动的争端由厄国内法院管辖。同年,厄瓜多尔通过全民公投新宪法,第 422 条规定对外国投资者与厄政府合同的争端禁止提交国际仲裁,拉美地区的外国投资者除外。委内瑞拉在宣布和玻、厄一起退出《ICSID 公约》后,积极在国内做相关配套的法律准备工作。首先,废除含有外国投资者和国家仲裁条款的 BIT;其次,通过最高法院判决否认该国外国投资法中关于 ICSID 管辖权的条款;最终完成退出《ICSID 公约》的国内法程序。

③ See ICSID List of Contracting States and Other Signatories of Convention, https://icsid.world-bank. org/apps/ICSIDWEB/icsids/documents/list% 20of% 20congtracting% 20states% 20and% 200other%20signatories%20the%20convention%20-%20Latest.pdf,2018 年 2 月 20 日访问。

至此,在拉美地区卡尔沃主义在复兴,重新重视卡尔沃主义反对投资仲裁成了主要的潮流。

2)从 NAFTA 的实践挑战到发达国家的反省

随着投资自由化的进行,更多的国际双边投资保护协定的签订和更多 IC-SID 实践的进行,发展中国家逐渐放松甚至放弃了该原则的适用,但是如今为了国家经济主权和国家利益保护的需要,很多国家又逐渐重新意识到国际投资中坚持优先当地救济的意义之所在。

拉美国家开始在国际投资争端解决中强调用尽当地救济的要求,要求将争端提交东道国国内行政法庭或国内法院依国内法解决以争取本国对争端解决的控制权,从而维护主权和国家利益。同时这种卡尔沃主义复苏也在拉美之外的发达国家产生回声。美国和加拿大曾经通过《北美自由贸易协定》引入了高标保护准投资者的争端解决机制。该协定通过第 11 章 B 节的 1121 条对争端解决机制做了规定①。协定通过该条排除了仲裁前的用尽当地救济原则,并且规定 NAFTA 法律和相关的国际法规范优先于东道国的法律。然而随着更多 NAFTA 案件的实践,作为成员方中的美国和加拿大始料未及地面临着不断的仲裁申诉。他们不仅是资本输出国同时也是资本输入国。这些案件中的问题主要是源于争端解决机制设计中对用尽当地救济原则的排除。这种对原则的排除带来了诸如国家主权遭到限制和侵蚀,国家公共健康、环境保护政策的法律受到挑战等一系列让美国和加拿大开始反思的问题。美国开始总结

---

① 争端解决中只需要争议一方提起就可进行仲裁且有权利提请仲裁的主体仅仅是受损投资者一方。也就是说在 NAFTA 体制下,如果东道国政府违反了条约义务,受损投资者可提请仲裁,并且这种仲裁结果具有约束力。这种制度设计在一定程度上保障了投资者的利益。但是 NAFTA 的争端解决机制(b)款放弃他们就争端缔约方之措施被指控违反第 1117 条规定而根据任一缔约方法律在任一行政法庭或法院,或者依据其他争端解决程序提起或继续进行诉讼的权利,依据争端方法律而在任一行政法庭或法院进行的不涉及损害赔偿的禁令救济、确权救济或其他特别救济诉讼除外。See NAFTA Chapter 11, *Investor-State Disputes*, *Compiled*, by Scott Sinclair, at http://policyalternatives. ca/documents/National Office _ Pubs/2007/NAFTA _ Dispute _ Table _ March2001.pdf.

NAFTA 和阿根廷的经验教训。针对用尽当地救济原则排除带来的问题,它对原有 BIT 范本中的争端解决机制进行改进,特别是在双边投资条约范本(2004年)中增加对协定程序解释适用当地准据法的规定,从而也可对案件的仲裁裁决结果有所引导。美国对投资者与东道国争端解决机制的改进,明显削弱了对投资者的保护,加强了对东道国的保护。这一点与发达国家过去所批评发展中国家要求用尽当地救济的诉求如出一辙。这在美澳自由贸易协定关于投资者与东道国争端解决的新机制中体现得尤为明显。

美国和澳大利亚间基于活跃的投资和经贸关系,2004 年双方签订了FTA。在该协定中双方都吸取了 NAFTA 第 11 章直接排除投资者与东道国间的争端解决用尽当地救济要求的规定的教训。① 因为双方有着共同的法律传统及对彼此国内健全的法律制度和市场的信心,两国政府同意在协定中排除投资者以仲裁方式解决投资者与政府间的争端。② 协定可看出投资者与东道国的争端解决途径主要是寻求当地行政和司法救济。东道国允许的仲裁,国家争端解决程序及同时对提交国际仲裁解决都被做了保留的例外规定,所以依据协定,投资者可以首先据东道国的法律寻求当地救济。虽然美澳两国并未提及主要是为了应对美加两国在 NAFTA 下的挑战,但为了自身国家主权的保护,美澳 FTA 协定中确立争端解决中以用尽当地救济为主。这和发展中国家过去坚持的卡尔沃主义或用尽当地救济的目的和原因是相同的,都是削弱外国投资者的保护,加强和保护自身国家利益。这对包括中国在内的发展中国家,在国际投资中如何看待投资者与东道国争端解决机制,特别是在 ICSID诉案不断的情况下,如何看待 BIT 中用尽当地救济原则的处理有着深刻的启示和影响。笔者认为国际投资协定不仅在单方面保护发达国家的利益,发展

---

① 参见《美国双边投资保护协定 2004 年范本》。

② U.S.-Australia FTA Summary of the Agreement(07/15/2004),http://www.ustr.gov/Trade_ Agreements/Bilertial /Austarlia_ FTA/US-Australia_FTA_ Summary_ of _the_Agreement.html,2018 年4 月 21 日访问。

中国家的利益也应同样得到保护。所以在发展中国家与发达国家投资协定的谈判中,美澳 FTA 中为了维护国家经济主权,强调国家利益,他们在投资争端中主张新机制、优先适用用尽当地救济的做法给其他国家做出了很好的启示作用。发展中国家是国际投资条约最主要的缔约方。所以,在投资者与东道国的争端解决机制设计中,他们应该强调用尽当地救济要求并且可以首先从发展中国家之间的 FTA 或 BIT 做起。①

除此之外,用尽当地救济原则的回归还更多反映在一系列国家对国际投资协定争端解决机制的反思中。

2011 年澳大利亚曾在《贸易政策声明》中宣布在以后签订的国际投资条款中 ISDS 将不存在,所以澳大利亚的外国投资者都要使用和国内企业相同的法律保护②,并在接下来与新西兰、马来西亚、日本及韩国的相关协定中对该条款予以排除。所以澳政府通过对主权的坚持和对 ISDS 的排除加强了国内法院的管辖权,加强了争端时用尽当地救济的要求。

随着经济危机、欧债危机的影响,更因为反全球化浪潮的兴起,面对投资争端解决机制方面的新困境,美国和欧盟对自己的 ISDS 条款的立场出现改革趋向。在欧盟内部,因为英国的脱欧、南欧国家的公投失败加上棘手的难民问题对社会的影响再加上民粹思想的袭击,贸易政策和原则必然采取保守的保护主义政策。欧洲议会 2011 年通过决议,强调未来签订国际投资协定时将保护国家主权,强调国内司法系统的作用,同时还对 ISDS 和东道国的主权、国家对公共利益事务的规制权予以了相当的关注。

随着发展中国家的经济实力大增,作为 NAFTA 重要成员的美国对不断增多的外国投资的担忧在逐渐增强,所以试图通过修订 BIT 以达到保护美国本

---

① 参见陈辉萍:《美国投资者与东道国争端解决机制的晚近发展及其对发展中国家的启示》,《国际经济法学刊》2007 年第 3 卷。

② Ann Capling, *Dilemma of Internatioanal Trade Policy*, Australia Journal of International Affairs, Vol.62, No.2(2011), pp.229-234.

土市场的目的。奥巴马政府重新审查 2004 年 BIT 版本,推出了更多谈判中将适用的 2012 年版本的 BIT。它虽保留了争端解决机制条款,但是为了吸引更多投资者和极力防止产业空心化,对国内措施予以了强调,对仲裁程序等作了更多限制和规定。代表世界最自由的贸易原则的 TPP 协定,因为被美国国内批评为对国内法造成很大的威胁,所以为了加强国内经济的安全利益保护,2017 年大选后美国选择了退出。近年来美国频繁以国家安全为由排斥外国的投资而备受争议。中国华为公司、中兴公司案,中美三一重工案即是很好的证明。美国与包括中国在内的印度、巴西、俄罗斯等都尚未签订双边投资协定,所以遇有争端时,寻求当地救济是最直接和现实的选择。2016 年美国商人总统特朗普的上台,"买美国货,雇美国人",回归国内产业,采取更为保守的贸易政策以加强国家主权的规制,成为常态,2018 年《美墨加协定》的达成即是正好的证明。

3)《美墨加协定》(USMCA)对 NAFTA 的变化和影响

①《美墨加协定》简介

2018 年 9 月 30 日,经过长达 14 个月的贸易谈判,美国、墨西哥和加拿大三方达成了《美墨加协定》(The United States-Mexico-Canada Agreement, USMCA)。该三国协定的前身是于 1994 年 1 月生效的北美自由贸易协定。自美国总统特朗普上任后,多次批评北美自贸协定造成美国制造业岗位流失,要求重新谈判。2019 年 1 月,美国国会最终批准修订后的美墨加协定,并递交特朗普签署成法。2020 年 7 月 1 日该协定经过协商、批准后正式生效。协定的达成兑现了特朗普关于取消北美自由贸易协定的竞选承诺。①

USMCA 是美国签署的规模最大的贸易协定,号称覆盖规模为 1.2 万亿美元的贸易。该协定共包含 34 章内容,协议对国民待遇与市场准入、原产地原则、海关管理与贸易便利化、贸易救济、投资、跨境贸易服务、数字贸易、知识产

---

① 　https://wenku.baidu.com/view/68b9b739a46e58fafab069dc5022aaea998f4139.html.

权、劳工标准、环境标准、监管实践、争端解决等多个领域的标准与实施做出了细致的规定,其中有约 2/3 的章节与 TPP 重合。除了增加了数字贸易等章节外,USMCA 还增加了诸多排他性条款,具有浓重的贸易保护主义色彩。① 以美国为首的国家奉行保护主义盛行的背景下,中美经贸战仍在持续和世界贸易组织(WTO)面临改革的新变局大背景下,对 USMCA 的示范效应和潜在影响尤其需要充分关注。

②主要内容和变化:《美墨加协定》对 NAFTA 的主要变化

从 USMCA 的文本内容和架构特点特别是其相对于 NAFTA 的变化,能清晰地看到美式单边主义的日趋成型。最主要的变化在于凸显"美国优先",强化美国政府规制权,强调当地救济的适用。

尽管该协定舍弃了"北美自由贸易协定"这一称谓,但并未突破前者整体的框架和结构,它的变化主要集中于美国声称自己在 NAFTA 下长期"吃亏"的领域,在某种程度上体现了特朗普式单边主义的胜利。同时,TPP 等国际贸易投资新原则的部分内容,新协定也借鉴和融合了。具体来说,相比 NAFTA,USMCA 最主要的变化包括汽车业原产地原则、乳制品和农产品市场准入、投资者—国家争端解决机制,以及关于协定有效期的日落条款。此外,在知识产权、数字贸易以及汇率和货币政策方面也有一些新规定。② 特别是投资者—国家争端解决机制中对用尽当地救济原则适用的强调。

投资者—国家争端解决机制(ISDS)允许投资者(包括个人和企业)直接对东道国提起仲裁,在制度设计上将作为私主体的投资者与作为主权者的东道国置于平等地位,以凸显对投资者利益的保护。就这个角度来说,ISDS 构成对东道国主权权益的一大限制,也是双边投资条约缔约方借以保护本国海

---

① http://www.nifd.cn/ResearchComment/Details/1104:美—墨—加协议(USMCA)全解及其对中国的启示,2020 年 12 月 21 日访问。

② 廖凡:《从〈美墨加协定〉看美式单边主义及其应对》,《拉美研究》2019 年第 41 卷第 1 期。

外投资者利益的一大"利器"。① 从 NAFTA 到美国《2012 年双边投资条约范本》再到 TPP,ISDS 都是美式双边投资条约或自贸协定投资章节的必备内容。然而,USMCA 投资章节(第 14 章)对三国之间原有的 ISDS 安排做出了堪称颠覆性的改变。原因在于美国认为 ISDS 使外国投资者得以规避美国国内法院管辖,严重削弱美国国家主权,特朗普政府一度希图完全取消这一安排。② 加拿大则希望予以保留,但建议仿效《加拿大—欧盟全面经济贸易协定》(CETA),增设上诉程序和常设投资法庭。③ 最终签订的 USMCA 虽然原则上保留了 ISDS 机制下投资仲裁的措施,但新协定对三国之间的争端解决机制进行了实质性限缩。

首先,美国与加拿大之间完全取消 ISDS,加拿大与墨西哥之间则转而适用其他相关条约如《全面和进步的跨太平洋伙伴关系协定》(CPTPP)所规定的 ISDS 机制;与此同时,允许业已启动的 ISDS 仲裁程序进行完毕,并允许投资者在 USMCA 生效、NAFTA 失效之日起 3 年内,对所谓"遗留投资"(即在 NAFTA 存续期间进行的投资)继续适用 ISDS。④ 其次,美国与墨西哥之间继续适用 ISDS,但较之以往做出重大限制。第一,允许提交仲裁的"合格投资争端"仅限于违反准入后国民待遇和最惠国待遇(即不适用于新设投资及并购)以及直接征收所导致的争端。⑤ 作为例外,对于与所谓"涵盖政府合同"(covered government contracts)有关的投资争端,赋予双方投资者更广泛的诉因,允许其因东道国违反本章规定的任何义务而启动 ISDS。⑥ 但涵盖政府合同仅限于石油和天然气、电力、电信、交通、基础设施等特定领域,即所谓"涵盖产业

---

① 廖凡:《投资者—国家争端解决机制的新发展》,《江西社会科学》2017 年第 10 期。

② See "In His Own Words:Lighthizer Lets Loose on Business, Hill Opposition to ISDS, Sunset Clause", October 19,2017.https://insidetrade.com/trade.

③ Lawrence L.Herman, "NAFTA Investment Disputes—Update", February 2018.http://hermancorp.net/wp—content/uploads/2018/02,2021 年 3 月 25 日访问。

④ USMCA 附件 14—C。

⑤ USMCA 附件 14—D,第 14.D.3 条。

⑥ USMCA 附件 14—E,第 2(a)(i)条。

部门"(covered sector)。① 第二,无论哪种诉因、哪类争端,投资者的程序性权利都较以往更为受限:投资者必须先向东道国法院或行政法庭提起诉讼,并获得终审判决或者自起诉之日起满 30 个月,才能提起 ISDS 仲裁。② 这实际上就是在国际投资争端中对用尽当地救济原则非常明确的强调。与新时期的投资协定中规定所谓岔路口条款,即当事方只能在东道国国内救济与国际仲裁之间二选一,选择一种即排除另一种已有很大不同。③ 即便是在一些仍然规定有用尽当地救济要求的投资协定中,也罕有长达 30 个月的"等待期"。就该原则的适用来说,USMCA 是对 NAFTA 以来发展趋势的偏离,而且能清晰地看到"美国优先",强化用尽当地救济和美国规制权下美式单边主义的日趋成型。

对 ISDS 机制做出重大修改,大幅度缩小仲裁机构受案范围,并新增空前严厉的用尽当地救济要求,更是一反 ISDS 的发展趋势,反映出美国对于国际争端解决机制的怀疑和强化国内法院管辖权的决心。但放在 USMCA 的整体框架内,这种转变不仅仅为强化东道国规制权。例如,协定的数据贸易章节全面禁止东道国的数据本地化要求,没有任何限定或豁免,完全无视东道国可能的合理监管要求和合法公共政策目标,与此前的 TPP 形成鲜明对比。所以,这无疑是为了最大限度地保护和实现在信息技术领域遥遥领先的美国跨国企业的利益。就此而言,USMCA 的要旨并非一般性地用尽当地救济原则和强化东道国规制权,而是有针对性地强化美国的规制权。这也符合特朗普政府在贸易领域的惯有话语模式:必须修改规则以扭转其他国家及其跨国企业长期以来都在利用不公平的贸易原则"占美国便宜"的局面。同时通过第 32 章第

---

① USMCA 附件 14—E 还有另外一个颇有意思的限定,即被请求方(东道国)必须是另一个允许 ISDS 的国际贸易或投资协定的缔约方[第 2(a)(i)(B)条]。换言之,只要美、墨任何一方不再是任何其他规定有 ISDS 的国际条约的缔约方,上述与涵盖政府合同有关的扩大仲裁范围的规定就不再适用。

② USMCA 附件 14—D,第 14.D.3(2)、14.D.5(1)条。

③ 例如,NAFTA 第 1121 条、TPP 第 9.21 条均规定了岔路口条款。

10 条所谓"毒丸条款",主要针对中国的非市场经济地位国家具有排他性的规定,折射出特朗普政府"美国(利益)优先"的强硬立场,以及日益明显的保护主义和单边主义倾向。华为、阿里、中兴等很多中国企业进入美国市场被限制或被全面限制,可以说,这都绝非偶然事件,而是有计划、有步骤的一系列行动。2020 年新冠疫情暴发以来,美国更是一路抹黑打压中国,2020 年 12 月拜登政府上台后,随着全球供应链等问题的出现,特别是俄乌战争的加速,从政治、经济、外交等各方面加强了对中国的压制、封锁和包围。美式单边主义的最终目标是重塑全球经贸原则,实现符合美国利益和需求的新一代"全球化"。美国正在重建以美国为中心的、美国利益优先的贸易新格局。这也是当今世界新变局的重要特点之一。

未来美国将以 USMCA 协定的范式展开更多的谈判或协定,致使国际投资环境将在保护主义、单边主义下恶化,充满着更多不确定。在此情况下,出现投资争端,中国企业如何应对保护自己的利益? 在美国如此强化美国政府规制权的态势下,用尽当地救济原则的适用或许将是未来无奈的现实举措。

而当今世界新变局下,一批新兴国家和经济体的兴起也是一个重要的特点。

作为新兴经济体的南非和印度向来不是 ICSID 公约成员。他们对投资协定也采取了较为模糊消极的态度。南非政府在第一代投资 BIT 排除用尽当地救济,换取投资自由化而保护投资者。现任政府准备以终止第一代 BIT 为目的而对其进行评审。印度曾直接在与欧盟的贸易协定的磋商中拒绝了 ISDS 条款并正审查已签订的 BIT 以防将来引发争端的条款。

所以综上可看出,目前世界以美国为首的保护主义盛行,全球政治经济环境变化,逆全球化趋势加剧,而 2020 年疫情蔓延造成世界经济深陷衰退,全球供应链严重断裂,国际市场急剧萎缩,跨国投资剧烈波动,经济持续衰退的背景下,虽然国际仲裁的机制本身有一裁终局、没有上诉程序、缺乏中立性的缺陷,但是在债务危机或经济危机短期内无法迅速扭转的情势下,无论是拉美国家、发展中经济新兴体还是发达国家,因为其国内的经济危机、债务危机等因素,卡尔沃主义在这些国家和地区的复活正是对 ISDS 机制管辖权的排斥,加强对国内法法院管辖,加强用尽当地救济回归正成为趋势。因此,在走出去战略指引下,对拉美地区、欧美、其他发展中国家不断扩大对外投资的中国,面临日遭质疑的国际仲裁机制,卡尔沃主义在世界范围复苏和用尽当地救济回归趋势背景下,更多国家加强主权规制和国内法院管辖,如何更好地保护海外投资者的利益,如何应对这种趋势和变化是一个值得思考的问题。

第五章　用尽当地救济原则与中国的实践

第一节　用尽当地救济原则与中国的外交保护实践

用尽当地救济原则是外交保护实施之前必须适用的一项习惯国际法原则。国际法委员会 2006 年《外交保护条款草案》第 14 条对该原则的适用做出了具体的规定。① 同时第 15 条对原则适用的例外情形也做了详细的说明。原则的设计是为了体现在外交保护中对国家主权下属地管辖的一种尊重,为了确保"违法的国家能够有机会在其国内通过本国的办法在其国家制度内进行对被侵害人的实施救济"。

正如印度著名学者罗斯所言:"如果说当地救济有什么缺陷的话,那只能说它缺少外国人的信任。"②然而随着经济全球化的发展,国际交往中人员和经济交流愈发频繁和加强。人的存在与发展在国际法价值体系中越来越受到

---

① See A/CN.4/L.684.

② See Jurnen Voss, The Protection and Promotion of Foreign Direct Investment in Developing Countries: Interests Interdependencies, *Intricacies*, *International and Comparative Law Quarterly*, Vol.31 (1982), p.45.

重视。大量的国际法律制度因为对人的利益予以更多的关怀体现出了人本化的趋势和追求。① 所以外国人与当地国的纠纷解决中，尽管解决方式多元化，但是用尽当地救济原则的适用仍具有其他方式不可比拟的重要价值。在现今中国已是双向投资国的形势下，该原则更具有重要的现实意义。

一、用尽当地救济原则的现实意义

改革开放深入推进，中国不仅是一个资本输入国也成了一个资本输出国。随着走出去战略的推进，大量的中国公民、中国的企业走向海外，据联合国贸发会的相关数据统计，中国已成为世界第二大投资国。② 大量的人员和企业走了出去随之而来是利益在当地国受到侵害不可避免，当今世界新变局背景下更是如此。遭遇到争端解决时，他们的权益和利益的保障和维护变得日益重要。中国作为一个资本输入国也面临更多的外国企业和公民进入中国，遇有争端时，是否能够真正维护国家的主权利益，国内是否具有完善的解决纠纷的法律体系为外国来华企业和个人提供令其信任的当地救济而不是直接寻求其国籍国的外交保护，这些都是直接关系到国家软实力和世界影响力的重要因素。《外交保护条款草案》第 14 条通过第 2 款说明了用尽当地救济的含义。③ 而且该条文对这项习惯国际法原则在外交保护实施前如何适用做了具体操作性的规定。而第 15 条对原则免于适用的例外情形也做了详细的规定说明。所以，适用当地救济解决争端，不仅具有充分的理论和现实依据，而且在实践中具有积极的现实意义。

---

① 参见何志鹏：《全球化与国际法人的人本主义转向》，《吉林大学社会科学学报》2007 年第 1 期。

② 参见联合国贸发会议网站：Information Economy Report 2017, http://unctad. org/en/pages/PublicationWebflyer.aspx? publicationid=1872,2018 年 3 月 21 日访问。

③ 第 14 条通过第 2 款："当地救济是指受损害的个人可以在所指应对损害负责的国家，通过普通的或特别的司法或行政或机构获得的法律救济"。See A/CN.4/SER.A/2006/Add.1 part.2 p.28.

（一）有利于外国人解决争端

外国人在当地国受侵害遇有纠纷时，维护和保障自己的权益的方式选择很重要。但是当地救济最直接利于争议的解决。首先因为受侵害者身处东道国或在东道国投资，特别是在一些法治程度和市场成熟度高的国家，对东道国的法律政策的认知和程序可能相比较国际仲裁更熟悉些。特别是投资中心的国际仲裁提交材料、仲裁员的任命等一系列程序较为复杂而且费用成本昂贵。再者，一些国际投资争端解决机构的案件从受理到审理往往历时较长。而在东道国当地寻求救济，对于受侵害者来说能够直接进入当地法院而无需担心所谓因主权豁免而产生的救济障碍。在东道国当地寻求的救济，诉讼中法庭及证人证据的联系和寻取以及来往交通出行的方便程度和成本来说都显得容易、方便和节约。从法庭审理案件的角度来说，它更便于和当事人取得联系。因此，求助当地救济比非当地救济的结果更能经济、迅速、便捷。从案件结果的执行角度来说，本国的或当地法院的裁决或判决比起外国法院或外国仲裁机构的决定或裁决及复杂的审查和承认等程序更易接受和执行。

（二）有利于维护东道国的利益

用尽当地救济原则是一项习惯国际法原则。从该原则的历史发展和设计初衷来说，首先是为了对东道国属地管辖的一种尊重，是对东道国利益的一种强调。在外国人的利益因当地国违反国际法的行为遭侵害的争端或争议出现，东道国能够有机会通过自己国家的法庭按照自己的方式调查和裁决相关侵害的法律问题，最终期冀达到免除自己的责任。在国际工商业公司案中国际法院认为在提起国际诉讼前受侵害者必须用尽当地救济。这样国际不法行为发生地有机会在其本国的司法体制中，通过自己的手段予以补救。[1] 这是

---

① I.C.J.Reports,1959,p.27.

对东道国国家利益的一种保护和尊重,特别在发达国家和发展中国家之间力量不平衡的情形下,用尽当地救济原则的适用避免了外交保护对发展中国家的干涉。尤其是在当下国际投资活动愈发频繁,无论是发展中国家还是发达国家都加大了对国家公共利益和公共秩序的重视和保护。正如前文所提到的,无论是在中国的双边投资协定中还是在欧盟最新的欧加双边投资协定的范本中,以及在澳大利亚、南非、印度等新兴国家的投资协定的争端解决机制中,都不同程度对用尽当地救济予以了重视。因为在争端或争议的解决机制的设计中,国家的公共政策或公共目标利益首先是应受到尊重和保护的。而在外国人和东道国的争端或争议中,国内法院和法庭比起外国的法院和仲裁庭能够更被信任来执行协定中的相关规定,能更好地保护国内企业、国家的经济主权和保护国家公共利益的目标的实现。这对于发展中国家尤为如此。

（三）有利于避免国际冲突的发生

当用尽当地救济原则被适用时,它不仅涉及争端争议中东道国的利益保护、外国人的利益保障和维护而且还涉及一个重要的第三方,即国际社会的利益。也就是把当地救济程序设想成该争端提交国际诉讼程序的一个阶段考量。诉讼程序被授予其中一方的某个机构来解决问题。但是国际社会的基本利益在于有序的国际社会秩序的维持和争端公平有效的解决。而这和东道国当地法庭的解决争端密切相关。预期的利益结果要求东道国尽可能去公平地解决争端。所以从这一点来说,它要求东道国充分利用当地救济解决同外国人之间的冲突而不需要通过外交保护的介入提交国际层面。当地救济的适用能够避免争端冲突上升为国与国之间国际层面的冲突。同时它也可避免由于受到国际关系、政治关系的影响而使东道国与外国人之间投资或侵害赔偿争议变成带有政治色彩的国际问题。而这将可能导致资本输出国与输入国之间的冲突,影响国际形势的稳定。所以该原则的适用有助于和平的国际形势,有利于国际社会利益的维护。正如民主德国迈斯乐所说它是"防止各国间就有关给与外国人的待遇可能产生的问题直接上升到国际领域并成为干涉弱小国家事务的一种手段"①。

由此可见,该原则的适用是融合了几方利益的综合考量的选择。它对当下国际投资、人员的交流和交往日益频繁形势下尤其具有重要的现实意义。

一方面东道国的主体地位被给予了一种职能。当地法院和准司法机构承担着涉及遭受侵害的外国人和违反国际法行为之间的争端解决。所以对于该原则的实施,东道国需要当地的司法性和准司法性的机构必须可以保证不偏不倚地公正实施。但是另一方面该原则实施的范围和限制也应有所考虑。因为虽然东道国从国家主权属地管辖角度维护自己的权益,通过国内法律制度处理和解决与外国人之间的争端是对国际社会有益的,但是随着国际法人本化的发展,国际法的理念和价值中个人的地位受到越来越多的重视。所以受害者及其国籍国期待寻求快速、有效的救济愿望也越发不容忽视。特别在国际投资领域,被侵害的外国人的利益维护应该快速、便捷、有效获得。所以《条款草案》第15条对该用尽当地救济原则可以在一系列例外情形下免予适用做了详细的规定和说明。同时草案通过第19条建议各国"should"遵循外交保护的某些做法,考虑为遭受重大损害的国民行使外交保护的可能性。各国应该考虑在重大事件发生时,在用尽当地救济的前提下,以外交保护为补救办法对受其害的国民提供保护。所以,由此也可看出,国家有某种义务考虑为在国外遭受严重损害的国民行使外交保护的可能性正在被国际法所承认。②

这正是国际法人本化对外交保护及用尽当地救济原则适用的要求。当前大量国民走向海外,频发的海外安全和侵害事件也已成为中国外交维护国民权益的一个重要课题。对内面对越来越多涌入中国的外国企业和个人,如何提升国内法律争端解决和救济体系,体现一个国家的软实力、影响力,也是一

---

①　John H.Jaxkson, *Legal Problems of Economic Relations*, West Publishing Co.(1986,2ed), p.598.

②　See A/CN.4/SER.A./2006/Add.1part.2,p.77.

个迫切需要关注的问题。

二、用尽当地救济原则与中国的外交保护

(一) 用尽当地救济原则的人本化趋势

20 世纪以来,经济全球化促进了国际法人本化的发展。对于国际法的人本化的定义,迄今尚未形成一致。西方这方面的研究主要是以国际人权法和人道法对整个国际法带来的影响和变化为观点,以国际法学者西罗多·梅恩为代表。[①] 国内对此问题的研究主要以曾令良教授为代表。[②] 简言之,所谓国际法的人本化即是国际法的相关原则和制度更关心人的价值和尊严,更重视个人的地位及对于人类的生存与发展具有意义的问题。最直接的体现是在二战后国际人权法、人道法的兴起和发展。而又因其发展,国际法在诸如国际法主体、国际承认、习惯法、条约法、国际法遵守的国际监督、国际法的执行、国际刑事司法、人道主义法或战争法等整个国际法领域的人本化趋势都得到了促进,包括在用尽当地救济原则的适用和适用的例外规定中。

随着经济全球化和一体化发展,全世界范围内国与国之间交流和合作更加频繁和广泛。国际法人本化趋势下个人的地位越来越受到重视。从国家角度来说,政府应该负担起更大的保护公民的责任。公民对政府提供包括外交保护在内的预期在不断增强。所以外交方面的相关法律和原则,特别是外交保护相关的法律制度更应体现出人本化的特征。[③]《外交保护条款草案》正是这种趋势的一种反映。该草案共 19 条,分别从保护的对象、范围及保护的力度及未来建议方面对该法律制度实施中注重个人利益做了较为综合的考虑。

---

① See Pirkko Kourula, International Protection of Refugees and Sanctions: Humanizing the Blunt Instrument, *International Journal of Refugee Law*, Vol.9, (1997), pp.255–265.

② "国际法的人本化主要是指国际法的理念、价值、原则、规则、规章和制度越来越注重单个人和整个人类的法律地位、各种权利和利益的确立、维护和实现。"参见曾令良:《现代国际法的人本化发展趋势》,《中国社会科学》2007 年第 1 期。

③ 参见曾令良:《现代国际法的人本化发展趋势》,《中国社会科学》2007 年第 1 期。

首先,条款草案对保护对象的涉及除了在第 1 条外交保护的定义和范围中提到了"属于本国的国民的自然人或法人"外,还通过第 6 条、第 7 条、第 8 条及第 13 条涉及双重或多重国籍人及无国籍者或难民。草案还对当地救济用尽后由外交保护提起对这人的求偿问题作了详细说明和规定。同时草案通过第 13 条对公司以外的法人,诸如一些大学、学校、基金会、教会、市政当局、非营利性团体及非政府组织等机构在面临当地救济用尽保护时的困境也做了救济的规定。

其次,从保护的力度来说,草案第 14 条规定了外交保护中的用尽当地救济原则适用的具体操作,并通过第 15 条对原则适用的例外情况一并予以说明和规定。本着对东道国主权下属地管辖的尊重,而给予东道国有机会通过自己的国内司法制度为受侵害者提供补救。所以在受侵害者国籍国提起外交保护前受侵害者必须用尽当地救济。当地救济也是受侵害者与当地国争端解决最经济、有效、快速的选择。但是随着国际法人本化的发展,个人的地位、价值和尊严受到越来越多的关注。本着对受害者及其国籍国期待寻求获得快速、有效的救济愿望的实现给予了更多的重视。所以《条款草案》对用尽当地救济原则的适用也做了例外规定。第 15 条(a—e)款从当地国不存在合理提供有效救济的可能性、受害者个人损害时与应负责国家的相关联系,到受害者个人被排除或应负责任的国家对用尽当地救济的放弃角度,对这些免于原则适用而可以直接提起外交保护的特殊情况做了详细的规定。这体现了《外交保护条款草案》对受侵害者的人本关怀和更多利益保护的考虑。

最后,第 19 条本着人本主义的关心,对更多外国人在遇到侵害时外交保护制度的实施作了发展性的期待建议。传统国际法观点看来,是否实施外交保护是国家根据利益进行自由裁量的结果。一个国家实施外交保护代表本国国民寻求救济,把本来属于国民和实施侵害行为的国家间的争端提高到了国籍国与施害国之间的国际程序。而《外交保护条款草案》第 19 条建议各国在外交保护时"should"遵循并在国民的权益受侵害时,按照本条款草案有权行使外交保护的国家应该实施外交保护并对此给出了具体期待性的建议。① 从鲁道夫·希斯案②、阿巴希和联邦外交大臣案③的裁决可看出,外交保护由一国酌情是否行使,但是该国在接受司法审查的前提下,国家应充分考虑行使外交保护设法协助国民的可能性义务。南非宪法法院通过卡翁达等人诉南非共和国总统案④也表明,此情况下可以认真地提出外交保护不应仅是国家的权利也应是国家的义务。国家有某种义务考虑为在国外遭受严重损害的国民行使外交保护。国际法人本化趋势下《外交保护条款草案》第19条的a款应该被视为该习惯国际法逐步发展的一步。而b,c款则从直接受害者角度考虑,认为外交保护中诉诸赔偿之事应尽可能考虑受害者的意见。在获得赔偿后,对于责任国的赔偿的处理,国家应该转交受侵害国民。所以第19条充分体现了对受侵害的外国人个体利益的更多考量,体现当前国际法人本化的趋势下用尽当地救济后外交保护的实施成为国际义务的一种发展态势。

(二)中国外交保护中用尽当地救济的立场

传统国际法上关于外交保护的定位,《奥本海国际法》中指出按照国际法

---

① 《特别报告员关于外交保护的第一次报告》:充分考虑行使外交保护的可能性,特别是当发生了重大的损害或侵害时;对于诉诸外交保护和寻求赔偿之事,尽可能考虑受害人的意见;并且把从责任国获得的任何损害赔偿在扣除合理费用后转交给受害人。虽然国家在外交保护实施的权利上有自由裁量酌情考虑的权利,但是有一种观点在增多,特别报告员在第一次报告中指出的国家或根据国际法,或根据国内法,有一定的义务(无论多么不完善)对在国外面临人权受严重侵犯的国民提供保护。许多国家的宪法都确认个人有权在国外就遭受的损害取得外交保护。See A/CN.4/506 document,p.28.

② See *Rudolf Hess case* ILR Vol.90 p.387,p.396.

③ See *Abbasi v.Secretary of State for Foreign and Commonwealth Affairs*,EWCA Civ.1598 and ILR Vol.125(2002)p.685,paras 69,79,80,82–83,107–108.

④ "政府或许有责任按照国际法下的义务采取行动保护一个公民不受严重侵犯国际人权标准的行为之害。如果证据确凿,政府很难拒绝执行提供援助的请求。若拒绝,对这种决定可以诉诸司法。而法庭可责令政府采取适当行动。"See South African Law,Reports 235(CC),ILM Vol. 4(2005),para 69,p.173.

一个国家没有保护其在国外的国民的义务。① 中国国际法学者基本也持同样观点，认为外交保护是国家的一项权利。一国有权保护其在国外的国民，但无义务和责任。② 中国政府对于外交保护的性质定位主要体现在中国代表在国际法委员会的 6 次声明发言中。他们的基本观点是基于资本输入国的角色，强调国内救济的适用，所以对用尽当地救济原则的适用予以接受。但是对用尽当地救济后的外交保护的实施及用尽当地救济的例外适用，因为担心和害怕导致外国政府对国内外国人和企业的外交保护，所以以国家关系为由予以了限制处理。

2002 年，薛捍勤女士在 57 届联大第六委员会的发言中指出外交保护是国家的一项权利，范围不应扩大。用尽当地救济原则的适用例外情形应该有所限制。否则会引起管辖权冲突，影响国家关系。③ 笔者认为该发言中，中国政府对用尽当地救济原则采取了保守而谨慎的态度。对于该原则的例外引起的外交保护的实施更是一种担心。同样的立场见于 2006 年段洁龙代表在第 61 届联大六委关于外交保护专题的发言。他再次强调了外交保护是一项国家权利而非义务。境外国民的利益保护首先用尽当地救济。同时用尽当地救

---

① "实际上各国对国外的国民往往拒绝行使保护的权利，这是一个国家自由决定的事。虽然它的国民的人身或财产在国外受到了侵害，它毫无疑问有权保护这样的国民，但是尽管依据国内法他有可能有这样的权利，但是所在国外的国民没有权利要求本国给予保护。它是国家主权权利而非国家义务。"参见[英]詹宁斯、瓦茨修订：《奥本海国际法》（第一卷第一分册），王铁崖等译，中国大百科全书出版社 1998 年版，第 332 页。

② 参见朱文奇主编：《国际法学原理与案例教程》，中国人民大学出版社 2006 年版，第 93 页。

③ 中国代表薛捍勤女士在第 57 届联大第六委员会关于"国际法委员会第 54 届会议的报告"议题的发言中提到，"国籍是一为本国国民提出外交保护的法律连结点，如果把外交保护扩大到上述范围，将不可避免地影响外交保护的性质，在某些情况下过分扩大国家干预的权利""中国代表团认为，用尽地方救济规则作为提起外交保护的一项惯例国际法规则已被广泛接受，特别报告员关于该条的建议草案也未在委员会引起较大的争议，但对于用尽当地救济原则的例外情况，国际法委员会则应谨慎行事，以使用尽当地救济与其例外情况之间取得适当的平衡。如果不当地扩大了用尽当地救济原则例外情况的适用范围，将对外国人所在国的国内管辖权构成侵害，某些情况下还会导致两国因管辖权发生冲突，进而可能影响国家间关系。"见 http://www.china-un.org/chn/lhghywj/idhy/yw/ld57/t40105.htm，2017 年 9 月 8 日访问。

济的例外应该有所限制。① 笔者认为当时中国政府鉴于中国主要是资本输入国而强调属地管辖,对内强调首先用尽当地国的救济。而对用尽当地救济原则适用的例外情况予以消极对待。对例外下的外交保护的实施担心和害怕。也正因为对用尽当地救济原则的如此立场才导致了中国政府外交保护的实践很少。而现今中国已是双向投资国,大量的中国企业和公民走向海外,他们的利益需要保护,所以中国政府对内和对外的用尽当地救济需要同样的考虑。特别是受侵害者用尽当地救济而无法获得公正、合理待遇时中国人的利益保护更需要关注。

三、三一重工诉奥巴马案的启示

2015 年 11 月 4 日,中国三一重工集团公司诉美国奥巴马案以其子公司罗尔斯与美国政府达成全面和解而告终。②

当时国内媒体一片沸腾,如果说此前三一集团对奥巴马政府的起诉是一次"勇敢的亮剑"③,那么此次和解则是具有里程碑式的事件。④ 它的阶段胜利和全面和解是中国企业尝试用尽当地救济维权的胜利,对今后更多中企的走出去以及中国政府对海外利益的保护有着重要的启示。

---

① 中国代表段洁龙先生在第 61 届联大第六委员会关于"国际法委员会第 58 届会议工作的报告"议题中外交保护和国际法不加禁止行为所产生的损害性后果的国际责任两项专题的发言中提到,"我们认为,行使外交保护权应遵循以下原则:第一,外交保护是国籍国的权利而不是其义务。第二,国籍国在行使外交保护时,不能侵害损害发生地国的领土管辖权,也应尊重该国的法律。第三,对境外本国公民和法人保护,应立足于由损害发生地国法律保护,由该国法律保护是根本,由国籍国保护是补充,国籍国在任何情况下都不能取代受害者所在地的法律保护。第四,国籍国应确保其所采取的外交保护措施与所受损害相称,不得采取过度措施。"见 http://www.fmprc.gov.cn/chn/gxh/tyb/wjbxw/t283191.htm,2017 年 9 月 8 日访问。

② 央视网:《"三一集团诉奥巴马案"达成全面和解》,见 http://news.sohu.com/20151105/n425321296.shtml,2018 年 3 月 4 日访问。

③ 肇南:《三一集团起诉奥巴马是勇敢亮剑》,见 http://www.sanyigroup.com/group/zh-cn/media/33789_for_special_list_text_content.htm,2017 年 10 月 29 日访问。

④ 海外网:《外媒:三一重工告倒奥巴马是里程碑式事件》,见 http://www.sanyi.com/company/hi/zh-cn/media/38946_for_special_list_text_content.htm.(2017 年 10 月 29 日访问)。

（一）基本案情

2012年6月，美国外资投资委员会CFIUS以"涉嫌威胁国家安全"为由，要求三一重工集团的子公司罗尔斯公司在俄勒冈州相关风电项目停工。2012年9月12日，罗尔斯公司对CFIUS以行为"违法且未经授权"提起诉讼。同年10月，当时美国总统奥巴马因签发总统令，支持CFIUS的裁决，被罗尔斯公司一并起诉。2013年10月9日，三一重工子公司一审诉求被美国哥伦比亚特区联邦地方分区法院驳回而败诉。2014年7月15日，哥伦比亚特区联邦上诉法院庭判决美国政府需要向罗尔斯公司提供相应的程序正义。这意味着三一集团起诉奥巴马在美国巡回上诉法院获胜。[①] 后双方依据上述判决达成了和解。

这个判决表明三一重工在美国的这项投资没有危害美国国家安全。另外，三一在美国的合法权益得到了有效的保障。而此次和解反映了三一重工在美国起诉奥巴马案取得了一个不错的结局。究其原因，三一重工充分运用当地的司法救济赢得了诉讼的胜利。当然中国政府对本案的立场和外交努力为这次法律争端的解决也起到了很大的促进作用。

（二）原则的适用

在三一集团之前，曾有大量的中企赴美国投资收购终因"国家安全"原因而撤回作罢。此次三一集团利用当地司法救济进行维权的胜利无疑为其他赴美投资的中企提供了一道法门。[②]

用尽当地救济原则作为一项习惯国际法原则，尽管设计的初衷是为了维护东道国的国家主权，但是也可为海外投资争端的解决提供一个非常直接的

---

① 中新网：《中国三一集团起诉奥巴马在美国巡回上诉法院胜》，见 http://www.chinanews. com/cj/2014/07-16/6392417.shtml，2017年9月21日访问。

② 彭飞：《三一重工"尊严诉讼"解围中企赴美收购难题争议解决》，《法人》2015年第12期。

途径。所以在国际投资活动的一些多边投资条约和双边投资条约中被采纳。它是指外国人在东道国受侵害,在未用尽东道国当地法律适用的所有救济之前,其本国不得实施外交保护追究东道国国际不法行为所导致的国家责任。

目前中美之间尚未签订双边投资协定,所以在三一集团在美收购受阻后,采取诉讼的形式寻求当地的司法救济解决争端。这在美国这样一个市场经济和法制成熟的国家主动出击是最优之举。该案中三一重工首先从项目被否定的法律根据中去寻找司法救济的诉由。该风力发电项目被美国外资投资委员会(CFIUS)通过禁令定位为"覆盖交易"且该交易会造成美国的国家安全威胁的主要法律依据在于,1950 年的《国防生产法案》第 721 节的规定及 1988 年埃克森—费罗里奥修正案。2007 年因国家安全的需要,美国国会通过《外国投资与国家安全方案》(FINSA)对《国防安全法案》第 721 节进行修订。①②而在修正案生效后美国总统的首次审查权、决定权以及调查的义务被其直接交与了 CFIUS。该机构能够建议总统发布行政命令禁止或终止交易。CFIUS 在罗尔斯公司(三一重工子公司)收购项目的审查中先是以其涉嫌威胁国家安全为由通过两个禁令否定了该项目,然后通过裁决命令三一集团撤出 Butter Creek 项目所有股权和设备且不允许转让。所以罗尔斯公司对其在哥伦比亚特区联邦地方分区法院提起诉讼。而当时总统在收到 CFIUS 的报告后发出总统令。③至此三一集团罗尔斯公司只好对美国总统一并提起了起诉。

美国《国防生产法》721 节赋予美国总统"在应当中止或禁止覆盖交易的

---

① 它将 CFIUS 的地位法律化且定位为实现 1988 年修正案的目标而为总统所任命的部门。美国总统的授权来源于埃克森—费罗里奥修正案,即该法案授权美国总统可以采取任何适当的措施调查任何被认为威胁美国国家安全的外国收购、并购或接管的交易。若有必要时,总统也可终止或禁止该项交易。

② 罗千:《三一重工关联公司诉奥巴马案评析》,《中国外资月刊》2013 年第 24 期。

③ 奥巴马总统令:支持 CFIUS 的裁决,并授权 CFIUS 调查所有涉案公司账目、通信往来、企业备忘录、办公设备、电脑数据、软件的权力;并授权司法部采取任何必要的手段执行该总统令。CFIUS 的相关决定已被奥巴马总统令所取代。参见华云:《三一起诉奥巴马案达成和解,到底谁赢了?》,见 http://news.ifeng.com/a/20151110/46181915_0.shtml,2017 年 10 月 28 日访问。

情况下采取行动"。但是奥巴马在总统令中却命令罗尔斯公司撤出其在目标公司的所有投资；从风电项目中撤离罗尔斯的所有财产和物品。禁止罗尔斯公司移除其所有物品以外的其他项目，禁止罗尔斯公司在移除其所有物品并获得 CFIUS 的许可前向第三方出售或转移目标公司。所以奥巴马总统的总统令既超越其职权范围，同时又侵犯了三一重工集团子公司罗尔斯公司在美国宪法特别是第五修正案规定下的程序正义和平等的权利。另外，三一集团子公司罗尔斯认为美国总统未提供危害国家安全受到侵犯的事实，即仅以国家安全为名，在未经正当程序下令罗尔斯清除其设备和建筑是侵犯了其财产权，违反了正当程序下罗尔斯公司所享有的要求公开听证和了解总统决定理由的权利。再者，该总统令对罗尔斯公司选择性审查执法，侵犯了罗尔斯公司享有的平等权。2013 年 10 月 9 日，美国哥伦比亚特区联邦地方分区法院驳回了三一重工针对奥巴马发出的总统令违反程序正义的诉讼请求。此案三一重工一审败诉。

此案被三一重工上诉至上诉巡回法院，2014 年 7 月，法庭判决美国政府需要向罗尔斯提供相应的程序正义；美国政府因为未能向罗尔斯公司提及具体的原因和评估的手段及辩驳的机会而违反了美国宪法第五修正案中"不经正当的法律程序不得剥夺财产"的规定。此案二审获得胜利。后来经中国政府外交努力双方达成了和解，三一重工和美国政府的投资法律纠纷至此结束。

三一集团通过当地司法救济，历经一审、二审、最终和解的结局对中国企业的海外投资利益保障具有重要的实施意义。美方承诺包括国有企业在内的中国赴美投资者都可以享受到开放的投资环境，CFIUS 的审查也只是限于国家安全而非经济政策或其他国家政策的审查。这一结果的取得和中国政府在两次中美战略经济对话谈判中对本案的关注和外交努力是分不开的。

（三）对中国企业海外投资的启示

此次诉讼三一集团获得了司法上的救济，迫使美国政府撤回了总统令并可以将风电项目转让给中意的买家。同时判决说明三一重工这项在美国投资不涉及威胁美国国家安全问题。虽然该判决维护了三一重工在美国的投资的合法权益,但是,三一公司的损失也是巨大的。该风电项目的投资彻底泡汤是事实。三年里,原本投产可以获得的经济收益都化为乌有;停工损失巨大;美国政府的税收返还也无从谈起。而这些还不包括法律成本。如果事情继续这样拖下去,司法成本和经济损失都是巨大的。[①] 所以经过当地司法救济这个阶段,为了保护中国海外企业利益免受更多的侵害,在中国政府和美国政府关于投资协定谈判的大背景下,中国政府促成了该案的和解。但是更为重要的启示应该在于在欧美国家法治成熟的环境下进行的投资经营活动,法律风险原则的熟悉和风险的防范是一种必须。遇有争端或不公平待遇时,为了捍卫自己的利益,用尽当地的救济是直接最优的选择[②]。而且对于更多走向法制较为健全、法律体系完善的欧美地区的中国人和中国企业来说,若与当地国遇有争端利益受到侵害时,为了维护自己的权益,首先寻求当地救济应该成为一种常态选择。

第二节　用尽当地救济原则与中国双边投资保护协定

一、用尽当地救济原则在 ICSID 中的适用

(一)双边投资保护协定与 ICSID

国际投资保护协定源于 20 世纪 60 年代早期德国发起的一种和国家间签

---

① 中国经济网:《三一诉奥巴马案结果,美方承诺公平对待跨国投资》,见 http://business. sohu.com/20130722/n382280365.shtml,2017 年 10 月 12 日访问。

② 参见金泽虎:《"阶段性胜利"的示范效应评估——三一关联公司 RALLS 诉讼奥巴马案例的基本分析》,《湖南学院学报》第 36 卷第 3 期。

订的双边条约,后来逐渐发展为双边投资条约,即简称为 BIT 或 BITs。① 至此,该类型的条约成为一种独特的致力于促进和保护投资的国际条约,后又被称为两国间关于鼓励和互惠保护的投资保护协定或者两国间互相促进和保护的投资协定。经过近六十年的发展,双边保护协定增长迅速。联合国国际贸发会议的研究显示,国际投资协议的全球性体系正在迅速扩大,特别是一些发展中国家已跻身世界上签订双边投资条约较多的国家行列。根据国际贸发会议的统计显示,截至 2022 年 5 月,中国已成为签订投资保护协定最多的发展中国家,达到 145 个,仅次于德国。② 但是国际贸发会议的报告也指出,现有国际投资协议的密集可能会意味着更高的风险。发展中国家应该谨慎对待双边投资保护协定的双刃剑效果。一些发展中国家为了吸引外资,在外国投资者与东道国的争端解决机制中放弃主权国家的当地救济和司法管辖,给予外国投资者很高的保护标准;而另一方面,他们又必须对国家经济有一定的规制权来保证国家的根本经济利益和国家安全。所以双边投资协定中,如何在保持当地救济等的主权规制的同时,吸引外国投资者的投资也是今天中国应该非常关注的一个问题。

国际投资保护协定通常包含投资者与东道国的投资争端解决条款的设置。投资者和东道国间的争端解决可以通过在国际层面和国内层面多种方法解决。典型的方法有投资者和东道国之间的协商、谈判,调解或仲裁,及东道国境内当地救济的适用、国与国之间的仲裁或者外交保护等。但是在这些方法中,投资者和国家间的投资仲裁成了较受欢迎的一种方法。这主要因为早期的双边投资协定主要由发达国家提起。他们通常不信任东道国的当地救

---

① See Oukawa Shin, *On Overseas as Investment and Bilateral Treaty*, in An Chen(ed.and translated), The History and current Situations of International Economic Legislation, Law Press, 1982, pp.119-144.

② 参见国际贸易发展会议网址, http://investmentpolicyhub.unctad.org/IIA/CountryGroupingTreaties/28#iialnnerMenu,2021 年 10 月 9 日访问。

济,认为东道国当地缺乏完善的法律体系和制度或司法不独立等。而投资仲裁能够起到更好的保护作用。① 在此背景下,外国投资者与国家争端解决中心(简称 ICSID)产生了。②

然而,对于投资仲裁的偏好只是硬币的一面。近年来,有一些发达和发展中国家纷纷开始对 ICSID 的正当性质疑并开始放弃投资仲裁。澳大利亚已经决定在未来的双边投资保护协定中放弃投资仲裁。③ 更有拉美的一些国家如玻利维亚、厄瓜多尔、委内瑞拉直接宣布退出 ICSID 公约④。现实来说,放弃国际仲裁将会导致当地救济的优先使用,也就意味着外国投资者必须求助于当地救济解决争端,即使想求助于自己的国籍国寻求外交保护,也必须在国际法下满足用尽当地救济的要求。造成这种趋势的原因主要在于近年来 ICSID 在争端解决中通过公约第 26 条的规定要求、岔路口条款及最惠国待遇适用解释等,对用尽当地救济原则的适用进行了规避、架空。它扩大管辖权,对投资者的过度保护及对东道国的主权规制和削弱激起了东道国的反感。

(二)《华盛顿公约》第 26 条:要求需明示

用尽当地救济原则作为一项古老的习惯国际法原则,指的是受到东道国侵害的外国人在东道国当地应该用尽的救济没有用尽之前,不能要求其国籍国启动外交保护、进行包括启动国际法院诉讼或提起国际仲裁在内的

---

① See Manjiao Chi, *Privileges Domestic Remedies in International Investment Dispute Settlement*, 107 AM.Soc'y Int'l L(2013), pp.26-29.

② 依据 1965 年的《关于解决国家和其他国家国民投资争端公约》(简称《华盛顿公约》),外国投资者与国家争端解决中心(简称 ICSID)产生。该机构的目的是为了增强发达国家投资者向发展中国家进行投资的信心并通过仲裁和调解来解决投资争议。中国 1990 年签署该公约并于 1993 年正式成为该公约缔约国。截至 2021 年 12 月,ICSID 的成员国已达 159 个。http://investmentpolicyhub.unctad.org/IIA/CountryGroupingTreaties/28#iiaInnerMenu,2017 年 10 月 9 日访问。

③ See Leon E. Trakman, *Investor State Arbitration or Local Courts: Will Australia Set a New Trend?* J World Trade,46,(2012),p.83.

④ See Denunciation of the ICSID Convention: *Impact on Investor-State Claims*, ILA Issue Note No.2,2010.

国际求偿。① 2006 年联合国国际法委员会通过《外交保护条款草案》第 14 条、第 15 条，对用尽当地救济原则的适用和例外的 5 种情形作了条文规定。② 其中若该原则被确定已为东道国放弃时可以不予适用。

　　1989 年国际法院在艾尔西公司案③的裁决中，秉承国际法的传统理念，对用尽当地救济原则的适用予以了说明。裁决指出条约对一项重要的习惯国际法原则未做规定并不表明该原则不能适用，因为重要的国际法原则不能被默示放弃。④ 争议解决条款中未规定当地救济原则通常并不构成对该原则的默示放弃。所以笔者在此认为，作为被国际法不断实践而普遍认可的一项重要国际法律原则，用尽当地救济原则在实践中的适用并不需要预设。投资保护协定中若对该原则的放弃必须明确表达而不能因为没有规定而推定默示放弃，所以放弃需明示。

　　但是《华盛顿公约》第 26 条的规定则颠覆了传统国际法的规定。⑤ 对用尽当地救济原则的处理，即是缔约国若要争议诉诸 ICSID 仲裁前适用该原则必须明确表示，否则视为放弃。在公约的起草中，尽管这一点受到了来自拉美等发展中国家的反对。他们坚持维持传统国际法上用尽当地救济的要求。但是德国、法国等西方发达的资本输出国还是占了上风。当地救济在公约中只是在国家明确表示适用时才用，而不是向 ICSID 提起争议诉诸优先适用的强制前提。虽然后来国际复兴开发银行在报告中也对第 26 条的立场做了进一

---

　　①　See Edwin Montfiore Borchard, *The Diplomatic Protection of Citizens Abroad or the Law of International Claims*, New York：The Banks Law Pub Co, 1915.

　　②　参见姚梅镇：《国际投资法》，武汉大学出版社 1987 年版，第 397 页。

　　③　I.C.J.Report 1989, pp.15–21.

　　④　I.C.J.Report 1989, pp.15–21.

　　⑤　《华盛顿公约》第 26 条明确规定：除非另有规定，双方同意根据本公约交付仲裁，应视为同意排除任何其他救济方法而交付上述仲裁。缔约国可以要求以用尽该国行政或司法救济作为其同意根据本公约交付仲裁的条件。参见《国际条约库》，见 http://202.121.165.25：9029/Act/Act_Other_Treaty_Display.asp？lang = 1&ChannelID = 1060000&KeyWord = &RID = 3023，2018 年 3 月 15 日访问。

步的澄清,指出它的目的不是对传统国际法的优先用尽当地救济的做法的放弃。但是,在实践中很多时候东道国往往就是因为没有对争议提起 ICSID 前优先用尽当地救济予以明确规定而失去当地救济原则的适用,使主权的规制受到削弱。Amco Asia Corp. v. Republic of Indonesia 案①中印度尼西亚的利益受损正是因为 ICSID 认为该国没有在接受管辖前明确规定必须用尽当地救济,所以在争议被提交 ICSID 时即被认为该国已放弃了原则的适用。

(三) ICSID 实践中对原则的限制和规避

除了第 26 条颠覆性的原则适用要求,用尽当地救济原则在 ICSID 的实践中被以更多不同的理由进行了限制和规避。

首先是 ICSID 对当地救济设置有期限。为了确保外国投资者在一定时间之内寻求东道国当地救济的措施后还能够有足够的时间及时寻求国际层面的救济,许多国家在缔结的双边投资协定时会附加一定的期限,或 3 个月或半年或一年不等。这一点 ICSID 仲裁庭在马菲尼兹 v. 西班牙王国案中予以了肯定。但是,这种对当地救济附期限的规定是对东道国司法和行政机关的效率的更高要求,某种程度上是为了保护投资者而限制了对用尽当地救济原则的适用。它会使外国投资者不经过东道国当地救济程序而只是为了等期限结束立刻直接提交包括国际仲裁在内的其他途径。

其次是 ICSID 对双边条约中岔路口条款的处理。在双边投资保护协定中,为了让投资者有一定的选择自由,协定中通常设有岔路口条款。该条款意指在争端产生后,外国投资者可以在东道国当地救济和国际救济间任选其一。一旦做出选择则为终局接受。但是 ICSID 在实践中经常通过既判力原则严格解释两种诉求因素而导致原则的适用形同虚设。仲裁法庭通过 The Loewen 案②的裁决表明当外国投资者在国内当地救济的程序走完后,若认为裁决不

———————————

① See *Amco Asia Corp. v. Republic of Indonesia*, ICSID Case No. ARB/81/1.

② See *ICSID Case No.* ABB(AF)/98/3, Award of June 26,2003.

公正,还可以有机会因为不公待遇而再次选择国际救济。这对于投资者来说享用了双重救济,而对于东道国来说,用尽当地救济原则的适用权利被 ICSID 以这种对岔路口条款的处理而架空了。

更有甚者,ICSID 通过对最惠国待遇条款的程序规定适用的解释对用尽当地救济原则的适用进行了规避。最惠国待遇不是习惯国际法原则。仲裁庭在"墨菲尼兹"案中未经缔约国的同意认为 MFNT 条款可以进行程序性适用。这种做法实际上规避了用尽当地救济原则,削弱了东道国国家的经济主权,使国际投资活动处在潜在的国家风险中。

所以 ICSID 在国际投资争端解决中对用尽当地救济原则的颠覆、限制和规避,实际上是削弱或某种程度上剥夺了东道国灵活的司法管辖和主权规制权。这也是近年来一些国家对 ICSID 质疑和放弃的主要原因。正如 ICSID 下瑞典的 PhillipMorris 诉乌拉圭案的相关评论所指出的:"很多时候,这种建立在双边协定基础上的投资者和国家的诉求就像'一个大大的坏公司'针对一个正准备通过好的法律关注公共卫生和健康的政府之间的控诉。"[1]就本案,更有评论者指出,这种烟草的法律规定和投资者国家仲裁之间的冲突应该不仅是烟草公司和公共卫生部门之间的利益主题,更应该是未来投资者仲裁各利益方,特别是对国家的公共政策和利益需要有充足制定和调整空间的东道国应该关注的议题。[2] 因为目前几乎所有的投资者国家投资仲裁条款中都允许投资者单方面提起针对东道国的仲裁。这些条款挤压甚至剥夺了国家公共政策既定的空间。尽管有仲裁前的谈判、协商、后冷却期的要求,但是通常这些要求只是程序性的,对投资者国家投资仲裁条款的限制作用太有限。而对东道国来说,为了公共政策利益和主权的规制,他们应该对协定中的用尽当地

---

[1]　See Luke Nottage, International Arbitration in Australia: Selected Case Notes and Trend, Australian International Law Journal, Vol.19, 2012, pp.181–212.

[2]　Warren-clem, Keegan, *PMI v. Uruguay: Public Health and Arbitration Intertwined and Undermine*d. Law and Business Review of the Americas, Vol.21, Issue 4(Fall 2015), pp.395–410.

救济要求的规定重新审视。对已有大量投资协定的中国来说也应如此,因为高密集的协定体系意味着高风险。

二、用尽当地救济原则在中国签署的 BITs 中的适用

近年来,随着中国经济的发展,走出去战略和一带一路倡议的推进,中国成为双向投资国,既是一个资本输入国也是一个资本输出国。据商务部、外汇局统计,2022 年 1—5 月,我国对外全行业直接投资 3684.8 亿元人民币,同比下降 2%(折合 572.5 亿美元,同比下降 1.3%)。其中,我国境内投资者共对全球 157 个国家和地区的 3302 家境外企业进行了非金融类直接投资,累计投资 2870.6 亿元人民币,同比增长 2.3%(折合 446 亿美元,同比增长 3%)。[①]投资区域分布较为广泛,有东南亚的周边国家更有目前跨国投资者最具吸引力的欧盟、美国、日本以及澳大利亚,加拿大等发达国家。这些众多对外投资经济活动主要通过中国和投资国所签订的双边或地区性的投资协定而予以规制和展开。据联合国贸易发展委员会数据,截至 2021 年 12 月,中国已签署 145 个双边和多边投资协定。大多数的协定当中都有投资者和国家的争端解决条款。中国签署的 BITs 所包含的投资者与国家争端解决条款中的用尽当地救济原则的处理在不同阶段有不同的要求。[②]

(一)用尽当地救济要求在 BITs 中的规定

1. 早期坚持优先适用

据统计看来,从 20 世纪 80 年代到 90 年代中期中国对外签订的双边投资条约基本都坚持了用尽当地救济的原则。中德(1983 年签订)、中法(1984)、

---

① 中国商务部数据统计:2022 年 1—5 月我国对外全行业直接投资简明统计,http://hzs.mofcom.gov.cn/article/date/202206/20220603322653.shtml,2022 年 7 月 27 日访问。

② 参见《2016—2020 中国对外投资合作发展环境深度调研及投资机会评估报告》,中投顾问产业研究中心出品,http://d.ocn.com.cn/investdb.html,2021 年 11 月 15 日访问。

中国荷兰(1985)、中国—芬兰(1984)、中国—丹麦(1985)、中国比利时与卢森堡(1984)、中国—波兰(1988)等大多数双边协定中都对争议发生一定时间内不能协商解决,则必须适用东道国当地的行政和司法救济作出规定。倘若是关于国有化或征收问题可直接提交仲裁。比如中法投资协定中的第 8 条第 2、3 款对此进行了规定①。

特别在中国和摩洛哥的双边投资协定(1995 年签订)②中争端解决条款除了上述条款之外,第 4 条特别针对征收和国有化的仲裁处理规定要优先适用东道国的法律包括冲突法律。

所以从以上中国所签署双边投资协定的规定可看出,早期的协定中约定争议在友好协商不能解决时必须要用尽当地救济获得解决。笔者认为当时中国主要处于吸引外资阶段,用尽当地救济原则的适用要求是对作为东道国国家司法主权的一种控制和保留。

2. 加入 ICSID 后不提及要求或选择适用

随着国际投资自由化的发展,1993 年中国加入 ICSID 后签署的一些双边投资保护协定放松了用尽当地救济要求。1996 年中国和沙特阿拉伯的双边投资协定中规定了"缔约一方与缔约另一方投资者有关征收和补偿数额的争议可提交仲裁"③。而到了 1997 年后,随着中国走出去战略的提出,投资协定中对争议的事项已不再设限,所有争议都可提交国际仲裁,同时规定国际仲裁和当地司法救济是岔路口式的二选一。选择其一即作为终局。当地救济在协

① 参见 1984 年签订的《中华人民共和国政府和法兰西共和国政府关于相互鼓励和保护投资协定》第 8 条:一、缔约任何一方与缔约另一方的投资者之间关于投资的争议,应尽可能由争议双方通过和解决。二、如自争议的任何一方提出之日起六个月内未能得到解决,争议可按投资者所选择的下述程序之一加以解决:(一)由投资者向接受投资缔约一方的主管行政当局提出申诉;(二)由投资者向接受投资缔约一方的有管辖权的法院提出司法诉讼。三、有关第四条第二款规定的征收和国有化补偿额的争议,可诉诸上述第一、二款规定的程序。

② 参见 1995 年签订《中华人民共和国政府和摩洛哥王国政府关于鼓励和相互保护投资协定》第 10 条。

③ 参见 1996 年签订《中华人民共和国政府和沙特阿拉伯王国政府关于相互鼓励和保护投资协定》第 8 条。

定中分为司法救济和行政复议。其中行政复议是国际仲裁的前置程序,比如 2006 年中国—俄罗斯第 9 条的规定①。且在 2001 年中国—荷兰②、2005 年中国—比利时和卢森堡③、2007 年中国—法国④等协定中都有类似的规定。对于用尽当地救济和提交国际仲裁或 ICSID 仲裁,两者任选其一作为终局的规定,笔者认为正是这种二选一式的岔路口条款,使得 ICSID 通过扩大管辖权的解释规避了用尽当地救济原则。

(二) 原则在中国双边投资协定中的适用问题

所以根据以上可看出,中国对于投资保护协定中用尽当地救济原则的立场可分为两个的阶段,1998 年之前和 1998 年之后。协定中对用尽当地救济的要求从早期限制争议的类别和坚持用尽当地救济到逐渐放开争议类别,用尽当地救济和行政复议作为提交国际仲裁前置的二选一的岔路口式规定。因此中国国际投资中对用尽当地救济原则的适用要求在逐渐放松,甚至实质上已名存实亡。国内学者特别是国际法学者陈安教授一直在呼吁为了维护国际投资中国家对公共政策和利益的主权,对坚持适用用尽当地救济的原则立场不容放弃和动摇。⑤

---

① 参见 2006 年签订《中华人民共和国政府和俄罗斯联邦政府关于促进和相互保护投资协定》第 9 条。"二、如争议自争议任何一方提出之日起 6 个月内未能通过协商友好解决,则应将其提交给:(一)作为争议一方的缔约方国内有管辖权的法院;或(二)根据 1965 年 3 月 18 日在华盛顿签署的《关于解决国家和他国国民之间投资争端公约》设立的'解决投资争端国际中心'(简称"中心")(如果该公约对缔约双方均已生效);或依据解决投资争端国际中心附设机构规则进行(如果该公约对缔约一方未生效);或(三)根据《联合国国际贸易法委员会仲裁规则》设立的专设仲裁庭。"

② 参见 2001 年签订《中华人民共和国政府与荷兰王国政府关于鼓励和相互保护投资协定》第 10 条。

③ 参见 2005 年签订《中华人民共和国政府和比利时—卢森堡经济联盟关于相互促进和保护投资的协定》第 8 条。

④ 参见 2007 签订《中华人民共和国政府和法兰西共和国政府关于相互鼓励和保护投资的协定》第 7 条。

⑤ See An Chen. *Should the Four Great Safeguards in Sino-Foreign BITS be Hastily Dismanted-Comments on Provisions Concering Dispute Settlement in Model U.S and Canadian BITs*, J.World Investment & Trade, 7, (2006), p.899, p.934.

近年来,中国具有强劲的经济实力、稳定的国内政治环境、强大的潜在市场,对外资有强大吸引力。所以中国在相当长的一个时期内仍会保持自己资本输入国的现实。同时中国外资审批制度在立法和操作中存在的问题使得外国投资者若直接提交仲裁,中国便将面临着数量较大的被诉案件。对于争端本身违反中国国内的法律时更需适用国内法律下的救济解决。所以在中国的投资协定中用尽当地救济的原则应该坚持优先适用。它不仅可以解决争端,同时也会加强中国国内相关法律体系的构建和完善。目前协定下的用尽当地救济原则适用中的一些问题必须引起注意。

1.行政复议实质放弃了当地救济

当前中国对外缔结的双边投资条约中,允许把用尽东道国的国内行政复议程序作为外国投资者与东道国政府之间的投资争端提交国际仲裁的前置程序,这一点是可取的。因为争端发生在中国境内,在外国投资者与中国政府或各级地方政府之间,如果投资者没有在中国国内法律制度下获得裁决就提交仲裁,将会对中国政府不利。因为 ICSID 仲裁庭做出的裁决可能是中国政府必须接受且要承认和执行。所以,用尽行政复议程序的设置,争端在被提交国际仲裁之前,中国当地政府可以有机会对不当行政行为进行纠正以避免走上国际救济程序。但是行政复议根据我国《行政复议法》第14条规定[1]属于二级复议。若在此过程中该复议是只经过一级而未经过二级申请的复议,在一级决定生效后是否认为行政复议救济已经用尽?目前法律中对此并没有规定。另外,《行政复议法》只将部分抽象行政行为纳入行政复议的范围,但是国务院制定的包括行政法规在内的所有抽象行为和所有规章并未纳入。倘若国际投资争端正是由于这些行为所导

---

[1]　参见《中华人民共和国行政复议法》第14条:对国务院部门或者省、自治区、直辖市人民政府的具体行为不服的,向作出该具体行政行为的国务院部门或者省、自治区、直辖市人民政府申请行政复议,对行政复议不服的可以向人民法院提起行政诉讼,也可以向国务院申请裁决,国务院依照本法的规定作出最终裁决。

致的,那么在中国的外国投资者的当地救济原则适用实际上是无法适用的。因此《行政复议法》应该在具体法律制度中对这部分有明确的区别和规定。

2. 中国国内法院判决是否是用尽当地救济的终局

在中国签订的多个双边投资协定中,为了保护外国投资者,条款中通常有"公平公正待遇""不得歧视的国民待遇和最惠国待遇""征收和补偿问题的赔偿""自由转移"等规定,比如 2007 年中国和法国的双边协定第 3 条和第 4 条的规定。① 如果在中国与外国投资者之间今后出现类似于 The Loewen 案②的争端,因为外国投资者认为中国法院关于普通合同的争议裁决不公,按照条约中"公平公正待遇"或"国民待遇或最惠国待遇"等规定为由将中国政府提至 ICSID 或国际仲裁庭,那么此时,当地救济用尽怎么判断? 中国法院的国内法判决本身是否包括在双边条约仲裁范围之内? 如果在内,中国司法主权被侵犯。所以在这点上,笔者认为为了避免重蹈 The Loewen 案的情况,中国今后在修订或签署新的双边投资协定时,条约中应该明确规定把东道国国内法院的判决排除在国际仲裁的范围之外。

3. 用尽当地救济原则适用的最惠国待遇效应

中国几乎所有双边投资保护协定中,为了加强对外国投资者的投资保护都有类似于中法协定第 4 条款的规定③。那么该条款是否也包括用尽当地救济原则的适用? 协定中的最惠国待遇条款到底是程序性还是实体性适用的问

---

① 参见《中华人民共和国政府和法兰西共和国政府关于相互鼓励和保护投资的协定》第 3 条规定:"任一缔约方应当根据普遍接受的国际法原则给予缔约另一方的投资者在其境内或海域内所作的投资公平和公正待遇",第 4 条规定:"在不损害其法律法规的前提下,缔约一方应在其境内和海域内给予缔约另一方投资者的投资及与投资有关的活动不低于其给予本国投资者的投资及与投资有关活动的待遇,任一缔约方应在其境内和海域内给予缔约另一方投资者的投资及与投资有关的活动与其给予最惠国的投资者同样的待遇"。

② See ICSID Case No.ARB(AF)/98/3,Award of June 26,2006.

③ 参见中国和法兰西共和国投资保护协定第 4 条:任一缔约方应在其境内和海域内给予缔约另一方投资者的投资及与投资有关的活动与其给予最惠国的投资者同样的待遇。

题？ICSID 关于马菲尼兹 v.西班牙王国案①中的情况中国应该避免。所以中国在未来诸如中美、中欧双边投资协定的谈判和签署中对此应该明确区分且限定在实体待遇范围内。2012 年中国—加拿大的双边投资协定中已对此问题有所涉及，希望未来的中国在更多的双边协定中对 MFN 的适用范围有所明确和限制。

三、用尽当地救济原则在中国双边投资协定中的适用趋势

（一）中国—加拿大双边投资协定的影响

随着国际投资活动的发展，从投资者角度来说，国际投资仲裁争端解决机制在他们与东道国的争端解决中因为能更好地保护其利益，一直被看作是最理想的方式和平台。但是 ICSID 在实践中通过管辖权的扩大使得东道国当地救济被规避或放弃而更多地保护了外国投资者。这对东道国的国家根本利益或安全产生了消极的影响。20 世纪阿根廷经济危机后不断在 ICSID 被诉的教训②是惨痛的。

2020 年 7 月 UNCTAD《2019 年投资政策观察报告特刊》和《2020 年世界投资报告》第三章回顾了投资政策如何应对新冠肺炎疫情，并强调了 ISDS 程序的风险及维护东道国充分规制空间的重要性。联合国贸易和发展会议（UNCTAD）发布《2019 年投资者与东道国间争端解决案件报告》显示一如往年，大多数 ISDS 案件（80%）是针对发展中国家和转型经济体提出的。总体来看，阿根廷、西班牙、委内瑞拉、哥伦比亚、墨西哥和秘鲁是这些年来被诉较多

---

①　See *Emilio Agustin Maffezini v.Kingdom of Spain*, ICSID Case No.ARB/97/7.See Decision on Objections to Jurisdiction of 25 January 2000, available at http：www.worldbank.org/icsid/case/emilio_ Decision on Jurisdiction pdf, visited 8th October 2017.

②　See An Chen, *Should Four Great Safeguards in Sino-Foreign Bits Be Hastily Dismantled? - Comments on Provisions Concerning Dispute Settlement in Model U.S and Canadian BITs* 7J.World Investment &Trade（2006）.

的国家。2019 年投资仲裁的大部分案件都是关于双边协定下的争议。而且当中涉及的几乎都是 2010 年之前签署的双边协定。1987—2019 年阿根廷在被诉国家中位居榜首。2019 年内提起的 ISDS 案件中,共有 36 个国家和 1 个经济集团(欧盟)被诉。而提起申请较多的是美国、荷兰、英国等这些发达国家。报告还显示裁决更多地体现了对投资者的保护。仅 2019 年就有 60% 的裁决支持投资者。① 中国在 2010 年之前,特别是 1998 年之后签署的双边条约大多数体现了对发达国家投资者的利益保护。这些协定面临到期或需要与时俱进重新谈判进行修改。

2012 年中国和加拿大经过 18 年的努力和谈判签署的双边投资协定可以算作中国双边投资条约的第三代。为未来中欧、中美之间双边协定谈判提供了新的指导。中加双边协定比起以前的协定,特别是争端解决条款更体现了发展中国家和发达国家之间互相利益的交换和妥协。很长时间以来,投资者与东道国之间争端解决机制是资本输入国与输出国之间争论的话题。特别是ICSID 成立以来为了保护投资者的利益,资本输出国(主要是发达国家)坚持争端越过当地救济直接提交国家仲裁。这在美国、加拿大过去的投资协定的范本中体现得非常明显。发展中国家则希望能够强调当地救济和维护东道国的司法主权。但是为了吸引外资发展经济,国际投资自由化的浪潮中,很多国家在投资协定中放松或是放弃了当地救济的优先适用。1987 年以来,阿根廷被外国投资者申诉的惨痛教训,(1987—2019 年,阿根廷国际投资争议中作为被告被申诉以 62 次排列榜首)再次提醒了包括中国在内的发展中国家在和发达国家进行双边协定谈判中涉及投资者与东道国的争端解决条款时,多大程度上保留自己国家的司法主权是一个非常核心的问题。2012 年签订的中

---

① 参见联合国贸易与发展会议网站:(INVESTOR-STATE DISPUTE SETTLEMENT: REVIEW OF DEVELOPMENTS IN 2019),见 https://unctad. org/en/PublicationsLibrary/dia-epcbinf2020d6.pdf,Http://investmentpolicyhub.unctad.org/IIA/CountryGroupingTreaties/28#iialnner-Menu,2021 年 10 月 9 日访问。

加协定谈判历经 18 年。谈判的过程着实是一个发达和发展中国家之间调和和妥协的过程,特别是在一些关系到国家经济安全和主权的事项上。协定对包括用尽当地救济、国家安全、最惠国待遇、金融和税收等方面的问题做了特别强调处理。关于最惠国待遇条款,在 2004 年加拿大投资协定范本中规定可以延伸至争端解决问题,同时只要外国投资认为利益遭到东道国的侵害,他们就可以直接单方面提交国际仲裁而无需东道国的同意。① 而在中加 2012 年协定中,第 5 条最惠国待遇条款的第 3 项中明确最惠国待遇的范围不包括争端解决机制的规定。② 这种新的规定主要因为随着中国经济发展,经济宏观控制加强,所以对外投资协定中的相关政策也应有所调整和改变。这也更清楚地说明中国已从一些发展中国家特别是阿根廷的惨痛经历中吸取了教训。在协定中对当地救济的处理也做了例外的规定。用尽当地救济原则在发展中国家早期的签署协定中很常见,希望争端通过当地的司法、行政或依据国内法的仲裁程序进行。在将争端提交国际程序解决之前,投资者首先要用尽当地救济。这一点在中加协定附件第 21 条明确作为提交仲裁申请的前置要求。③ 2004 年加拿大投资协定范本第 28 条通过直接规定双方同意直接将申请提交放弃了用尽当地救济原则的适用。这无疑对东道国的行政或司法管辖权是一种剥夺。④ 所以笔者认为在 2012 年中加双边协定谈判中关于用尽当地救济的要求,接近了中国的立场。在该协定中很好注意了国家经济安全和国家主权的控制,希望对中欧、中美之间双边投资协定谈判有所启发和指引。

---

① See Article 4 of "2004 Canada Model BIT".

② See Article 5(Most-Favoured-Nation Treatment) of "2012 Sino-Canada BIT".

③ 在受到意向通知或之前,中国要求投资者要用尽行政复议程序。申请复议后如果 4 个月后,投资者依然认为争端存在,或者已没有救济方法可提供了,那么他可以提交仲裁申请。See ANNEXc.21,*Conditions Precedent to Submission of a Claim to Arbitration*:Party-Specific Requirements.

④ See An Chen,E-Nuo GU.*Should the Perspective of South-North Contradictions Be Abandoned-Focusing on* 2012*Sino-Canada BIT*,J.World Investment & Trade,14,(2013).p.320,p.351.

（二）近期发达国家 BITs 中原则适用对中国的影响

另一方面也应看到中国现今也是对外投资大国。我国主要投资区域为欧美及发展中国家经济体。目前,中国和欧盟原 28 个成员国中 27 个国家(爱尔兰除外)间签订的旧协定已难以反映双方的政治、经济发展状况。中国现实需求新协定的修订。

在国际法人本化趋势下,因为对劳工、环境和国家经济安全等问题的重视,近年来澳大利亚、印度、南非等国家开始重新审视投资保护协定中国际争端解决机制,特别是用尽当地救济原则的规定。除此之外,欧盟及成员国近期由于频频被诉,尤以大瀑布电力诉德国案,各国开始了对争端解决机制改革的讨论和对用尽当地救济原则的重新思考。德国联邦委员会认为对国家劳工权利、环境保护和企业社会责任应该予以重视。国际投资协定中对用尽当地救济的放弃或规避某种程度上影响了德国对外国投资管理及实施公共政策的自由。①

欧盟认识到包括国际投资争端解决机制在内的投资保护条款必须要完善,尤其是重视实现投资保护和国家管制权的平衡。笔者认为包括 ICSID 在内的国际投资仲裁机构,为了实现更多的盈利而扩大管辖权是一种现实需求。所以对包括欧盟在内的缔约国来说,国家经济管制权遭到限制、威胁和损害,最好的办法即是争端解决时要求首先用尽当地救济。

欧美等发达国家由于法律体系完善,投资争议能有公平、公正、有效的解决基础,所以投资者在欧美等发达国家适用当地救济可以获得一些优势。由于《里斯本条约》欧盟取得了专属的有关直接投资的权能,所以投资者可以直接援引具有直接效力的条款在当地司法体系下主张自己的权利。因此现今包

---

① See Ralph Alexander Lorz, Germany, *Transatlantic Trade and Investment Partnership and investment-dispute settlement*: Observations on a Paradox, 见 http://ccsi.colimbia.edu/files/2013/10/No-132-Lorz-FINAL, 2020 年 12 月 10 日访问。

括欧美在内的发达国家鉴于 NAFTA 的实践教训和拉美国家的惨痛经历,为了加强经济规制权和更多国家利益的保护,对用尽当地救济原则的强调正成为一种趋势。

中国现已和欧盟一样成为资本输入和资本输出的双向投资国。欧盟关于此问题的任何进展对我国都具有重要启示。中国已签的双边和多边投资保护协定已达 145 个。① 在 ICSID 也有案件涉及。同时据联合国贸易和发展会议近期发布的《2021 年世界投资报告》显示,截至 2020 年中国是全球第二大外国直接投资流入国,同时也是全球第一大外国直接投资流出国,投资总额达1330 亿美元。② 所以在协定中重新审视用尽当地救济原则,如何通过完善的法律制度更好地维护国内主权规制和经济安全,保护更多海外投资者的利益是一个值得深刻思考的问题。

第三节　用尽当地救济原则对我国
相关领域的立法思考

一、用尽当地救济原则对我国外交保护立法的启示

21 世纪第二个十年启程之际,中国海外利益的增长日益强劲、势不可挡。越来越多的中国人、中国公司走出去意味着更多人的生命、财产安全利益面临着保护的需要。过去,中国由于国家角色的定位更多地主要强调和坚持外国人进入国内的对内用尽当地救济;对外对更多走向海外的中国人当地救济原则的适用持消极的态度。

这些年来外交领域坚持着以人为本和外交为民的理念,并且为了践行这

---

① International Investment Agreements Navigator:见 https://investmentpolicy.unctad.org/international-investment-agreements/countries/42/china,2021 年 12 月 20 日访问。

② 联合国贸易和发展会议,https://unctadstat.unctad.org/wds/ReportFolders/reportFolders.aspx? sCS_ChosenLang=en,2021 年 12 月 24 日访问。

些理念我国相关法律对外交保护也有规定。我国只是在宪法、《归侨侨眷权益保护法》《驻外外交人员法》《国籍法》等相关法律中或多或少对外交保护的内容有所规定。但是由于我国对外交保护的重视程度不够,对海外利益维护的外交保护缺乏专门法律、配套法律。《外交保护条款草案》对外交保护的实施及当地救济原则的适用作了具体条款形式的操作性规定。这对中国的海外利益保护中外交保护制度和相关法律制度的立法具有重要的指导和启示。

(一)用尽当地救济原则条文化对外交保护的意义

如上文所述,用尽当地救济原则符合国际习惯法原则,具有坚实的理论和实践依据。在解决国际争端中,特别是外国公民在当地的利益受损害的争端解决中是非常直接、有效的救济途径。它和外交保护制度的实施密切相关,是外交保护制度实施的三个前提条件之一。用尽当地救济原则是东道国国家主权和属地管辖权的体现,该原则要求外国受侵害者在与东道国因其侵害行为发生争议时,首先必须用尽当地国境内所有的救济办法。《外交保护条款草案》中第 14 条和第 15 条分别对外交保护中用尽当地救济原则的适用和例外予以了条文式的规定。它们增加了原则适用中的预期性、稳定性。第 14 条共3 款,分别指出了该用尽当地救济原则在适用中应该注意的适用目的,本质和用尽的判断。当然出于对个体利益的更多保护,外交保护在一些情形下可以不予适用原则直接提起。① 比如草案第 15 条归纳了符合本条一系列情形的例外,用尽当地救济原则免予适用。②

用尽当地救济原则体现了对属地管辖和国家主权的尊重,也是对在东道

---

① 用尽当地救济的例外情况主要有:a. 不存在合理的可得到的能提供有效补救的当地救济,或当地救济不具有提供此种补救的合理可能性;b. 救济过程受到不当拖延,且这种不当拖延是由被指称应负责的国家造成的;c. 受害人与被指称应负责的国家之间在发生损害之日没有相关联系;d. 受害人明显地排除了寻求当地救济的可能性;e 被指称应负责任的国家放弃了用尽当地救济的要求。See U.N.Doc.A/6/10.

② A/CN.4/L.684,p.9.

国的外国人最直接的救济方法。但是在受害者当地救济用尽仍无法获得救济的情形下,国籍国可以代其通过实施外交保护进行求偿。而在当下,随着国际法更加关注个体权益,国家与个人的联系越发紧密,外交保护也将会在更多的例外下直接提起。《外交保护草案》第19条也以一种建议的方式指出了外交保护是一个国家的权利也应是一个国家的义务。

当前,随着越来越多的中国公民和资本走出国门。一方面,在外的中国国民要提高自己的素质,在外遇到合法权益受到该国违反国际法的国际不法行为侵害产生损害时,要懂得利用当地司法或行政资源进行救济;另一方面,为了保障他们的利益安全,中国政府应该加大保护力度,在国民用尽当地救济仍不能获得公平对待或在一些用尽当地救济原则的例外情形,直接通过外交保护来给国民提供坚实的、最终的补救。而为了达到这一点,国内外交保护及相关配套法律制度的立法是一种必然趋势。

(二) 用尽当地救济原则对外交保护相关立法的建议

1. 我国外交保护的立法现状

目前,我国缺乏外交保护法律制度。这也是我国外交保护领域最重要的立法问题。正是由于专门法律缺失,我国相关部门在实施外交保护时无专门的法律可依,也难以满足海外国民利益受侵害用尽当地救济时的保护需要。

当下,随着更多的国民走向海外,正是因为相关针对性保护的法律法规缺失,他们的正当权益在国外遭受所在国的非法侵害时,即使用尽了当地救济后只能得到《驻外外交人员法》和《国家安全法》等一些概括性规定的帮助而不能得到切实有效的保护。所以保护我国海外投资的正当利益的法律制度存在滞后。

为了保护好本国海外公民和法人的合法权益,在坚持用尽当地救济原则的同时,应该积极进行角色调整,制定外交保护的专门和相关法律制度,为最后的救济提供依据和支撑。

2. 坚持用尽当地救济原则,完善国内外交保护立法

(1)制定外交保护的专门法律,用尽当地救济为前置

《外交保护条款草案》第 14 条和第 15 条对用尽当地救济原则予以了具体的规定。第 14 条规定用尽当地救济即受侵害者在当地国用尽当地救济后,国籍国才可提起外交保护,体现了对所在国属地管辖的尊重,同时在第 15 条规定了免予适用原则的例外,国籍国有权在例外情形下直接对海外公民提起外交保护。这是对主权国家属人管辖的尊重。外交保护的实施既要体现国籍国属人管辖权也要尊重当地国的主权。所以我国外交保护专门法律制定时,用尽当地救济原则的适用的前置程序及适用例外情形应该明确具体。

(2)明确用尽当地救济要求

时至今日,中国已由资本输入国变成双向投资国。据联合国贸易和发展会议近期发布的《2021 年世界投资报告》显示,截至 2020 年中国是全球第二大外国直接投资流入国,同时也是全球第一大外国直接投资流出国,投资总额达 1330 亿美元。① 中国应更多从资本输出国的角度来看待外交保护的作用。

中国对海外的公民和法人的有效保护,一方面要依据国际法,另一方面也应根据国情建立和完善国内相关法律。制定一部外交保护法是很有必要的。首先,外交保护的专门法律制定时应参考《外交保护条款草案》第 1 条对保护的对象有明确规定,同时根据我国的国情,明确外交保护既是国家的权利也应该是国家的一种义务。定义中也应体现外交保护实施的三个前提条件:国际不法行为造成的实际侵害、国际持续原则和用尽当地救济原则。② 笔者认为中国的外交保护法律制度的制定过程也可采取列举式和兜底式相结合规定可以行使外交保护的情形(包括原则适用的例外)。

---

① 参见国际贸易发展会议网址, http://investmentpolicyhub. unctad. org/IIA/CountryGroupingTreaties/28#iiaInnerMenu,2021 年 12 月 24 日访问。

② *Decision of the Representatives* of the Governments of the Member States Meeting within the Council of December 1995 Regarding Protection for Citizens of the European Union by Diplomatic and consular representations(OJL314,28.12.1995),p.73.

（3）制定协调用尽当地救济后的外交保护实施及配套法律

外交保护专门法律制度为外交保护的实践提供法律依据和宏观指导,在操作层面上还应有针对性的配套法律。外交保护中对于海外中国公民和法人的正当利益保护的具体落实和操作可以参考《归侨侨眷权益保护法》及日本等国外发达国家的实践性、操作性的立法经验。[①]他们的措施切实有效地保障了其海外公民权益,值得我国制定配套法律法规时学习和借鉴。同时,出台相关配套的保护海外法人的法律。联合国贸发会议(UNCTAD)网站发布《2021世界投资报告》,2020年中国是全球第二大外国直接投资流入国,同时也是全球第一大外国直接投资流出国,投资总额达1330亿美元。[②]据商务部、外汇局统计,2022年1—5月,我国对外全行业直接投资3684.8亿元人民币,同比下降2%(折合572.5亿美元,同比下降1.3%)。其中,我国境内投资者共对全球157个国家和地区的3302家境外企业进行了非金融类直接投资,累计投资2870.6亿元人民币,同比增长2.3%(折合446亿美元,同比增长3%)。[③]当前,世界正处于百年未有之大变局,特别是受新冠肺炎疫情全球蔓延的影响,国际政治经济格局加速调整重构,世界经济陷入衰退,传统国际循环弱化,单边主义、保护主义抬头,逆全球化加剧,全球跨境直接投资持续下降,深刻影响我国企业走出去的外部环境。尽管企业很多时候谨慎投资,但是仍难以应付日益增多的外部风险。而且我国与欧美发达国家间还未签订双边投资协定,所以当我国企业海外投资的合法利益遭到这些国家的非法侵害时首先考虑的是用尽当地的救济。中美之间三一重工诉奥巴马案就是一个典

---

①　该国除了1947年日本宪法包括的相关条文中包含外交保护的内容外,近年以来,又加快了包含外交保护内容的立法和相关配套法律法规的立法。其中包括一些诸如2005年制定的《外务省国民保护计划》中"外务省实施的国民保护措施的事项""武力攻击事态等的活动体制的确立"等有关保护海外国民的具体措施。

②　参见联合国贸易与发展会议,https://unctad.org/topic/investment/world-investment-report,2021年12月20日访问。

③　参见商务部网站:2022年1—5月我国对外全行业直接投资简明统计,https://fdi.mofcom.gov.cn/go-datatongji-con.html? id=15533,2022年6月21日访问。

型。国家商务部和国家发改委一直在酝酿制定的《海外投资法》将为我国国民海外利益的维护提供具体可以依据的法律。① 2019 年 3 月出台的《中华人民共和国外商投资法》也为我国国民海外利益的维护提供一定的启示。② 所以海外公民和投资企业的合法权益受到侵害时,首先强调用尽当地救济的同时,外交保护作为最终的救济方式应该予以有力的配合。只有国内制定外交保护专门的法律制度,从国内进行立法,同时完善相关配套法律和机制,在当地救济已用尽仍不能取得公正的待遇时,才能通过有法可依的外交保护为海外公民的权益维护提供更加强有力的保障,最大限度地维护海外公民和投资活动中的合法权益。这将对我国国内法制建设,软实力及国际影响力的提高起到重大的提升作用,也会促进国际法在该领域的发展。

二、用尽当地救济原则对我国国际投资立法的启示

(一) 背景

在国际投资领域,劳工、环境及经济的国家安全等问题越来越引起国家和政府的重视。无论是发达国家还是发展中国家,在经济全球化、投资自由化的浪潮中逐渐意识到投资争端中的管辖权问题逐渐成为双边投资保护协定中的核心问题之一,特别是对当地救济原则适用的处理。

曾经国际经济投资活动中,发达国家一贯从维护自身利益出发看待外资管辖问题,由于对发展中国家的法律体系和法制环境的不信任,总会把东道国的外资管辖权与跨国投资者的利益看成是对立的,所以他们在与发展中国家的双边投资协定中尽可能向发展中国家施加压力放松或免除用尽当地救济原则的适用,为投资者争取更多的保护;另一方面由于投资自由化,很多发展中

---

① 两部委酝酿出台《海外投资法》,证券时报: http://www.bffzb.com/p-193/id-3162.htmlhttp://finance.eastmoney.com/news/1350,20130618298572965.html,2017 年 11 月 2 日访问。

② 中国人大网:中华人民共和国外商投资法,见 http://www.npc.gov.cn/zgrdw/npc/xinwen/2019-03/15/content_2083532.htm,2021 年 12 月 20 日访问。

国家为了吸引外资,以在双边投资保护协定中放松对投资争端中优先用尽当地救济的要求,甚至不分争端类别可以直接提交国际仲裁。然而,教训是惨痛的。阿根廷国内经济改革后不断作为被告被外国投资者诉之国际仲裁机构。1987—2020 年,阿根廷成为 ICSID 仲裁下被诉最频繁的国家。巨额的经济赔偿和惨痛经历为其他发展中国家敲响了警钟。对于发达国家来说,Philip Morris v. Australia 案①和 Philip Morris v. Uruguay 案②及大瀑布电力公司 v. 德国案③也逐渐让发达国家意识到在劳工问题、环境保护及其他企业社会责任问题及公共政策的适用面前,作为东道国的主权遭到了严重的挑战,所以外国投资者—东道国的争端解决中被忽视已久的用尽当地救济原则也将被考虑。在中国,对外投资协定用尽当地救济原则的适用其实也经历了类似其他发展中国家的历程。随着经济的发展,中国已经从一个单向的吸引外资发展经济的资本输入国变成一个双向的既是资本输入国也是一个资本输出国。所以对内如何通过当地救济的适用加强经济主权的规制,加强国内法律体系和法制环境的建设,提升国家软实力的影响,对外在海外投资者利益被侵害遇有投资争议时,如何对用尽当地救济原则进行利益维护及对两种管辖权平衡,这些都是具有重要现实意义的关注点。虽然中国积极订立双边协定,参与国际条约,适用当地救济的技术在逐渐改善,但是事实上在我国的投资保护协定中用尽当地救济的实践适用也确实存在一定缺憾,需要以一定的立法建议。

(二) 用尽当地救济在立法实践中的不足

首先,我国国内立法中未对投资争议的类型做具体分类,所以用尽当地救

---

①　See *Philip Morris Asia Ltd*(*Hong Kong*)*v. Australia*,见 http://www.pca-cpa.org/showpage. asp?,2018 年 4 月 2 日访问。

②　See *Phillip Morris Brand Sarl*(*Switzerland*).*v. Uruguay*(*ICSID*)Case No. ARB/10/7),at https://icsid worldbank.org/ICSID/FrontServlet,2017 年 12 月 21 日访问。

③　See *Vattenfall Group v. the Ferderal Republic of Germany* ,Request for Arbitration,ICSID Case no. ARB/09/6. 30March2009, http://www. greenpeace. de/fileadmin/gpd/user-upload/themen/klima/Klagecchrifl-VAttenfall-gegen-die+deutsche-Bundesregierong-english-pdf.

济原则的要求过于模糊和笼统。

我国学界有观点认为我国对国际投资争议解决应该分类。我国的外国投资关系中投资争议应分为两种。一种是外国投资者(包括港澳台投资者)和中国政府之间基于国有化或征收、行政行为引起的争议。另一种是外国投资者与中国的公司或企业之间契约性的争议。但是我国主要是通过双边投资条约和国内立法的相关规定来解决,没有统一的单行立法①,导致用尽当地救济原则的适用模糊。在外商投资的《中外合作经营企业法》《中外合资经营企业法》中,仅把是否订立有仲裁协议或仲裁条款作为是否适用司法行政救济解决与外国投资者纠纷。但在具体案件的处理中,由于争议的种类繁多,法律缺乏必要的分类和归纳,行政机构处理的投资争议无法界定。

其次,用尽当地救济原则的适用在中国签订的双边投资协定中,通常规定了时间限制。但是规定与实践的期限却不一致。有的要求寻求当地救济是6个月时间(中新协定)②,有的是一年(中德协定)③。这些双边投资协定与国内法缺乏必要的协调。比如经过行政复议的案子,又要通过行政诉讼解决,复议审期限为三个月,一审行政诉讼的期限为三个月,二审期限又为两个月,还不算因为特殊情况而延审的时间。所以用尽当地救济原则的时间限制在具体执行时显得模糊和不明确。这导致虽然双边投资条约的数量上升了,然而不可避免地使得投资争议中的争议解决方式过于泛化。而当地救济原则适用过程中这种国内立法和双边条约的衔接和协调的缺乏,既可能影响投资者对适用东道国法律的信心,也会使中国在国际投资争议中处于被动。

最后,前文提到过的,用尽当地救济原则在中国双边投资协定中的适用,早期强调优先适用国内救济,除国有化和征收的数额问题争议提交仲裁。所

---

① 余劲松主编:《国际投资法》,北京法律出版社1997年版,第484页。

② 参见1985年签《中华人民共和国和新加坡共和国政府关于促进和保护投资协定》第13条。

③ 参见2003年签订《中华人民共和国和德意志联邦共和国关于促进和相互保护投资的协定》第9条。

以这里体现了东道国的主权规制和中国司法的权威和独立的维护。但是加入ICSID公约后,行政复议与仲裁二选一。在两级行政复议程序中,如果只经过一级行政复议,且已生效,是否可以认定为当地救济已用尽,我国法律缺乏明确规定。另外,对于争议经过中国法院做出的判决和终审判决,是否应该排除提交国际仲裁中心? 法律也无明确的规定。

所以,加入ICSID后,用尽当地救济原则在中国双边投资协定中被限制适用。在国际法人本化趋势下,包括中国在内的东道国面临更多关乎公共利益和公共政策及经济安全的事项。在外国投资者与东道国投资争议的处理过程中,东道国的主权规制和当地救济原则的适用应受到重视和思考。

(三) 对国际投资保护制度的立法启示

用尽当地救济原则的适用是我国在解决投资争议中一个重要的值得重视的关注点,未来在投资领域,对于原则的适用,法律应从国内法和国际条约的角度进行完善。

1. 国内法的角度

如前文所述,在投资争议的实践中,根据不同的性质和内容的争议类别适用用尽当地救济原则是很有必要的。所以在国内立法时应首先对投资争议的类别予以区别。

第一,由征收或国有化问题引起的争议。对此类争议应区分是由征收或国有化的补偿数额引起的争议和其他有关涉及有关国有化或征收措施的合法性等争议。对于有关国有化和征收的补偿数额为题的争议可以直接提交国际仲裁。中国与外国的双边投资条约中通常也是这样处理的。而对于后一种争议,国有化或征收的合法性问题涉及国家经济主权和经济安全的事项,属于一国国内管辖权限,无论何时都不容提交国际仲裁解决。

第二,契约性争议。该类争议的主体主要为对外国投资者与中国政府间的协议、投资者与中国企业、个人之间的投资协议的争议。该类争议可以以契约中的争端解决条款诉诸仲裁或适用当地救济,原因在于它是平等主体地位间的国家和投资者间的争议而非政府行政行为引起的争议。

第三,行政行为引发的争议。该类争议包括一般行政行为和特殊行政行为。前者指中国作为东道国对外国投资者及其收益实施的工商、税收、海关等的具体行政行为,后者指的是涉及投资及其转移的特殊行政行为。[①] 对于以上争议,当地行政司法救济是最直接的解决的途径。大多数争议可以在国内解决掉。所以可以将用尽当地救济作为争端提交 ICSID 的前提条件。这样既可以体现用尽当地救济原则的习惯国际法原则的适用之义,维护我国的司法权威,同时也有助于外国投资者增强对国内法律体系和法制环境的信心。

第四,其他争议。对于我国执行机关对外国投资者违法行为依法制裁引起的争议[②],有关我国现行法律解释和适用问题所引起的争议,包括国有化和征收的措施的合法性的争议,这些争议有关国家主权,必须由国内法加以解决。当地救济具有排他性实施权。

2.国际法的角度

第一,双边条约中,不论行政救济还是司法救济,期限问题应该予以明确规定。我国签订的双边投资条约中,用尽行政复议程序的期限规定的表达有"用尽行政复议程序",也有"一定期限内先行利用行政复议程序"。为了避免两种规定表达对适用产生模糊,要规定明确。因为我国《行政复议法》的规定要求从申请复议到做出复议三个月时间。而据双边条约中规定,外国投资者通常只有行政复议的权利并未规定可以提起行政诉讼。那么,对于复议到诉讼的案件和只经过诉讼审理的案子应该以时间期限明确区别,否则容易使争议拖而不决。当然履行司法程序时同样要注意与国内法的协调和衔接。应该对期限有明确规定或表达为"适用国内法",这样既体现用尽当地救济也为条

---

① 参见石静遐:《用尽当地救济原则与国际投资争议的解决》,转引自陈安主编:《国际经济法论丛》第二卷,北京法律出版社 2000 年版,第 327 页。

② 参见姚梅镇:《国际投资法》,湖北武汉大学出版社 1994 年版,第 103 页。

约规定与国内法的规定的冲突予以消除或避免。

第二,在国际投资双边或多边条约谈判过程中,我国可以采取正面清单的方式列出对国家主权削弱影响较小的可以提交仲裁的争议事项范围,或者以2012 年中加投资协定的谈判结果方式,对于影响国家主权和国家经济安全的一些事项清楚地进行例外规定。这样既能体现对投资者向仲裁机构寻求救济的利益保护也考虑了东道国对有关争议进行管辖的机会。同时应考虑重新修订岔路口条款以应对原则被架空的情形。在协定中以例外形式对最惠国待遇的适用范围明确规定。

3.“一带一路”争端解决与用尽当地救济要求的引入

自 2013 年“一带一路”倡议被提出以来,相关争端解决机制也在被积极讨论和构建。为了服务和保障未来统一争端解决机制能够有效运行,我国国内司法体制的对接和衔接机制也正在积极研究和整合中。

在投资争端解决机制构建和司法体制的对接和衔接的研究和设计中,“一带一路”国家投资争端解决到底要不要将用尽当地救济要求作为前置程序呢？ 在笔者看来,这需要结合“一带一路”沿线国家的具体状况进行分析。“一带一路”沿线涉及 65 个国家和地区。根据商务部数据显示,截至 2021 年12 月,这些国家中已有 57 个国家和地区与中国签订双边投资保护协定(未与中国签订协定双边投资保护协定的国家有:伊拉克、约旦、巴勒斯坦、孟加拉国、阿富汗、马尔代夫、尼泊尔、不丹)。同时已与 13 个国家签订了 7 个自贸区协定。① 在这些国家与中国签订的投资协定中,不同程度提及了投资仲裁提交前的用尽当地救济规定。譬如在 1988 年与波兰的双边投资协定中②对用

① 参见中华人民共和国商务部条约法律司网站,http://tfs.mofcom.gov.cn/article/Nocategory/201111/20111107819474.shtml,2021 年 12 月 26 日访问。

② 通过“如果投资者对被征收的投资财产的补偿款额有异议,可向采取征收措施的缔约一方的主管当局提出申诉。在申诉提出后一年内仍未解决时,应投资者的请求,由采取征收措施的缔约一方有管辖权的法院或专设国际仲裁庭对补偿额予以审查”。参见《中华人民共和国政府和波兰人民共和国政府关于相互鼓励和保护投资协定》(1988 年签)。

尽当地救济中可以提交仲裁的范围作了限定。而1992年与摩尔多瓦的协定中同样优先强调用尽当地救济原则的适用①。2006年与俄罗斯的双边协定关于争端解决机制中对用尽当地救济原则做了选择性的规定②。这些协定中对原则的处理也反映了我国国际投资协定中从早期对用尽当地救济的优先适用到岔路口式的规定的反映。而正如前文所述,岔路口条款在ICSID的管辖权扩张中对用尽当地救济原则适用的规避和限制是显然的。

同样截至2021年,"一带一路"沿线已有56个国家和地区为ICSID国际投资争端解决中心成员国(非成员国有:巴勒斯坦、巴林、不丹、缅甸、老挝、柬埔寨和越南)③。这些国家当中,有的是经济发达国家,也有的是欠发达的国家。根据国家实践,为了保护本国投资者的利益,经济发达的资本输出国更喜欢将争议直接提交国际仲裁;面对大量的外国投资者,经济欠发达的资本输入国更倾向于从保护本国的经济主权角度出发,在产生投资争端时首先用尽东道国的国内救济。而作为"一带一路"倡导者的中国,既是一个吸引外资的资本输入国也是一个积极进行海外投资的资本输出国。因为双向投资的身份,中国在"一带一路"投资争端解决机制的设计研究和对接中对坚持用尽当地救济原则与否的问题令人关注。一方面,我国为了平衡外资吸引和国家的管

① "二、如争议在六个月内未能协商解决,当事任何一方有权将争议提交接受投资的缔约一方有管辖权的法院。三、如涉及征收补偿款额的争议,在诉诸本条第一款的程序后六个月内仍未能解决。可应任何一方的要求,将争议提交专设仲裁庭。如有关的投资者诉诸本条第二款所规定的程序,本款规定不应适用。"参见《中华人民共和国政府和摩尔多瓦共和国政府关于鼓励和相互保护投资协定》(1992年签)。http://tfs. mofcom. gov. cn/aarticle/h/au/200212/20021200058377.html%3Cbr/%3E,2017年12月26日访问。

② "如争议自争议任何一方提出之日起6个月内未能通过协商友好解决,则应将其提交给:(一)作为争议一方的缔约方国内有管辖权的法院;或(二)根据1965年3月18日在华盛顿签署的《关于解决国家和他国国民之间投资争端公约》设立的'解决投资争端国际中心'或(三)根据《联合国国际贸易法委员会仲裁规则》设立的专设仲裁庭。三、一旦投资者将争议提交给相关缔约方有管辖权的法院,或者提交给'中心'仲裁,或者提交给专设仲裁庭,其选择将是终局的。"参见《中华人民共和国政府和俄罗斯联邦政府关于鼓励和相互保护投资协定》(2006年签)。

③ 国际投资争端解决中心网站,https://icsid.worldbank.org/about/member-states/database-of-member-states,2021年12月26日访问。

辖权,希望争端解决中坚持用尽当地救济。另一方面,我国已是一个资本输出大国,为了保护本国投资者在海外的利益和国家的经济利益,也希望投资争端能够及时有效地解决。从中国目前的双边投资协定特别是1998年后签订的协定实践来看,我国通常用尽东道国的行政复议程序作为用尽当地救济原则的适用形式,同时协定中包含有岔路口式的选择性规定。

因此,笔者认为,基于中国及沿线国家大多双边协定中涉及用尽当地救济的规定,为了协调各方利益的,首先,可以将用尽当地救济作为"一带一路"投资争端解决的前置程序。但是在机制的设计中,应结合前文所述的国际投资保护制度的用尽当地救济的法律制度建议。其次,为了确保争端能够得到及时有效地解决,可以将有具体合理的时间限制的当地救济程序限制在行政复议程序中。换言之,从投资者向当地政府申请行政复议的日期算起,投资者在明确的期限内没有得到行政机关的复议结果或者是对复议结果不满意,争议可提交"一带一路"争端解决机构管辖。再次,基于东道国实行国有化、征收赔偿或因东道国政府抽象行政行为而产生的投资争端事项范围予以明确并可以允许提交仲裁。对这些必须适用用尽当地救济的例外情形也需予以明确规定。最后,对岔路口条款要进行重新修订,以应对其对国家主权的削弱和影响,同时对最惠国待遇条款的适用范围予以明确的规定。

总之,在欧美等发达国家正在反思争端解决机制中东道国的主权规制增强的趋势下,未来中国在双边或多边条约的谈判中对当地救济的适用需要充分重视。它在提升国内法制环境和法律体系完善,强化软实力的同时,也能给予外国投资者更多的保护机会,促进投资;另一方面也为对外投资企业的利益保护提供更多方向性的指导。正如姚梅镇先生在《比较外资法》中主张的那样,"无论国际仲裁如何得到改善,毕竟不能完全取代当地救济,当地救济仍然应当加以开发利用"。要想克服当地救济原则的这种不足,一方面需要发达国家及其投资者摒弃对发展中国家司法制度所抱有的偏见,做一名尊重东道国法律的积极投资者。只有对东道国的经济发展做出实实在在的贡献,才会受到东道国的欢迎,其利益才能得到东道国法庭的维护。相反,采取不信任甚至敌对的态度与发展中国家合作,是不利于发展出友好和巩固的合作关系的;另一方面,东道国自己也要进一步改善本国的司法制度,健全法制,使本国的当地救济真正能公正、迅速和有效地解决投资争议,切实维护外国投资者的合法权益。总之,用尽当地救济原则的有效、充分的适用,需要资本输入国和资本输出国的共同努力。[1]

---

[1]　参见姚梅镇:《比较外资法》,武汉大学出版社 1996 年版,第 137 页。

结　　语

　　世界形势下投资环境严峻,中国既是一个资本输入国同时又是一个资本输出大国。同时,伴随我国更多的国民走向海外,保护他们的海外利益是一个不容忽视的时代命题。为此,中国政府应该加大力度对他们的权益进行维护。而权益的保障,法律制度首先必须跟上。外交保护制度作为解决外国人和东道国争端的传统方法之一,随着联合国国际法委员会 2006 年通过《外交保护条款草案》,已愈发被国际社会所重视。中国已是一个资本输入和输出双向投资国,大量的国民走向海外,利益受到侵害的情形也会不断增多。在国际法人本化趋势下,海外众多国民的利益急切需要保护。国民在当地国受到侵害存在争议,如何进行利益救济和权利保障是一个重要的议题。

　　2006 年《外交保护条款草案》的出台为外交保护的实施做出了具体的操作性规定。用尽当地救济原则在该草案中以第 14 条和第 15 条条文化的形式予以了强调。这种法律制度的形式设计既强调了对国外本国国民的属人管辖保护和救济,同时也强调了对东道国属地管辖的尊重和平衡。当今国际投资自由化的发展下,欧美及拉美为代表的发展中国家,面对国家经济主权逐渐受到削弱和威胁,纷纷开始重新思考外国人与国家的争端解决中当地救济原则的适用。卡尔沃主义开始在世界范围的复苏也带来了用尽当地救济原则的回归趋势。

正是在这样的历史和法律背景下,本书立足中国目前双向投资国的角色,大量海外利益需要保护的现实,对用尽当地救济原则的理论、含义、法律渊源进行了较为全面的阐释。同时结合国际法院及国际仲裁机构的大量案例对该原则适用的理论基础、适用性质、条件及适用例外等进行了系统的分析,并剖析了该原则在外交保护领域之外的人权保护、国际组织诉求及国际投资仲裁领域的适用发展的新特点;结合中国的外交保护实践和投资保护协定中争端解决机制的现状,阐述了用尽当地救济原则在中国适用的现实需要,以及该原则对中国外交保护领域和国际投资保护领域的立法的启示,主要有以下方面。

1.中国已是双向投资国,需要充分重视用尽当地救济原则的适用

中国政府应基于在双向投资国的角色下定位,关注对内、对外适用用尽当地救济原则对国家和国民利益维护的现实意义。

一方面,在海外国民利益的保护中,在海外的国民要提高自身素质。首先要熟知当地的法律风险原则和风险防范,遇有争端或不公平的待遇时,为了捍卫自己的利益,要懂得利用当地司法、行政资源寻求更有效直接的救济解决问题。在当地国寻求救济,能够直接进入当地法院而无需担心所谓因主权豁免而产生的救济障碍。诉讼中法庭及证人证据的联系和寻取、来往交通出行的方便程度和成本来说都显得容易、方便和节约。同时从法庭审理案件的角度来说,它更便于和当事人取得联系。因此,求助当地救济比非当地救济的结果更经济、迅速、便捷。从案件结果的执行角度来说,本国的或当地法院的裁决或判决比起外国法院或外国仲裁机构的决定或裁决及复杂的审查和承认等程序更易接受和执行。所以它直接利于在国外受侵害国民的利益维护和权利保障。

另一方面,中国作为一个改革开放日益深入的资本输入国,在国际交往日益频繁的当代,随着更多的外国企业和公民进入中国,中国应强调外国投资者在中国境内用尽当地救济。用尽当地救济原则的适用不仅可以对我国的经济主权进行维护,而且可以促进我国法治环境、司法体系,解决纠纷的法律体系的建立和完善。这也助于我国国家的软实力和影响力的提升。同时,原则的适用能够有效地避免国际私人投资争议上升至国际程序,而且可以预防和避免他国对我国借外交保护干预国内经济事务。

所以用尽当地救济原则对内和对外的适用对于国家主权的维护、投资者的利益的保护、国际冲突的避免、国际经济新秩序的建立及世界和平与稳定的维护都是大有益处的。

2. 我国应该制定外交保护专门法律及相关配套制度

中国政府一直秉持以人为本,外交为民的服务理念。但是由于外交保护的专门法律和配套制度缺乏,海外利益的保护缺乏足够的理论支撑和支持。目前我国只是在《驻外外交人员法》第 5 条和《国家安全法》第 33 条涉及保护海外中国公民和法人的正当权益,但是没有规定如何进行保护。我国海外公民和法人需要国家提供外交保护时,相关部门无专门的法律可依,难以满足外交保护海外利益的需要。2006 年《外交保护条款草案》的出台及用尽当地救济原则条条文化的出现为中国外交保护的立法提供了启示。

首先,面对中国双向投资国的现实,为了更好地保护海外利益,在坚持国家主权原则的基础上加紧国内立法的进程。我国应该改变外交保护的限制立场,制定外交保护专门法律。联合国《外交保护条款草案》为外交保护的实施和当地救济原则的适用做了详细的指导性规定。我国应制定外交保护专门法律进行对接,同时也要通过相关条文对用尽当地救济原则加以规定,体现尊重东道国的属地管辖。

其次,协调用尽当地救济后的外交保护实施及制定配套法律。外交保护专门法律制度为外交保护的实践提供法律依据和宏观指导,在操作层面上还需有针对性的法律配套。外交保护中对于海外中国公民和法人的正当利益保护的具体落实和操作,可以参照《归侨侨眷权益保护法》及国外发达国家一些相关法律的规定和细则。

最后,积极地适应全球化,参与国际原则制定已是大势所趋。在参加关于外交保护的国际法律文件制定和研究中,基于我国的国家利益要多提出意见和建议。另一方面,鼓励中国的专家学者多进行理论深入性的研究,加强国内外交保护制度的立法研究,使我国宪法、法律赋予公民的权利在程序上得到保证,为国民提供一道坚实的、最后的救济手段。

这与中国政府执政为民、外交为民的思想相一致,也是对十九大所提出的"追求幸福是老百姓的权利,是政府的义务"的贯彻,更是《宪法》对人权保护的要求。既然如此,保护海外公民的合法正当权益,更应是政府的义务。

3. 我国要调整国际投资领域对用尽当地救济原则的适用和规定

我国的双边投资保护协定从早期规定优先用尽当地救济(国有化、征收可直接提交仲裁)到加入 ICSID 后的岔路口式的选择性的、期限性的规定,原则的适用在放松。更有甚者 ICSID 实践中为了管辖权的扩张,通过《华盛顿公约》第 26 条的规定、岔路口条款的处理及最惠国待遇条款的适用解释,用尽当地救济原则已被严重地规避和限制。所以我国应对国际投资协定中的有关原则作相应调整。

从国内法的角度:立法时首先要分清争端是由征收或国有化问题引起的争议、契约性争议还是行政行为引发的争议。因为不同类型争议的性质、主体、内容会不同,而实践中根据不同的性质和内容的争议类别去适用用尽当地救济原则很有必要。

从国际法的角度:在双边条约中,无论适用当地的行政救济还是司法救济,期限应该予以明确规定。在国际投资双边或多边条约谈判过程中,明确用尽当地救济原则适用的范围。可以采取正面清单的方式列出投资者较为关心的仲裁事项,以例外的形式对于影响国家主权和国家经济安全的一些事项予以明确规定。同时在今后的国际投资协定的谈判和修订中要重新修订岔路口条款。针对双边投资争端中出现的最惠国待遇是否可程序性适用,政府应该明确最惠国待遇不能适用于争端解决程序,或者采取中加协定中的处理,在协定中进行明确的例外规定。

4. 我国应该关注"一带一路"投资争端解决机制中用尽当地救济原则的引入

对于"一带一路"倡议下的争端解决机制的研究和设计,笔者认为鉴于"一带一路"沿线国家大部分已和中国签订双边投资协定,且大部分皆为ICSID公约下的成员国的现状和国家实践,可以在统一争端解决机制中引入用尽当地救济原则作为前置程序。但若是附有期限的用尽当地救济,那么应该在相关的条款中明确规定实践的期限,避免该原则适用的模糊和泛化。

总之,随着中国从单向投资国向双向投资国的角色转变,中国应该顺应国际法的发展,在争端解决中对内坚持用尽当地救济,对外在坚持用尽当地救济的同时配以外交保护制度的最终补救,为更多海外公民与东道国之间争端解决和正当权益的维护提供最终的救济手段。这不仅能够从制度上实现对每个个体权利的保护,而且为国家外交保护和国际投资领域的立法完善,法制环境的改善和国家软实力、影响力的提升都将起到重大的促进作用。

参 考 文 献

一、中文类

白桂梅:《国际法》,北京大学出版社 2006 年版。

陈安:《国际投资争端案例精选》,复旦大学出版社 2001 年版。

陈致中:《国际法案例》,法律出版社 1998 年版。

管建强:《中日战争历史遗留问题的国际法研究》,法律出版社 2016 年版。

黎海波:《海外中国公民领事保护问题研究(1978—2011)基于国际法人本化视角》,暨南大学出版社 2012 年版。

梁淑英:《国际法》,中国政法大学出版社 2011 年版。

梁淑英:《国际法学案例教程》,知识产权出版社 2006 年版。

梁淑英:《国际法学案例教程》,知识产权出版社 2014 年版。

梁西主编:《国际法》(修订第二版),武汉大学出版社 2002 年版。

梁西:《国际组织法(总论)》,武汉大学出版社 2001 年版。

梁西主编:《国际法》,武汉大学出版社 2000 年版。

王虎华:《国际公法学》,北京大学出版社 2015 年版。

王铁崖主编:《国际法》,法律出版社 1981 年版。

王逸舟:《创造性介入——中国外交新取向》,北京大学出版社 2013 年版。

辛崇阳:《保护在外本国国民的国际法制度及我的对策》,转引自周忠海主编:《中国和平发展与国际法》,中国政法大学出版社 2006 年版。

徐爱国:《世界著名十大法学家评传》,人民法院出版社 2008 年版。

姚梅镇主编:《国际投资法成案研究》,武汉大学出版社 1989 年版。

姚梅镇:《国际投资法》,武汉大学出版社 1987 年版。

姚梅镇:《比较外资法》,武汉大学出版社 1996 年版。

杨泽伟:《主权论——国际法上的主权问题及其发展趋势》,北京大学出版社 2005 年版。

殷敏:《外交保护法律制度和中国》,上海世纪出版集团出版社 2010 年版。

余劲松:《国际投资法》,法律出版社 2003 年版。

余民才:《国际法专论》,中信出版社 2003 年版。

赵维田:《最惠国与多边贸易体制》,中国社会科学出版社 1996 年版。

张爱宁:《国际法原理与案例解析》,人民法院出版社 2000 年版。

张磊:《外交保护国际法律制度研究》,法律出版社 2011 年版。

张卫华:《外交保护法新论》,法律出版社 2012 年版。

周洪钧、丁成耀、司平平编:《国际公约与惯例》(国际公法),法律出版社 1998 年版。

周鲠生:《国际法》(上册),武汉大学出版社 2007 年版。

朱文奇主编:《国际法学原理与案例教程》,中国人民大学出版社 2009 年版。

石静遐:《用尽当地救济原则与国际投资争议的解决》,陈安主编《国际经济法论丛》第二卷,北京法律出版社 2000 年版。

[奥]阿·菲德罗斯等著:《国际法》(上册),李浩培译,商务印书馆 1981 年版。

[美]阿瑟·努斯鲍姆著:《简明国际法史》,张小平译,法律出版社 2011 年版。

[印度]B.森著:《外交人员国际法与实践指南》,中国对外翻译出版公司 1987 年版。

[英]蒂莫西·希利尔著:《国际公法原理》,曲波译,中国人民大学出版社 2006 年版。

[英]戈尔·布思主编:《萨道义外交实践指南》,杨立义等译,上海译文出版社 1984 年版。

[英]J.G.斯塔克著:《国际法导论》,赵维田译,法律出版社 1984 年版。

[美]理查德·塔克著:《战争与和平的权利:从格劳秀斯到康德的政治思想与国际秩序》,罗炯等译,译林出版社 2009 年版。

[英]劳特派特修订:《奥本海国际法》(上卷第二分册),王铁崖译,商务印书馆 1972 年版。

[英]马尔科姆·N.肖著:《国际法》(第五版上),北京大学出版社 2005 年版。

《牛津法律大辞典》,光明日报出版社 1988 年版。

[美]托马斯·伯根特尔,肖恩·D.墨菲合著:《国际公法》(第三版),法律出版社2004年版。

[英]伊恩·布朗利著:《国际公法原理》,曾令良、余敏友等译,法律出版社2003年版。

[英]伊恩·布朗利著:《国际公法原理》,曾令良、余敏友等译,法律出版社2007年版。

[英]詹宁斯、瓦茨修订:《奥本海国际法》(第一卷)第一分册,王铁崖译,中国大百科全书出版社1995年版。

[英]詹宁斯、瓦茨修订:《奥本海国际法》(第一卷)第二分册,王铁崖译,中国大百科全书出版社1998年版。

贾兵兵:《"外交保护"的法律现状和实践问题》,《中国国际法年刊》(2008)。

管建强:《论对日民间索偿的法律依据》,《常德师范学院学报》2003年第1期。

韩秀丽:《再论卡尔沃主义的复活——投资者—国家争端解决视角》,《现代法学》2014年第36卷第1期。

黄涧秋:《论海外公民权益的外交保护》,《南昌大学学报》(人文社科版)2008年第3期。

黄涧秋:《论外交保护中的用尽当地救济原则——兼评2006年联合国外交保护条款草案》,《江南大学学报》(人文社会科学版)2008年第5期。

何志鹏:《全球化与国际法人的人本主义转向》,《吉林大学社会科学学报》2007年第1期。

江瑞平:《百年变局中的世界与中国》,《河北经贸大学学报》2022年第2期。

李沣桦:《东道国当地救济原则在ICSID仲裁领域的运用研究兼论中国双边投资条约的应对策略》,《法律科学(西北政法大学学报)》2015年第3期。

李萍:《用尽当地救济与ICSID管辖权浅析》,《仲裁与法律》2003年第3期。

李旺:《对日民间索赔中的几个法律问题》,《国际法论丛》2011年第1期。

廖凡:《投资者——国家争端解决机制的新发展》,《江西社会科学》2017年第10期。

廖凡:《从〈美墨加协定〉看美式单边主义及其应对》,《拉美研究》2019年第41卷第1期。

龙小农、靳旭鹏:《世界百年未有之大变局背后的权力博弈》,《当代中国与世界》2022年第1期。

万霞:《外交保护国际制度的发展及演变》,《国际观察》2009年第2期。

王海:《论卡尔沃条款》,《外交评论:外交学院学报》1985 年第 1 期。

王海浪:《ICSID 体制内用尽当地救济原则的三大挑战及对策》,《国际经济法学刊》2006 年第 13 卷 3 期。

王逸舟:《创造性介入:中国外交的短板与解决方案》,东方网 2011 年 9 月。

肖永平、郭明磊:《全球化视野下的双重国籍——兼论我国国籍法的弊端与对策》,《武汉大学学报(哲学社会科学版)》2006 年第 5 期。

杨永明:《国际法中主权概念的地位和演变》,《台大法学论丛》1997 年第 25 卷第 4 期。

银红武:《部分拉美国家反 ICSID 管辖权的研究》,《时代法学》2016 年第 3 期。

殷敏:《外交保护与领事保护的比较研究》,《国际商务研究》2008 年第 4 期。

张磊:《论新时期外交保护的价值定位——兼论中国保护海外公民的对策》,《学术探索》2012 年第 6 期。

张新军:《外交保护的实体权利和程序问题》,《中外法学》2008 年第 1 期。

曾令良:《现代国际法的人本化发展趋势》,《中国社会科学》2007 年第 1 期。

管建强:《中国民间战争受害者对日索偿的法律基础》,华东政法大学博士学位论文 2005 年。

万霞:《外交保护制度研究》,外交学院博士学位论文 2012 年。

国际法院报告

常设国际法院案例、国际仲裁机构案例、国际法院案例

《外交保护条款草案》及《草案评注》

联合国:《国际仲裁裁决报告》,

国际法委员会外交保护议题历次会议工作组报告

联合国网站:http://www.un.org

中国商务部网站:http://www.mofcom.gov.cn

联合国贸易与发展会议网站:http://www.unctad.org.cn,

中国外交部网站 http://cs.mfa.gov.cn/

解决投资争端国际中心(ICSID)网站:https://icsid.worldbank.org/海外网:外媒:三一重工告倒奥巴马是里程碑式事件 http://www.sanyi.com/company/hi/zh-cn/media/38946_for_special_list_text_content.htm。(2020 年 10 月 29 日访问)

海外网:中兴、华为事件背后的"中国芯",如何突围?(2021 年 3 月 23 日访问。https://baijiahao.baidu.com/s? id=1636087309025584202&wfr=spider&for=pc。

华云:《三一起诉奥巴马案到底谁赢了》http://news.ifeng.com/a/20151110/

46181915_0.shtml(2021 年 9 月 23 日访问)。

李鸣鸿《卡尔沃条款的效力及其法律适用》,http://minghonglee.fyfz.cn/blog/ming-honglee/index.aspx? blogid=251665(2020 年 5 月 30 日访问)。

央广网:从全局高度理解和把握世界百年未有之大变局 https://baijiahao.baidu.com/s? id=1635765749496836526&wfr=spider&for=pc(2020 年 12 月 20 日访问)。

央视网:"三一集团诉奥巴马案"达成全面和解 http://news.sohu.com/20151105/n425321296.shtml(2017 年 9 月 21 日访问)。

肇南:三一集团起诉奥巴马是勇敢亮剑 http://www.sanyigroup.com/group/zh-cn/media/33789_for_special_list_text_content.htm.(2017 年 10 月 29 日访问)。

中国经济网:三一诉奥巴马案结果预计 9 月公布,美方承诺公平对待跨国投资。http://business.sohu.com/20130722/n382280365.shtml(2017 年 10 月 12 日访问)。

中新网:中国三一集团起诉奥巴马在美国巡回上诉法院胜.http://www.chinanews.com/cj/2014/07-16/6392417.shtml(2020 年 10 月 21 日访问)。

二、外文类

A.A Cancado Trindade.*The application of the rule of exhaustion of Local Remedies in International Law——Its rational in the international protection of individual rights*,Cambridge University Press,1983.

Application No.9013/80,25 Yearbook of the European Convention on Human Rights (1982).

Borchard,E. M.*The Diplomatic Protection of Citizen Abroad*,New York,Banks Law Public.Co 1916.

Briggs.*The law of Nations*(2nd ed,),Cambridge University Press,1953.

Cairo A.R,Robb,Daniel L.Bethlehem.*International environment Law reports*,Vol.1 Cambridge University Press,1999.

Chittharanjan F.Amerasinghe,*Diplomatic Protection*,Oxford University Press,2008.

Chittharanjan Felix Amerasinghe. *Local Remedies in International Law*, 2nd ed, Cambridge University Press,2004.

Donald,R.Shea.*The Calvo Clause:a problem of Inter-American and International Law and Diplomacy*,University of Minnesota Press.1955.

E.de.Vattel.*The law of Nations or the Principles of Natural Law Applied to the Conduct and to the Affairs of Nations and Sovereigns*(1758),Book II,Section 71,in Fenwick(trans),

Carnegie institution, Washington(1916).

Emmerich Vattel. *The law of Nations, or the Principles of National law* (1758), Book II, Chapter VI: see 3 Classics of International Law(1916).

Fawcett, J. E. S. *The Application of the European Convention on Human Rights*, Oxford, Clarendon Press, 1969.

Freeman A. V. *The International Responsibility of States for Denial of Justice*, London, Longmans, 1938.

Hugo Grotius. *On the Law of War and Peace*, Oxford Press, 1925.

Nico Schrijver. *Sovereignty Over Natural Resources: Balancing Rights and Duties*, Cambridge university Press 1997.

Oukawa Shin. On overseas as Investment and Bilateral Treaty, in An Chen(ed. and translated), *The History and current Situations of International Economic Legislation*, Law Press, 1982.

Vinod K. Lall. Danial Khenchand, *Encyclopedia of International law*, Anmol Publication PVT.LTD, 1997.

Yearbook of the International Law Commission, 2006, Volume II, Part two.

A. A. Cancado Trindade. Denial of Justice and Its Relationship to Exhaustion of Local Remedies in International Law, 53 Phil. *Law of Journal* 1978.

An Chen. Should the Four Great Safeguards in Sino-Foreign BITS be Hastily Dismanted-Comments on Provisions concerning Dispute Settlement in Model U.S and Canadian BITs, 7 J. *World Investment & Trade*, 2006.

Annemarieke Vermeer-kunzli. Restricting Discretion: Judicial Review of Diplomatic Protection, *Nordic Journal of International Law*, Vol.75, No.2, 2006.

David R. Mummery. The Content of the duty to Exhaustion Local Remedies, *American Journal of International Law*, Vol.58, No.2, 1964.

Denise Manning-Cabral, The Imminent Death of Calvo Clause and the Rebirth of the Calvo principal: Equality of foreign and National Investors, *Law and Policy in International Business*, Vol.26.1995.

Denunciation of the ICSID Convention: Impact on Investor-State Claims, ILA Issue Note NO.2, 2010.

De Visscher Ch, Le deni de justice en Droit international, Recueil des Cours de l'Academe de Droit International 1935.

D. H. N. Johnson. The Case Concerning the Temple of Preah Vihear, *Internationa and comparative law Quarterly*, vol. 11, No. 4, 1962.

Harvard Law School, Research in International Law II: Responsibility of States, *American Journal of International Law*, vol. 23, 1929.

Herbert W. Briggs. The Local Remedies Rule: A Drafting Suggestion, *American Journal of International Law*, Vol. 50, No. 4, 1956.

Hoffman. State Responsibility in International Law and Transboundary Pollution Injuries, *International and Comparative Law Quarterly*, 1976.

Jeswald W. Salacuse, Bit by Bit: the growth of Bilateral investment Treaties and Their Impact on Foreign Investment in Developing Countries, *Int'l Law*, Vol. 24, 1990.

John Bassett Mooer. Digest of international law, vol. VI, Washington, *Government Printing Office*, 1906.

Jurnen Voss, The Protection and Promotion of Foreign Direct Investment in Developing Countries: Interests Interdependencies, Intricacies, *International and Comparative Law Quarterly*, Vol. 31, 1982.

Kamal Hossain ed, Legal Aspects of the New International Economics Order, London, 1980.

Leon E. Trakman, Investor State Arbitration or Local Courts: Will Australia Set a New Trend? 46 J World Trade 83, 2012.

Manjiao Chi, Privileges Domestic Remedies in International Investment Dispute Settlement, 107 AM. Soc'y Int'l L Proc. 26, 2013.

Mary Coombs. Duty to Provide Diplomatic Protection-Extraterritorial Effect of Constitutional Right-Intelligence Sharing-Death Penalty under International Law, *American Journal of International law*, Vol. 99, No3, 2005.

Nico Schrijver, *Sovereignty Over Natural Resources: Balancing Rights and Duties*, Cambridge university Press 1997.

Pirkko Kourula, International Protection of Refugees and Sanctions: Humanizing the Blunt Instrument, *International Journal of Refugee Law*, vol. 9, No. 2, 1997.

Robert E. Brown. (United States v. Great Britain, award of 23 November 1923, UNRIAA, vol, VI. 1955.

Rostovtseff, International Relation in the Ancient World, in Walsh, History and Nature of International Relations, 1922.

Stephen M. Schwebel &Wetter, Arbitration and the Exhaustion of Local Remedies, 60 AM.J.Int'l L 484, 1966.

Theodor Meron, M.J., The Incidence of the rule of Exhaustion of Local Remedies, *Brti i Yearbook of International Law*, Vol 35, 1959.

The Protection of Human Rights by International Legal Procedure, 52 *Georgetown Law Journal*, 1964.

Thirlway, The law and Procedure of International court of Justice (1960–1989), *British Yearbook of International Law*, Vol.66, 1995.

Van Bynkershoek C. *Questionum Juris Public Libri Duo*—173 (transl. T. Frank), Oxford University Press, 1930.

Wenhua Shan, Is Calvo Dead? *The American Journal of Comparative Law*. Vol.55, No. 1, 2007.

Wolff C. Jus Gentium Methodo Scientifica Pertractatum (transl. H. H. Drake), Vol. II, Oxford, Clarendon Press, 1934.

Young. Torture and Inhumane Punishment of United States Citizens in Saudi Arabia and the United States Government's Failure to Act, 16 *Hasting International and Comparative Law Quarterly*, 1993.

后　记

时光飞逝,拙著即将问世之际,回望华东政法大学国际法学院的那段时光,恍若昨日。华政院内,苏州河畔,华政桥上,红楼馆内,串串记忆,如同慢镜头,时时在眼前回放,心中充满无尽的回忆、感恩和感谢。

3年前,基于新形势下大量的中国公民和企业走向海外,海外利益增长的不可控制风险,如何维护好海外国民的正当权益是摆在中国政府面前的一个重要的课题。同时世界变局下,发展中国家和发达国家俱有加强经济主权控制的趋势,用尽当地救济原则的适用研究应该被重视,对既是资本输入国又是资本输出国的中国来说尤为重要。在这样的背景下这个研究议题的选择也具有了重要的现实意义。

回忆曾经有关此议题的学习和论文写作,感谢我的导师赵劲松教授和林燕萍教授!赵老师常常以各种方式对我们进行思维的训练,教导我们如何看待现象、分析问题、表达见解;林老师,作为导师组长,国际法学科带头人,除了平时课堂为我们讲授国际法前沿的理论知识之外,还提供校内外一切可能的学习机会,扩展我们知识面,时时关注着我们每一个人的学习状态,所以在此我要特别感谢导师林燕萍教授。在曾经三年的学习生活中,林老师一直不断激励、支持和引导我在学术的道路上稳步前行。无论是与林老师讨论学术问题还是话家常,均让我倍感快乐并收获颇丰。曾经的论文撰写完成过程中,林老师的指导更是尽心尽力、严格要求,大至立论思路中的失当,小至行文遣词中的具体失误之处,林老师均会帮我指出并详细说明,助我澄清。林老师的直爽与谦和,治学上的严谨与真诚,言谈中的机智与幽默均让人十分钦佩。

在此,我还要特别感谢国际法学院的王虎华教授、李伟芳教授、管建强教授、朱榄叶教授、贺小勇教授、刘宁元教授、丁伟教授、杜涛教授、刘晓红教授等,有幸获得各位教授的传道授业,在国际法的前沿和具体领域好似瞬间推开了另一扇美妙世界的窗户。同时要感谢张磊教授、王勇教授、马得懿教授、袁发强教授等,曾经在关键时刻为我的论文撰写提出的宝贵意见和建议。

感谢上海交通大学徐冬根、胡加祥两位教授在博士论文答辩之际中肯有益的建议和指点。

感谢各位老师一丝不苟地授业、引导和启发开拓了我的视野,也正是各位老师丰富的学识和明锐的见解给予我深刻的启迪,激励我立志在学术的道路上一路前行。

感恩华东政法大学曾经创造和提供的一切学习条件和平台,这对任何求知者而言均弥足珍贵,对我更不需赘言,唯有感恩感谢。

学习从来不是轻松的事情,但却是非常快乐的事情,在这快乐的自我锤炼过程中,并肩作战的同学们的鼓励给予我莫大的动力,让我坚持不懈地努力着。感谢郭静祎、吴思远、季铄人、赵亿怡、王徽、黄炎、张政、张茜、张阳、杨育文、钱芳、刘滢泉、涂舜等学友的一路扶持。曾经的学习生活中建立的友谊永远铭记于心。

与其他同学们相比,学习机会于我不仅是机遇,更是我的单位和家人给予的最大看重。全日制的学习生活,不用为生计操劳,无需担心孩子们的照顾,更免去了对老人们的日常孝敬,全家人都默默为我的学业和书稿的撰写做出了巨大的奉献。所以在此特别要感谢我的单位淮阴师范学院,感谢我的家人特别是我的先生和女儿,始终如一给予我的爱和默默支持。正是有了他们的帮助、鼓励和支持才有了今天拙著的成形。

　　在本书稿撰写与出版的过程中各位的关心、帮助与鼓励,更加坚定了我在未来的学术的道路上继续前行的信心。

责任编辑:忽晓萌

图书在版编目(CIP)数据

用尽当地救济原则研究/史红梅 著. —北京:人民出版社,2022.12
ISBN 978-7-01-025275-9

Ⅰ.①用… Ⅱ.①史… Ⅲ.①行政赔偿-研究 Ⅳ.①D912.104

中国版本图书馆 CIP 数据核字(2022)第 218307 号

用尽当地救济原则研究

YONGJIN DANGDI JIUJI YUANZE YANJIU

史红梅 著

人民出版社 出版发行
(100706 北京市东城区隆福寺街 99 号)

北京汇林印务有限公司印刷 新华书店经销

2022 年 12 月第 1 版 2022 年 12 月北京第 1 次印刷
开本:710 毫米×1000 毫米 1/16 印张:15.25
字数:200 千字

ISBN 978-7-01-025275-9 定价:79.00 元

邮购地址 100706 北京市东城区隆福寺街 99 号
人民东方图书销售中心 电话 (010)65250042 65289539